Bruneck
Brunico
Rienz
Pustertal
Val Pusteria
Valdaora-Olang
Welsberg
Monguelfo
Toblach
Tobbiaco
Innichen
S. Candido
Drau
Sexten
Sesto Pust
Lüsen
Luson
Tal
Val Badia
Gader
Kronplatz
Plan de Corones
Enneberg
Marebbe
Furkelsattel
Rautal
St. Vigil i. E.
S. Vigilio di Marebbe
Pragser Tal
Pragser Wildsee
Seekofel
Toblacher See
Höhlensteintal
Dürrenstein
P. di Vallandro
Innerfeldtal
Sextental
Val di Sesto
Kreuzbergsattel
Passo M. Croce
Comelico
Plose
Würzjoch
St. Martin i. Thurn
S.Martino i. Badia
Peitlerkofel
Aferer Geiseln
Valle di Tamores
M. Sella di Sennes
Sextener Dolomiten
Dolomiti di Sesto
Drei Zinnen
Zwölferkofel
Cima Dodici
Dürrensee
M. Piana
Pederühütte
Rif Pederü
Gadertal
Geislerspitzen
l'Odle
Sass Rigais
Puez-Gruppe
Abtei Badia
St. Leonhard
St. Leonardo
Kreuzkofel-Gruppe
Pedratsches
Pedraces
Abteital
Stern
La Villa
St. Kassian
S. Cassiano
V. di S. Cassiano
Peutelstein
M. Cristallo
Misurinasee
Padola
Passo del Zovo
Auronzo di Cadore
Ansiei
Val di Ansiei
Wolkenstein
Selva
Grödner Joch
Passo di Gardena
Kurfar
Corvara in Badia
Tofana di Mezzo
Passo di Valparola
Cortina d'Ampezzo
Passo Tre Croci
Sella-Gruppe
Sellajoch
Passo di Sella
Piz Boe
Passo Pordoi
Passo di Campolongo
Col di Lana
Andraz
Buchenstein
Livinallongo
Passo di Falzarego
Sorapis
Marmarole-Gruppe
Croda da Lago
Boite
Canazei
Passo di Giau
Passo di Fedaia
Selva di Cadore
Marmolada
M. Antelao
Pieve di Cadore
Punta dell'Uomo
Fuciade
Lago d'Alleghe
Alleghe
Forc. Staulanza
M. Pelmo
Palafavera
S. Pellegrino
M. Civetta
Zoldo Alto
Zoppe di Cadore
Forc. Cibiana
Val Piave
Falcade
Cordevole
Passo di Valles
Cencenighe
M. Moiazza
Forno di Zoldo
Sasso di Bosconero
Passo Duran
M. Tamer
Piavetal
Pala-Gruppe
Passo di Rolle
C. di Vezzana
Cimone d. Pala
Agordo
Longarone
S. Martino di Castrozza
M. Agner
M. Talvena
Val Cismon
Pale di S. Martino
Frassene
Forc. Aurine
Gosaldo
M. Schiara
Cant del Gal
Fiera di Primero
Passo Cereda
Belluno
Kartographie Huber · München 50

DOLOMITEN

blv

Täler
Pässe
Wege
Hütten
Gipfel

Sepp Schnürer

DOLOMITEN

Die Deutsche Bibliothek – CIP Einheitsaufnahme

Ein Titeldatensatz für diese Publikation ist bei
Der Deutschen Bibliothek erhältlich

Zum Thema

Das Profil der Drei Zinnen aus der Sicht von Westen, vom Monte Piano. Rechts die Auronzohütte am Auslauf der Zinnenstraße herauf von Misurina.

Titelbild:
Die kleine Kapelle von St. Magdalena im Villnößtal, darüber die Geislerspitzen © ZEFA-Raga
Umschlagrückseite:
Oben: *Col di Lana und Marmolada*
Mitte: *Rifugio Palmien am Lago Federa*
Unten: *Passo Gian und Civetta*
Seite 1: *Ausblick von der Brogles-Alm zu den Geislerspitzen*
Innentitel (eingeklinkte Bilder von links nach rechts):
Bild 1 *Das Kirchlein von Corte im Buchensteiner Tal (Livinallongo), am Horizont die Civetta*
Bild 2 *Die Panascharte im Zuge der Geislerspitzen*
Bild 3 *Die Grödner-Joch-Straße in der Auffahrt von Colfuschg*
Bild 4 *Rifugo Nuvolau*
Bild 5 *Der Zwölferkofel im Anblick von der Zsigmondy-Comici-Hütte*

Literatur-Hinweise:
Delago, Hermann: Dolomiten Wanderbuch, Innsbruck 1979
Frass, Hermann: Dolomiten, Entstehung und Entdeckung, Bozen 1984
Ghedina, Rosanna: Die Große Dolomitenstraße, Cortina d'Ampezzo 1977
Langes, Gunther: Autorama Südtirol, Innsbruck 1980

Alle Fotos sind Aufnahmen des Verfassers.

Fünfte Auflage, Sonderausgabe

BLV Verlagsgesellschaft mbH
München Wien Zürich
80797 München

Druck: Appl, Wemding
Bindung: Conzella Verlagsbuchbinderei, Aschheim

Gedruckt auf 135 g/m² Multi Art matt, chlorfrei gebleicht von Papier Union GmbH

Printed in Germany · ISBN 3-405-16407-9

Die Dolomiten glänzen als kostbare Perle inmitten der Südlichen Kalkalpen. Keine Bergwelt im Alpenraum wurde so oft beschrieben und abgebildet, ist so erschlossen wie dieses phantastisch gegliederte Reich der Bleichen Berge. Warum also ein neues Dolomitenbuch?
Der Reise- und Urlaubstourismus unserer Tage verlangt, so meine ich, ein Dolomitenbuch mit neuen Inhalten und neuer Konzeption, reich illustriert mit aktuellen, sorgfältig ausgesuchten Bildern, begleitet von informativem Text – der rote Faden für eine schnelle Dolomitenreise ebenso wie für den Dolomitenurlaub:
Wir erleben das Gebirge aus der Straßenperspektive, auf Wanderwegen, betrachten es aus wohltuender Distanz, ohne das Verlangen, nicht Sichtbares ergründen zu wollen, denn in der Distanz – wer möchte es bestreiten – liegt letztlich die Schönheit der Berge!
Das Auge sieht Berg und Tal in natürlicher Dimension. Fernglas und Teleobjektiv rücken Entferntes näher, Kleines erscheint groß, sie verdichten die Landschaft, projizieren also eine künstliche Dimension. Dieses Buch lebt vom ehrlichen, objektiven Bild, so, wie es der Dolomitenfreund bei seinen eigenen Unternehmungen vorfindet; es verzichtet auf die künstlerische Landschaftskomposition, die wohl schön, vielleicht sogar aufregend, jedoch nicht wirklich ist.
Bewußt habe ich es unterlassen, Umweltsünden anzuprangern, den Finger auf offene Wunden zu legen, dafür hätte ich das noch immer weit überwiegend Positive schmälern müssen. Meine Aufgabe sah ich darin, Täler, Pässe, Wege, Hütten und Gipfel mit Aufmerksamkeit und trotz da und dort sichtbarer menschlicher Unvernunft mit Sympathie, ja mit Liebe zu fotografieren und zu beschreiben.
Der Dolomitenfreund, ob Zaungast auf Paß oder Joch, Wanderer von Hütte zu Hütte oder Bergsteiger, soll ein Werk erhalten, das ihn durch die Schönheit der Bilder fasziniert und dessen Inhalt ihm gleichermaßen Information und interessantes Wissen vermittelt.

Sepp Schnürer

Inhalt

Dolomiten – Reich der Bleichen Berge 8

Westliche Dolomiten

Die Brixner Dolomitenstraße 12

Das Villnößtal 19

Das Grödner Tal 24

Naturpark Schlern 46

Das Eggental 56

Das Tierser Tal 62

Das Fassatal 74

Zwischen Marmolada und Pala 98

Über den Rollepaß zur Pala 106

Vom Primiero zum Agordino 120

Östliche Dolomiten

Dolomiten – Reich der Bleichen Berge

Bleiche Berge – so fragen wir uns verwundert, wo doch dieses Gebirge wie kein anderes im weiten Alpenbogen seinen abenteuerlichen Fels mit einer Farbenpracht ohnegleichen überschüttet! Mit den natürlichen Farben des Gesteins spielen Sonne und Wolken, Licht und Schatten malen zauberische Bilder von Stunde zu Stunde flüchtig, doch immer neu im ewigen Wechsel der Jahreszeiten.

Die »sagenhafte« Bergwelt der Dolomiten, für die Reisenden von heute offen und aller Geheimnisse entkleidet, war bis zur Mitte des vorigen Jahrhunderts ein fast abgeschlossenes, nur in den Randtälern von Straßen berührtes Gebirge. Der in den inneren Tälern beheimatete Mensch – der Ladiner, hervorgegangen aus dem Urvolk der Räter – lebte mit der Natur. Die Berge, die wir heute bewundern, fürchtete er, sein Gemüt erhellten oder verdunkelten über Generationen weitererzählte Sagen von guten und bösen Mächten:

»Aus alten, grauen Zeiten
steigt eine Mär herauf,
sie spricht von Bleichen Bergen,
von Königen und Zwergen
und von des Schicksals Lauf.«

Doch nie hören wir das Wort »Dolomiten«. Diesen glücklichen Begriff verdanken wir der nüchternen Wissenschaft im schon aufgeklärten Zeitalter zur Wende vom 18. ins 19. Jahrhundert. Der Franzose Deodat Gratet de Dolomieu bestimmte 1789 das kalkigweiße Gestein als Magnesium-Calzium-Carbonat. Die Namensgebung »Dolomit« zu Ehren des Entdeckers stammt von Horace Benedict de Saussure, einem Sohn des berühmten Genfer Gelehrten und Mont-Blanc-Besteigers Nicolas Theodore de Saussure.

In welchem Zeitalter der Erdgeschichte ist nun die Entstehung der Dolomiten zu suchen? Im Erdmittelalter (Mesozoikum), in den Epochen Trias, Jura und Kreide, in der Zeit von 180 Millionen bis 60 Millionen Jahren. In diese Spanne legen die Forscher das Wachsen der Kalkbänke und Riffe im Urmeer der Tetys, aufgestapelt von unvorstellbaren Mengen Korallen, Skeletten und Schalen kalkhaltiger Tiere und Pflanzen, unterbrochen von Schmelzen und Lavagüssen, die unterseeischer vulkanischer Druck über und zwischen den Kalk preßte. Die Zeit im Übergang vom Erdmittelalter zur Erdneuzeit (Kanäzoikum) ab 60 Millionen Jahre wird als die eigentliche Geburtsstunde der Dolomiten angesehen. Während der Alpenauffaltung, im Absinken des Urmeeres, kam das Gebirge ans Licht: wüst und ungeordnet, in der letzten Jahrmillion von Eiszeiten, von den Elementen geschliffen und geformt, irgendwann von neuen Pflanzen, neuer Tierwelt und schließlich auch von Menschen bewohnt.

Zur Mitte des 19. Jahrhunderts waren die Dolomiten nur einigen wenigen Naturforschern und englischen Globetrottern bekannt. Stark verspätet im Vergleich zu den Westalpen geschah endlich auch in den Dolomiten die bergsteigerisch erlösende Tat: Sir John Ball, damals führender englischer Alpinist, bestieg am 19. September 1857, im Schlußanstieg allein, den Monte Pelmo.

Bild links: *Das Denkmal für Paul Grohmann am Weg von der Auronzohütte zum Paternsattel bei der Gedächtniskapelle unter der Großen Zinne.*

Bild rechts: *Die Große und die Westliche Zinne, im Blick aus dem Höhlensteintal, und das Denkmal für Dolomieu in Cortina d'Ampezzo.*

Bild nächste Doppelseite: *Dolomitenpanorama von einem Standort oberhalb der Rotwandhütte (im Bild).*
Unter uns das Fassatal von Vigo und Pozza di Fassa nach Campitello. Darüber die Sella mit Piz Boè, links das Sellajoch mit Langkofel, rechts die Tofane, Großer Vernel, Marmolada.
In Bildmitte das Wiesenplateau von Ciampedie.

DEODAT
DE DOLOMIEU
1750 - 1801

Westliche Dolomiten

Der Dolomitenraum ist gut überschaubar, aber doch so ausgedehnt, daß zu Beginn einer Reise einiges Wissen in Alpin-Geographie nützlich ist. Betrachten wir die Dolomiten vorher als Ganzes.
Das Eisacktal von Bozen nach Brixen und das Pustertal von Brixen bis Toblach (Rienztal) und weiter bis Innichen bilden die West- und Nordgrenze. Die Grenze gegen Osten und Süden zieht im Sextental hinauf zum Kreuzbergpaß, im Val Comelico nach St. Stefano und mit dem Piavetal hinab zur venetischen Tiefebene. Das Suganatal, das Cismontal von Fiera di Primiero zum Rollepaß, das Travignolotal nach Pedrazzo im Fleimstal und das Eggental hinab nach Bozen schließen den Kreis (siehe »Alpenvereinseinteilung der Ostalpen« AVE 1982). In diesem Raum beträgt die Luftlinie von Nord (Bruneck) nach Süd (Fiera di Primiero) etwa 70 Kilometer und von Westen (Bozen) bis St. Stefano im Osten 95 Kilometer.
Die Teilung der Dolomiten wird eingeleitet vom Gadertal, das von St. Loren-

zen (bei Bruneck) im Pustertal als enge Kerbe südwärts bis in das Becken von Corvara zieht. Der Campolongopaß hinüber nach Arabba und der Lauf des Torrente Cordevole hinab zum Piavetal vollenden die Trennung in Östliche und Westliche Dolomiten.
Täler, Bergkämme und Einzelstöcke mit herausragenden Gipfeln geben den Westlichen wie den Östlichen Dolomiten ein eigenständiges, unverwechselbares Aussehen.
In den Westlichen Dolomiten teilen das Villnößtal, das Grödner und Tierser Tal, das Eggen- und Fassatal im Verein mit dem Grödner Joch, dem Sella- und Pordoijoch den zentralen, den nördlichen Abschnitt in einzelne, prächtig gebaute Bergmassive auf. Das Villnößtal öffnet den Zugang von Norden zu den riesigen Steinpfählen der Geislerspitzen. Das Grödner Tal preist die sonnige, freundliche Südseite der Geisler-Gruppe, glänzt mit dem stolzen Langkofel und dem geschlossenen Plateaugebirge der Sella und gabelt sich in zwei Äste: zum Grödner Joch und zum Sellajoch. Das Grödner Joch trennt die Sella von den Puezbergen, das Sellajoch schließlich schlägt die Brücken zum Langkofel, hinüber zum Pordoijoch südseits der Sella, hinab zum Fassatal und letztlich auch zur Marmolada, zur »Dolomitenkönigin«. Das Tierser Tal und das Eggental präsentieren den sagenumwobenen Rosengarten und den einsamen Latemar. Der Karerpaß verbindet das Eggental mit dem Fassatal; die Reise aus dem Fassatal über den Pellegrino-, Valles- und Rollepaß führt uns nach Süden zum zauberhaften Felsgebirge der Pala.

Die Brixner Dolomitenstraße

Brixner Dolomitenstraße – was steckt hinter dieser Bezeichnung? Im ersten Abschnitt die Plosestraße von Brixen (561 m) bis Palmschoß (1700 m), im zweiten Abschnitt die Trasse von Palmschoß zum Würzjoch (2006 m, Höchststeigung bis 12%); bei großzügiger Betrachtung gehört auch noch die Abfahrt vom Würzjoch nach St. Martin in Thurn (1127 m, Gefälle bis 16%) im Gadertal dazu: insgesamt 46 Kilometer. Der Straßenname verbindet die 1000jährige Bischofsstadt Brixen mit den Dolomiten, nicht zu Unrecht, denn schon in der Zufahrt von Franzensfeste nach Brixen fangen wir im Anblick der Felsgipfel von Sass Rigais und Furchetta einen interessanten, wenn auch nur kurzen Gruß der Geislerspitzen auf.

Die Talweitung von Brixen, die Einmündung der Rienz in den Eisack, rahmen hochbewaldete Mittelgebirge. Die günstigen Lagen herab zum Talgrund segnet das milde Klima mit Wein und Obst, höher hinauf rodete der Bergbauer vor 1000 Jahren am Sonnenhang den Platz für seinen Hof. Bald schon entwickelte sich da und dort aus dieser Keimzelle die Gemeinschaft eines Dorfes mit dazugehörigem kirchlichen Namenspatron. Das Mittelgebirge, einmal geschaffen von eiszeitlichen Moränen und Flußgeschiebe, ist heute eine von Menschen sorgsam gepflegte Kulturlandschaft, die uns hinführt zum urhaften Hochgebirge.

Der Plosestock, Teil des Brixner Mittelgebirges, verdeckt die nordwestlichen Ausläufer der Dolomiten: die Aferer und Villnößer Geiseln und den Peitlerkofel. Die Brixner Dolomitenstraße legt ein kurviges, aber gut befahrbares Asphaltband in die West- und Südhänge, läuft hoch hinein in das Aferer Tal, berührt die Ortschaften St. Jakob und St. Georg und bestätigt in den Plose-Südhängen, mit freiem Blick zu den Aferer und Villnößer Geiseln, ihren enthusiastisch gewählten Namen, einen Namen, den mittlerweile auch die Landkarten vermerken.

Die Brixner Dolomitenstraße berührt das Kirchlein St. Jakob und erreicht in Palmschoß mit dem Blick zu den Aferer Geiseln und zum Peitlerkofel (Bild links) *einen landschaftlichen Höhepunkt. Auf der Straße weiter zum Würzjoch fahren wir auf die Aferer Geiseln zu, hinein zu dem Waldwinkel unter der riesigen Schotterreiße herab vom Weißlahngrat* (Bild rechts).

1 Aferer Tal und Aferer Geiseln

Das Aferer Tal, ein weniger bekannter Zweig des Eisacktales knapp südlich von Brixen, schiebt sich im Mittelgebirge hinein nach Osten, hinauf zum Halsl (1866 m). Diese Gegend zwischen Plose, Peitlerkofel und Aferer Geiseln trägt seit alters her den Namen Afers; die beiden Talheiligen heißen Jakob und Georg.

Mit der Landesstraße 29 hinauf zum Kirchdorf St. Andrä (958 m) – von Brixen aus gut sichtbar – beginnen wir die Fahrt. Bei Kilometer 10 und schon über der 1000-Meter-Grenze, im Wald in einer Linkskurve hinaus in die freien Wiesenhänge von St. Jakob, bestätigt die Brixner Dolomitenstraße mit dem Ausblick nach Südosten zum Kamm der Geislerspitzen erstmals ihren Namen. Die Gipfelkette der Aferer Geiseln taucht erst bei Kilometer 15 auf – wir fahren dem Dorf St. Georg zu. Vor der Kirche biegt die Straße in den Hang, zieht höher, und neben den Aferer Geiseln erscheint der nördlichste Dolomitenvorposten, der Felsklotz des Peitlerkofels. Gleich darauf, bei Kilometer 16, erreichen wir den 1700 Meter hohen Straßenscheitel von Palmschoß, einen vorzüglichen Aussichtsplatz in das Aferer Tal und zu seinen Dolomitbergen. Die Gipfelstraße zur Plosehütte – noch 10 Kilometer – zweigt nach links und erschließt aus der Höhe von 2447 Meter ein unermeßlich weites Panorama: zu den Dolomiten, zu den Zentralalpen, zu den Sarntaler Alpen und zu den Vinschgauer Bergen mit »König Ortler«.

2 Das Würzjoch und der Peitlerkofel

Der zweite Abschnitt der Brixner Dolomitenstraße verbindet Palmschoß mit dem Halsl, einem Geländejoch, verläßt dort Afers und zieht hinauf zum Würzjoch: ab Palmschoß 15 Kilometer gut ausgebaute, asphaltierte, aber teils schmale Straße.

Wir fahren hinein in ein Bergland, zu dem der Mensch wohl eine Straße angelegt, auch zwei Jausenstationen, die Edelweiß- und die Halslhütte, eingerichtet, aber das Alte nicht verändert hat. Was ist hier das Alte? Die immer noch vorhandene Ursprünglichkeit der hölzernen Almhütten, verteilt auf Wiesen, die in sanften Wellen an den Bergwald stoßen, viel Zirbe ringsum, gemischt mit Lärche, der typische Baumbestand einer Landschaft in 2000 Meter Meereshöhe am Schottersockel der zur Nordseite aufregend gegliederten Aferer Geiseln.

Diese dolomitische Kulisse ist zum Greifen nah, der Saum der vergletscherten Zentralalpen, der zu uns hereinblinkt, weit draußen im Norden. Es gibt kein ganzjährig bewohntes Haus; zur richtigen Zeit ist diese Senke zwischen Plose, Geiseln und Peitlerkofel auch heute noch eine Oase der Stille. Das Halsl (1866 m) scheidet die Wasser nach Westen zum Eisack, nach Norden in einer Talfurche hinab nach Lüsen und weiter zur Rienz. Die Brixner Dolomitenstraße überschreitet den Schartenbach und schwenkt in sanfter Steigung hinauf zum Würzjoch (2006 m, ital. Passo delle Erbe). Dort erwartet uns das Rifugio Utia de Börz, die neue und sehr komfortable, ganz aus Holz erbaute Würzjochhütte. Wir halten an der Schwelle vom Deutschen ins Ladinische und bestaunen, nun von sehr nahe, den mächtigen, steilen Nordfels des Peitlerkofels, des Sass Bütja, wie die Ladiner ihn nennen.

Bild rechts: *Wer vom Peitlerkofel nur die anstiegsfreundliche Südseite weiß, kann sich kaum vorstellen, wie mächtig der Berg nach Norden wirkt. Der helle, stark profilierte Schlerndolomit des Gipfels lastet auf waagrecht geschichtetem Sandstein und überragt das Würzjoch um 800 Meter.*

Bild unten: *Vom Geländescheitel am Halsl schwingt die Brixner Dolomitenstraße entlang der Aferer Geiseln durch herrlichen Zirbenwald und sanfte, gepflegte Almwiesen hinauf zum Würzjoch. Der Ausblick nach vorne zeigt den Peitlerkofel, am Würzjoch stehen wir vor seiner hoch aufgerichteten Nordflanke.*

3 Vom Würzjoch nach St. Peter in Villnöß

Wenn wir vom Würzjoch aus Umschau halten und die Weiterfahrt überlegen, lockt das Bergab zum Gadertal. Wollen wir auf möglichst kurzweiliger, interessanter Rundtour zurück nach Brixen, bieten die Abfahrten nach Lüsen oder nach Villnöß die bessere Route. Hinab nach Lüsen müssen wir bei den Gungganwiesen die Höhe verlassen, auf der Fahrt hinüber nach Villnöß aber dürfen wir bleiben und uns auf neue, überraschende Dolomitenbilder freuen.
Die Straßenverbindung nach Villnöß entstand erst in den späten siebziger Jahren, sie schneidet enge, steile Schluchten und leidet bei schweren Unwettern häufig unter Steinschlag und Murenabgängen. Zurück an der Einmündung von Palmschoß berühren wir dort wiederum die riesige Schotterreiße herab vom Weißlahngrat und fahren, teils eng am Fels, vorbei am »Rusiskreuz«, hinaus in die lichte Almenwelt der Muntwiesen, die schon zu Villnöß gehören. Das Wald- und Wiesengehügel zur Rechten, benannt Tschiniför (1835 m) und Mittelberg (1827 m), trennt Afers von Villnöß, das uns mit neuer Landschaft, mit den berühmten Geislerspitzen, empfängt. Doch Geduld, erst wenn wir die obersten Villnößer Bergbauern, die Munthöfe (etwa 1550 m), im Bergab nach Koll passieren, entfaltet diese phantastisch schöne Dolomitenkette ihre Reize, deretwillen so viele Südtirol- und Dolomitenfreunde herein nach Villnöß kommen.

Bild oben: *Der Laseider Hof inmitten blühender Frühsommerwiesen, darüber die Aferer Geiseln.*

Bild rechts: *Herbst im Villnößtal, die Kette der Geislerspitzen, gesehen von den Berghöfen in Koll auf der Fahrt vom Würzjoch nach St. Peter.*

Bild links: *Villnößer Bergbauernhof in der Höhe von Munt, ein guter Zusammenstand von Wohnhaus, Stall und Scheune; darüber die Geislerspitzen.*

Bild unten: *St. Peter in Villnöß, der Hauptort des Tales. Im Hintergrund, ganz klein unter den Waldbuckeln, die aufschließen zu den Aferer Geiseln, erkennen wir das Kirchlein St. Magdalena.*

Bild rechts: *In St. Magdalena, der kleinen Häusergruppe, geschart um das Kirchlein, und im benachbarten St. Johann in der Wiesenmulde am Saum des Bergwaldes läuft das Villnößtal zu den Geislerspitzen aus.*
Von links: Wasserkofel, Furchetta, Sass Rigais, nach dem Einschnitt der Mittagsscharte die Odlen und Fermedatürme im Auslauf zur Panascharte.

Das Villnößtal

Vier Täler – das Villnößtal, das Grödner Tal, das Tierser Tal und das Eggental – münden aus den Dolomiten zum Eisacktal. Jedes dieser Täler öffnet eine nur enge Eingangspforte; der eilige Autofahrer fährt vielleicht daran vorbei, ohne den Türspalt zu bemerken.
Das erste und nördlichste Tal, 8 Kilometer unterhalb von Brixen, das uns hineinlockt zum Reich der Bleichen Berge, ist das Villnößtal – ein Stichtal ohne Ausweg, befahrbar bis zum Parkplatz Zanser Alm in 1680 Meter Meereshöhe; der Talursprung liegt 700 Meter darüber am Kreuzkofeljoch. Das Talinnere schmücken als markante Bezugspunkte die Kirchen der niedergelassenen Talheiligen, St. Peter, St. Magdalena, St. Jakob, St. Valentin und St. Johann, der Blick des Feriengastes wendet sich immer wieder gerne dorthin. Petrus ist Schutzpatron der ansehnlichen, im Jahre 1801 eingeweihten Pfarrkirche; das Dorf St. Peter in Villnöß (1150 m) ist deshalb Hauptort und Gemeindezentrum.
Villnöß ist ein deutsches Tal. Wie andere Dolomitentäler auch, war es zur Römerzeit von den Rätern nur dünn besiedelt, daran erinnern rätoromanische Flur- und Hofnamen. Die Germanisierung der Ostalpentäler durch Alemannen und Bajuwaren begann 600 n. Chr., erreichte ihren Höhepunkt um die Jahrtausendwende; zur friedlichen Landnahme kamen die Bajuwaren auch hinein nach Villnöß. Die deutschen Einwanderer und die deutsche Sprache, unterstützt von weltlicher und kirchlicher Obrigkeit, erhielten schließlich das Übergewicht, aus dem ladinischen »Funès« formte sich »Villnöß« mit breiter Betonung der Endsilbe. An den ladinischen Namen erinnert aber heute wieder die italienische Bezeichnung Val di Funes.
Der Bergtourismus spielte in Villnöß anders als im benachbarten Gröden bis zur Mitte unseres Jahrhunderts nur eine geringe Rolle. Die Bevölkerung lebte fast ausschließlich von der Landwirtschaft und vom Holzreichtum der ausgedehnten Fichtenwälder. Unsere Zeit hat das Tal natürlich längst entdeckt, aber Villnöß blieb zur Freude der Feriengäste »ländlich-sittlich« – es setzt auf den gut überschaubaren und in seinen Ansprüchen eher bescheidenen Sommertourismus.
Welche Dolomiten erwarten uns nun, wenn wir hinein nach Villnöß fahren? In erster Linie die Geislerspitzen, sie vor allem geben dem Tal das dolomitische Ambiente. Ungeschichteter, heller Schlerndolomit, unterlegt mit dunklen Werfener Schichten, baut das Gebirge auf. Im inneren Villnöß wächst der Fels senkrecht: pralle Wände, schlanke Türme und Zacken aus weißen Steinkaren bis in die Höhe von 3000 Meter – wahrhaftig ein Dolomitenbild unserer Vorstellung! Dieses Versprechen macht uns neugierig, wir fahren nach Südtirol und schauen uns die Villnößer Geiseln an.

Bild unten: *Die zum Campilltal abgleitende Südseite des Peitlerkofels präsentiert dem Bergwanderer die Aufstiegsroute.*
Der Steig von der Schlüterhütte (Bild rechts) *läuft zur nicht sichtbaren Peitlerscharte, dort nach rechts in die begrünte Flanke und entlang der fast ausgeaperten Schneerinne zum Gipfelaufbau.*
Wer sich bei vielleicht schlechten Verhältnissen den Schlußaufstieg zum Peitlerkofel nicht zutraut, für den ist auch der »Kleine Peitler«, die Spitze links, ein schönes Ziel.

Bild rechts unten: *Die Gipfelregion des Peitlerkofels besteht, wie es bei einem hohen Dolomitenberg nicht anders sein kann, aus steilem Fels, auch zur freundlichen Südseite.*
Den Schlußaufstieg sichert ab einer ausgeprägten Schulter über die Höhendifferenz von etwa 150 Metern ein festes Drahtseil. Ein trittsicherer, erfahrener Bergwanderer wird bei sommerlichen Verhältnissen den wegen seiner Aussicht vielgerühmten Gipfel ohne Probleme erreichen.

4 Die Schlüterhütte und der Peitlerkofel

Dem Wander- und Bergtourismus bietet Villnöß zwei Gebirge: Im Ausblick von St. Peter die Aferer Geiseln; in Verbindung mit dem Peitlerkofel ist dieser Kammzug ein großes, sehr lohnendes Wanderreservat und im Bereich der Aferer Geiseln zudem noch weithin einsam. Die Villnößer Geiseln, als Geislerspitzen jedem Dolomitenkenner ein Begriff, ragen vom Bergwald etwas verdeckt im Südosten, und sie gelten neben dem Peitlerkofel als der eigentliche alpine Anziehungspunkt des Tales.
Fahren wir von St. Peter talein nach St. Magdalena oder zum Hof von Ranui, erscheint das Bild der Villnößer Geiseln (siehe Titelbild). Heinrich Noè (1835–1896), ein unermüdlicher Alpenreisender des 19. Jahrhunderts, nennt die Geislerspitzen »die schönste und fantastischste Dolomitengruppe«. Für dieses Prädikat muß er in Villnöß gewesen sein, denn nur auf die Nordseite, herab zum Talschluß, paßt sein Wort.
Der Peitlerkofel steht nicht auf Villnößer Gemeindegrund, sondern, durch die Peitlerscharte von den Aferer Geiseln getrennt, im Nordosten und orientiert sich zum Gadertal. Trotz dieser aus Villnößer Sicht versteckten Position gehört er zum Tal, denn aus Villnöß,

vom Parkplatz Zanser Alm (1680 m) hoch im Talschluß, über Gampenalm – Schlüterhütte – Kreuzkofeljoch – Peitlerscharte erhält er den meisten Besuch. Der Peitlerkofel ist eine Tagestour, die jeder trittsichere und an Bergaufsteigen gewohnte Wanderer unternehmen kann: 1200 Meter Höhendifferenz, aufgelokkert von der Jausenstation Gampenalm (2063 m) und der Schlüterhütte (2301 m) knapp vor dem Kreuzkofeljoch.
Im Jahre 1896 besuchte der Kommerzienrat Franz Schlüter aus Dresden das Villnößtal und war begeistert. Johann Santner aus Bozen hatte keine Mühe, den vermögenden Herrn zu überzeugen, daß eine Hütte am Kreuzkofeljoch dem Tourismus viele Vorteile brächte. Schlüter finanzierte den Bau und schenkte bei der Einweihung im August 1898 das Haus der Alpenvereinssektion Dresden. Die Chronik erzählt: »Riesengroße deutsche und österreichische Fahnen wehten, von sanften Lüften getragen, bei herrlichstem Wetter … Das Ergriffensein des Bauherrn, der hohe Ernst der Gäste, die fromme Haltung der Einheimischen trugen nicht wenig dazu bei, die Feier zu einer würdigen und tiefen Eindruck hinterlassenden zu gestalten.« Dem ursprünglichen stattlichen Holzbau wurde im Jahre 1908 ein Erweiterungsflügel aus Stein angefügt, und daran hat sich seitdem nichts geändert (siehe Bild). Der offizielle deutsche Name Franz-Schlüter-Hütte erinnert an den noblen Spender.
Der Peitlerkofel will sich auch zur Schlüterhütte nicht zeigen, aber zur erdigen, grünen Kammschneide am Kreuzkofeljoch grüßt er herein. Folgen wir dem markierten Pfad, erscheint wenig später der ganze Berg, wir sehen die grasige, breite Südflanke und erkennen die Aufstiegsroute. Ist der Weg schneefrei, gibt es bis zur markanten Schulter (ca. 2740 m) links des Gipfels kaum eine Schwierigkeit, die »Felsprobleme« im Schlußanstieg löst eine gute Drahtseilsicherung. Vorsicht bei Eis und Schnee, besonders im Abstieg! Ein fels-ungeübter Wanderer sollte auf den Gipfel besser verzichten.
Das Gipfelkreuz am Peitlerkofel steht in einzigartiger Position. Es ist ein großes Glück, an einem Tag mit klarer Fernsicht vom »Peitler«, aus der Höhe von 2874 Meter, die Horizonte zu schauen: die Dolomiten im Ost-Süd-Bogen und die Zentralalpen von West über Nord nach Ost.

5 Der Munkelweg am Fuße der Geislerspitzen

Mit der Schlüterhütte bekam die Alpenvereinssektion Dresden eine Dolomiten-Heimstatt. Dr. Adolf Munkel war Gründer und von 1873 bis 1903 auch Vorsitzender der Sektion. Im Jahre 1905, nach dem Tode von Adolf Munkel, erbauten die Dresdner den Verbindungsweg von der Schlüterhütte zur Brogles-Alm: Mit der Namensgebung Adolf-Munkel-Weg setzte die Sektion ihrem verdienten Vorsitzenden ein bleibendes Denkmal.

Der Munkelweg, ein mäßiges Bergauf und Bergab in durchschnittlich 2000 Meter Höhe, ist für Villnöß ein Geschenk, und wäre er damals nicht gebaut worden, hätte der Villnößer Verkehrsverein diese herrliche Wandertrasse längst selbst einrichten müssen. Der Weg durchläuft den Saum zwischen Bergwald und Kar, im Lebensraum von Lärche und Zirbe, den steile Steinhalden hinan zu den riesigen Türmen der Geislerspitzen fast linear abschneiden. Die Urgewalt der Bergnatur demonstrieren kantige Felsblöcke, einmal herausgebrochen aus den senkrechten Nordpfeilern und -wänden von Furchetta, Sass Rigais, von Odlen und Fermeda, und glatte Geröllhalden, in Jahrtausenden vom Steinschlag angehäuft. Zirben und Lärchen, längst über mehrere Menschenalter hinaus, legen einen Gürtel zwischen Berg und Alm, und so gehört zum Wandern am Munkelweg auch die Einkehr zur Glatschalm (1902 m), zur Gschnagenhardt-Alm (1996 m) und zur Brogles-Alm (2045 m).

Günstig ist folgende Einteilung: Am frühen Vormittag Auffahrt zur Zanser Alm (1680 m, siehe auch Schlüterhütte und Peitlerkofel) und über die Glatschalm in etwa 2½ bis 3 Stunden Gehzeit zur Brogles-Alm. Dieser landschaftlich sehr schön gelegene Wiesenflecken mit einfacher Gastwirtschaft wird auch von Gröden, herüber von der Raschötz, gerne besucht. Der nachmittägliche Rückweg am Munkelweg hat die Sonne im Rücken und profitiert vom Licht- und Schattenspiel in der am Vormittag kontrastarmen Geisler-Nordseite. Die Rast an Tisch und Bank vor dem kleinen Hüttchen der Gschnagenhardt-Alm mit direktem Aufblick zum nahen Sass Rigais rundet den Tag.

Wandern am Munkelweg, nordseits der Geislerspitzen, im Saum zwischen Bergwald und himmelstürmendem Fels – im Bild die Furchetta – ist eine besondere Freude.

Touristik-Informationen

Die Brixner Dolomitenstraße

Das Villnößtal

Alle Orte, Touristenstützpunkte, offizielle Parkplätze, Hütten, Gast- und Schutzhäuser, Pässe, Scharten und Jöcher werden in der Reihenfolge aufgeführt, wie sie dem Auto- und Wandertouristen in den oben genannten Kapiteln und den dazugehörigen Artikeln begegnen.

Talorte

Brixen/Bressanone 561 m, im Eisacktal, an der Brenner-Autobahn zwischen Brenner und Bozen, 12300 Einwohner. Bis 1964 Bischofssitz, bedeutende Stadt für Handel und Verkehr an der Einmündung der Rienz in den Eisack.

St. Andrä/San Andrea 958 m, Kirchdorf an der Brixner Dolomitenstraße, am Westhang der Plose, oberhalb von Brixen.

St. Jakob i. Afers/San Giacomo di Eores 1343 m, Kirchdorf an der Brixner Dolomitenstraße.

St. Georg i. Afers/San Georgio di Eores 1505 m, Kirchdorf an der Brixner Dolomitenstraße, Hauptort des Aferer Tales.

Palmschoß/Plancios 1700 m, Hotel, Gasthöfe an der Brixner Dolomitenstraße, Straßenscheitel an der Abzweigung zur Plose.

St. Peters i. Villnöß/San Pietro 1150 m, Kirchdorf, Hauptort und Gemeindeort im Villnößtal.

St. Magdalena i. Villnöß/San Maddalena 1339 m, Weiler mit Kirche im inneren Villnöß.

St. Johann i. Villnöß/San Giovanni 1352 m, Kirche im inneren Villnöß, am Hof von Ranui.

Touristen-Stützpunkte

Für den Sommertourismus wichtige offizielle Parkplätze, Hütten, Gast- und Schutzhäuser. Allgemeine Öffnungszeiten der Hütten von Ende Juni bis Ende September (Club Alpino Italiano = CAI, Alpenverein Südtirol = AVS).

Edelweißhütte 1800 m, privat, an der Brixner Dolomitenstraße in der Auffahrt von Palmschoß zum Würzjoch, Übernachtungsmöglichkeit.

Halslhütte 1866 m, privat, an der Brixner Dolomitenstraße in der Auffahrt von Palmschoß zum Würzjoch, Übernachtungsmöglichkeit.

Würzjochhütte/Rifugio Utia de Börz 2006 m, privat, am Würzjoch.

Zanser Alm 1860 m, privat, Jausenstation, oberster Parkplatz in Villnöß.

Gasthof Sass Rigais 1680 m, privat, am Parkplatz Zanser Alm.

Gampenalm 2063 m, privat, Jausenstation mit Unterkunft, am Weg vom Parkplatz Zanser Alm zur Schlüterhütte.

Franz-Schlüter-Hütte 2301 m, CAI-Sektion Brixen, am Kreuzkofeljoch. Zugang aus Villnöß. Stützpunkt für Aferer Geiseln, Peitlerkofel. Übergänge ins Campilltal, zum Würzjoch und zur Regensburger Hütte auf der Cisles Alpe südseits der Geislerspitzen.

Glatschalm 1902 m, privat, Berggasthaus am Munkelweg.

Gschnagenhardt-Alm 1996 m, Jausenstation am Munkelweg.

Brogles-Alm 2045 m, Jausenstation mit Unterkunft am Munkelweg.

Pässe, Scharten, Jöcher

Straßenpässe und für den Wandertourismus wichtige Übergänge.

Würzjoch 2006 m, Straßenpaß zwischen Aferer Tal und Villnößtal und dem Gadertal.

Peitlerscharte 2361 m, am Peitlerkofel, im Übergang vom Würzjoch zur Schlüterhütte.

Kreuzkofeljoch 2344 m, an der Schlüterhütte, Übergang in das Campilltal.

Forc. de la Roa 2616 m, im Zuge der Geislerspitzen, im Übergang von der Schlüterhütte zur Regensburger Hütte auf der Cisles Alpe.

Mittagsscharte 2760 m, am Sass Rigais, im Aufstieg vom Munkelweg.

Panascharte 2447 m, zwischen Seceda und Fermedatürme, im Übergang von der Brogles-Alm zur Regensburger Hütte auf der Cisles Alpe.

Wandervorschläge

Einfache Wanderungen:
Vom Parkplatz Zanser Alm über die Gampenalm zur Schlüterhütte.

Vom Parkplatz Zanser Alm über die Glatschalm zur Gschnagenhardt-Alm.

Munkelweg siehe Seite 22.

Anspruchsvolle Wanderungen:
Vom Würzjoch über die Peitlerscharte zur Schlüterhütte.

Günther-Messner-Steig, auf der Südseite der Aferer Geiseln, Ausgangsort Zanser Alm.

Empfehlenswerte Gipfeltouren

Peitlerkofel 2874 m, siehe Seite 20; auch vom Würzjoch über die Peitlerscharte.

Tullen 2652 m, Hauptgipfel der Aferer Geiseln, aus dem Günther-Messner-Steig.

Sass Rigais 3025 m, Hauptgipfel der Geisler-Gruppe, aus dem Munkelweg über die Mittagsscharte; siehe auch Klettersteige.

Klettersteige

Achtung! Zum Begehen der Klettersteige ist zur normalen Bergwander-Ausrüstung die spezielle Klettersteigausrüstung erforderlich: Brust- und Sitzgurt, Reepschnur und Karabiner, Helm und Handschuhe.
Schwierigkeitsbewertung nach Sepp Schnürer, »Klettersteige Dolomiten – Mendelkamm – Gardaseeberge – Brenta«.

Sass Rigais 3025 m, Südwestanstieg, mäßig schwierig. Aus dem Villnößtal zur Mittagsscharte, von dort Abstieg in die Mittagsschlucht zum Einstieg. Ab Einstieg (ca. 2500 m) teils drahtseilgesicherte, steile Route über 500 Höhenmeter zum Gipfel.

Dolomiten-Höhenwege

Im Bereich von Plose, Würzjoch, Peitlerkofel, Schlüterhütte, Geislerspitzen.

Dolomiten-Höhenweg ⚠: Brixen 561 m – Plosehütte 2247 m – Halsl 1866 m – Peitlerscharte 2361 m – Schlüterhütte 2301 m – Forc. de la Roa 2616 m – Puezhütte 2475 m.

Seilbahnen und Lifte

Für den Sommertourismus wichtige Bergbahnen und Lifte.

Plose-Seilbahn, Talstation Brixen 561 m – Mittelstation St. Andrä 958 m – Bergstation 2040 m.

Wanderkarten

Die wichtigsten, im Handel erhältlichen Wanderkarten, auch einschlägige Karten italienischer Verlage in italienisch/deutscher Kartierung.

Kompass Wanderkarte 1 : 50000, Blatt 56, »Brixen«.

Freytag & Berndt Wanderkarte 1 : 50000, Blatt S 5, »Cortina d' Ampezzo, Marmolada, St. Ulrich/Ortisei«.
Blatt S 4, »Sterzing, Jaufenpass, Brixen«.

Tabacco Topographische Wanderkarte 1 : 25000, Blatt 05, »Val Gardena/Gröden, Alpe di Siusi/Seiseralm«.

Geografica Wanderkarte 1 : 25000, Blatt 5, »Le Odle, Val Badia/Abtei«.
Blatt 7, »Val Gardena/Grödner Tal, Val di Fassa«.

Das Grödner Tal

Das Grödner Tal ist das wohl bekannteste Dolomitental. Nach 10 Kilometer Autobahn von Brixen hinab zur Ausfahrt Klausen münden wir nach der Mautstelle direkt in die neue, obere Straße nach Gröden ein: nach St. Ulrich 18 Kilometer, zum Grödner Joch und zum Sellajoch je etwa 31 Kilometer. Die alte, die untere Talstraße beginnt in Waidbruck an der »Ponte Gardena« und erschließt die schmale Grödner Schlucht; sie allein könnte den heutigen, in der Sommer- und Wintersaison überaus lebhaften Verkehr längst nicht mehr aufnehmen. Diese 1856 erbaute Straße (Denkmal des Erbauers J.D. Purger in St. Ulrich) öffnete das bis dahin abgeschlossene Grödner Tal für die Welt und den Grödner Waren, der Holzschnitzkunst, den ersehnten schnellen Weg nach draußen. 60 Jahre später kam ein neuer und für das Tal spektakulärer Verkehrsstrang hinzu: Der Dolomitenkrieg erzwang im Herbst 1915 den Bau der Grödner Bahn, ein Schmalspurgeleise von Klausen (523 m) bis ins hinterste Gröden, nach Plan (1606 m), 31 Kilometer Gesamtstrecke über eine Höhendifferenz von knapp 1100 Meter! Dieses »Bahnl« – die Lokomotive Baujahr 1915 steht als Denkmal unweit der Pfarrkirche von St. Ulrich – wäre vielleicht heute eine für Gröden wertvolle Attraktion, wurde aber 1960 wegen Unrentabilität eingestellt.
Gröden mit den Ortschaften St. Ulrich (1236 m), St. Christina (1426 m) und Wolkenstein (1563 m) ist Inbegriff für Südtirol wie für die Dolomiten. Der tieferschürfende Urlauber wird, wenn er die ihm unverständliche Umgangssprache der Einheimischen untereinander hört, vielleicht mehr wissen wollen und stößt auf den Begriff »Ladinien«. Ein Land mit diesem Namen hat es nie gegeben: Ladinien, ein ethnischer Begriff, umschreibt die von Ladinern bewohnten Dolomitentäler Gröden, Gader, Buchenstein und Fassa. Die Ladiner, Nachfahren der Rätoromanen, besitzen mit den inneren Abschnitten dieser Täler ein nun schon 1000jähriges Refugium, das die frühere Obrigkeit, das Habsburger Kaiserhaus, problemlos respektierte und heute auch der italienische Staat anerkennt. Das untere Tal von Waidbruck (471 m) im Eisacktal bis hinauf zum Boden von Pontives (1200 m) gehört den Deutsch-Tirolern. Erst nach der Enge der Porta Ladinia hinein zu einem offenen, weiten Talkessel empfängt uns mit dem Hauptort St. Ulrich das ladinische Gröden, empfängt uns »Gherdeina«, wie die ansässigen Ladiner ihre Heimat nennen. Es reicht hinauf zum Grödner und Sellajoch und erfährt in einer gewaltigen Felsenburg, dem Sellastock, seine Krönung.

Die Bilder stimmen uns ein auf das liebenswerte Gröden, diese vielbesuchte Talschaft unter hohen, berühmten Dolomiten.
Der Bergbauer lebt vom Ertrag der Hangwiesen, von einem Almfleck über dem Bergwald (darüber links Langkofel, rechts Plattkofel), der Mensch unten im Tal vom Fremdenverkehr und von der Schnitzkunst. Jedes Volk braucht dann und wann einen Festtag, so auch der ladinische Grödner, der gerne feiert.

6 Der Langkofel, »Grödens Stolz und Zierde«

»Rundum gibt es keinen Berg, der dem Langkofel an Schönheit und Größe beikommt«, sagt Luis Trenker, und diese Meinung teilen wohl alle seine Grödner Landsleute. Dabei ist es nicht so, daß der Langkofel herab zur Grödner Talsohle übermächtig präsent wäre: Nach St. Ulrich schaut er nur mit der Spitze herab, weiter talauf wird er als mächtiger, hochaufgerichteter »Kofel« sichtbar, aber »lang« wird dieser Kofel erst, wenn wir weit über dem Tal, aus der Zufahrt zum Grödner Joch, den Berg betrachten. Erst aus dieser Sicht, mit dem Blick auf die gewaltige, von der Langkofelspitze bis zum Langkofeleck 1½ Kilometer lange, festgefügte Ostflanke, wissen wir, warum dieser berühmte Dolomitenberg Langkofel, bei den Italienern Sasso Lungo und bei den einheimischen Ladinern Sass Lung heißt. Dabei zeigt auch die Fahrt zum Grödner Joch vom Langkofel längst nicht alles. Wollen wir seine Grödner Seite voll und ganz würdigen, müssen wir aus dem Tal sonnseitige Hänge gewinnen; dazu genügt die Auffahrt von St. Ulrich (1236 m) nach St. Jakob (1566 m). Dort oben, am besten vom Kirchlein St. Jakob aus (siehe Bild nebenan), erfahren wir, warum der Langkofel »Grödens Stolz und Zierde«, das Wahrzeichen des Tales ist. Der gewaltige Nordpfeiler trägt die 3181 Meter hohe Langkofelspitze, den höchsten Punkt, zu uns herüber entfaltet das Langkofel-Massiv seine vom Tal aus ungeahnt reiche südseitige Gliederung. Aus dieser Sicht begreifen wir die Wertschätzung der Grödner für ihren Langkofel!

Ein Berg wie der Langkofel hat natürlich Geschichte. Doch lösen wir ihn aus dem Sagenkreis heraus, rücken wir ihn in die aufgeklärte Neuzeit und betrachten ihn mit dem nüchternen Auge der Bergsteiger, die sich in der zweiten Hälfte des 19. Jahrhunderts anschickten, die Dolomiten zu erobern.

Unterhalb von St. Jakob, am Fußweg hinab nach St. Ulrich, steht in einem lichten Naturhain ein Denkmal aus rotem Porphyrstein mit dem Bronzebildnis von Paul Grohmann (1838–1908); er schaut hinüber zum Langkofel. Paul Grohmann, ein gebürtiger Wiener, hatte Vermessungstechnik studiert und in den sechziger Jahren des 19. Jahrhunderts damit begonnen, die noch unbestiegenen höchsten und wichtigsten Gipfel der Dolomiten zu erschließen. Im Jahre 1869 kam er nach Gröden, sah den Langkofel und beschloß, nachdem die Spitze noch »jungfräulich« war, die Besteigung zu wagen. Nach Norden gegen Gröden schlägt das Langkofelkar dem Massiv eine große, weit offene Bresche hinab zum Confinboden. Mit seinen Begleitern Innerkofler und Salcher begann Grohmann aus dem Kar heraus den Aufstieg und hatte auf Anhieb Erfolg. Am 13. August 1869 um 11.15 Uhr betrat die Dreierpartie den höchsten Punkt, eine unscheinbare und vom Tal aus nicht besonders auffallende kleine Felsspitze. Grohmann untertreibt, wenn er in seinem Bericht meint: »... daß man die ganze Partie von St. Ulrich bis auf die Spitze ohne Anstrengung in 6, höchstens 7 Stunden machen könne und zwar bei Einschlagen des richtigen Weges ohne Gefahr.« Der »richtige« Weg läuft, seit 1917 österreichisch-ungarische Militärbergführer die Route eröffneten, von der Langkofelscharte über das Fassaner Band und trifft erst weit oben auf die Grohmannführe. Diesen heute allgemein üblichen Normalweg – Schwierigkeitsgrad III der Alpenskala – sollte jedoch niemand unterschätzen!

Der Langkofel gehört zu Gröden wie das Amen zum Gebet. Zur »oberen« Straße herauf vom Eisacktal grüßt, noch bevor wir St. Ulrich erreichen, der Langkofel (Bild unten).
Fahren wir von St. Ulrich hinauf nach St. Jakob, entfaltet das Langkofel-Massiv die aufregend gegliederte Nordseite, ein berühmtes Grödner Dolomitenmotiv.

7 St. Ulrich und die Seilbahn zur Seiser Alm

Kommen wir aus dem Eisacktal hinauf nach Gröden, passieren wir hinter Pontives die Ladinische Pforte, die Porta Ladinia, die Sprachengrenze zwischen Deutsch und Ladinisch. Nach nur kurzer Fahrt grüßen wir St. Ulrich (1236 m), den Hauptort des gesamten Tales, das grödnerisch-ladinische Urtiyei. Übersetzt bedeutet der ladinische Name Nesselfeld, und ein solches soll in alter Zeit den heute lieblichen Talboden bedeckt haben. Vom Alten, ob Natur- oder Menschenwerk, so, wie es die Volkskunde überliefert, ist, wenn auch niemand die Berge verrücken kann, nur wenig geblieben. Seit Gröden im Jahre 1856 die Talstraße bekam und Paul Grohmann 1869 den Langkofel bezwang, stieg St. Ulrich vom unbekannten kleinen Dorf zu einem bedeutenden Sommer- und Winter-Touristenzentrum mit hohem Standard auf, aber mit entsprechender Nutzung der Landschaft. St. Ulrich hat heute etwa 4000 Einwohner, die zur Hauptsache vom Fremdenverkehr und von der weltberühmten Schnitzkunst leben.
»Es hieße Eulen nach Athen tragen, wollte man St. Ulrichs Schönheit, Lieblichkeit und Weltberühmtheit noch näher beschreiben«, sagt Hans Fink, der bekannte Südtiroler Volkskundler. Trotzdem informiert er uns mit folgender Lobrede: »Feine Hotels reihen sich an zahllose Pensionen, Villen und Geschäftshäuser wetteifern an Eleganz und bodenständiger Gediegenheit, und Parkwege durchkreuzen Wiesen, Haine und Wälder. Allenthalben grüßen Kirchen, Kapellen und Feldkreuze von erhöhten Punkten und geben Zeugnis von Gottesfurcht, Kunstsinn und Wohlstand der Talbewohner. Es führen Seilbahnen, Lifte und Sträßchen in alle Richtungen; der Besuch lauschiger Ruheplätze, herrlicher Aussichtsberge und der Seiser Alm wird zur Leichtigkeit.«
Seilbahnen – Lifte? Gröden hat davon genug und braucht sie auch, möchte es seinen Rang behaupten. Eine sehr wichtige Seilbahn ist die Gondel von St. Ulrich zum Piz, einem großartigen Sonnenbalkon in 2000 Meter Höhe am Nordrand der Seiser Alm. Niemand, der in Gröden weilt, wird die Auffahrt – 5 Minuten über die Höhendifferenz von fast 800 Meter – versäumen wollen. Das Dolomitenpanorama dort oben, der nahe Langkofelstock (siehe Bild), Geislerspitzen, Sella, Schlern und Rosengarten, die Schau über die gewellte Wiesenflur der Seiser Alm, hat St. Ulrich schon im Jahre 1935 dazu ermuntert, zum Piz hinauf ein Seil zu spannen. Die Seiser-Alm-Bahn – 1969 wurde sie im Hinblick auf die Ski-Weltmeisterschaften von 1970 nochmals modernisiert – ist die älteste Seilbahn der Dolomiten.

Bild links: *Die St. Ulricher Seilbahnstation am Pitzberg ist eine großartige Aussichtsplattform zur Seiser Alm und zur Langkofel-Gruppe. Fantastisch der Blick zum Hauptgipfel (links), hinein in das Langkofelkar, zu Fünffingerspitze, Grohmannspitze, Innerkoflerturm und Plattkofel.*

Bild unten: *Der mehrere hundert Meter tiefe Geländesturz der Seceda nach Westen, hinab zur Raschötz, entblößt eine interessante Schichtenfolge im Aufbau der Dolomiten; die Seilbahn von St. Ulrich zur Bergstation, rechts vom Gipfel, schwebt ganz nahe daran vorbei.*

8 Die Seceda

Die Seceda präsentiert sich als ein begrünter Ausläufer der Geisler-Gruppe innerhalb des Grödner Bergrahmens. Der äußerste und zugleich höchste Punkt – 2519 Meter – steht für St. Ulrich so günstig, daß die im Jahre 1961 eröffnete Seceda-Seilbahn ein Gebot der Stunde war.

Was bietet die Bahn? Von der Bergstation (2480 m) Dolomiten in nah und fern, das Wanderparadies der Cisles Alpe südseits der Geislerspitzen hinab zur Regensburger Hütte und zum Col Raiser und für Kletterer den kurzen Weg zu den vielen Routen der Fermedatürme. Das Besondere ist jedoch der Einblick in die Entwicklungsgeschichte der Dolomiten. Nach Westen bricht die Seceda abrupt zu Wald und Wiesen ab und legt mit diesem mehrere hundert Meter tiefen Wandsturz mächtige und auch ungemein farbige Aufschlüsse bloß: Eindringlicher und bildhafter können die Dolomiten ihr Entstehen kaum zeigen! Die Gondel gleitet in steiler Fahrt an der Westwand ganz nah vorbei, zu schnell für den Versuch, in den übereinandergestapelten Schichten mehr als nur die verschwommene Vorstellung ungeheurer Zeiträume und Naturgewalten zu erkennen. Wer diese urzeitliche Wand näher studieren möchte, sollte von St. Ulrich aus den Raschötz-Sessellift (Bergstation 2107 m) benützen, über die Innerraschötz zur Broglesscharte (2121 m) wandern, von dort zur Seceda-Mittelstation (1736 m) absteigen – am Nachmittag! Erst der südwestliche Sonnenstand weckt die Farbenwunder und zeichnet das Profil der Millionen Jahre alten Steine und Erden in der Seceda-Westflanke.

9 Col Raiser, Regensburger Hütte, Cisles Alpe

Col Raiser, Regensburger Hütte, Cisles Alpe – diese Begriffe verbindet jeder Dolomitenfreund gerne zu einer Einheit, wenn er auf der Grödner Sonnseite zu Füßen der Geislerspitzen wandern möchte. Das Vorhaben unterstützt von St. Ulrich aus die Seilbahn zur Seceda. Von der Bergstation (2480 m) wird daraus eine Wanderung bergab, wie sie schöner kaum sein könnte. Der Langkofel und die Sella glänzen im Süden, von unserem hohen Balkon aus entdecken wir neue, überraschende Dolomitenbilder, auch im Blick nach Norden zum Villnößtal, zu den Aferer Geiseln und zum Peitlerkofel. Besonders überzeugend ist jedoch die Nähe, die Staffelung der Fermedatürme zum Sass Rigais, dem Hauptgipfel der Geisler-Gruppe. Wegweiser zeigen das Bergab: Von der nahen Panascharte (2447 m) nach Norden steil zur Brogles-Alm, die Hauptrouten aber laufen auf ausgetretenen, erdigen Pfaden durch Wiesenhänge, vorbei an der Troier Alm, zum Col Raiser und zur Regensburger Hütte.
Der Col Raiser, ein grüner Hügel am Rande der Almwiesen, trägt die Bergstation einer Stehgondelbahn, die St. Christina mit der Aschkler Alpe und der Cisles Alpe verbindet. Im Grödner Lift- und Seilbahnangebot ist der Col Raiser ein Trumpf, weil er Wanderwege nach allen Seiten hin öffnet, ob bergauf, horizontal oder bergab, zu dieser oder jener Hütte, und für Bergsteiger zudem die Gipfel der Geislerspitzen näherrückt. Sehr vielen Liftgästen, die am Col Raiser aussteigen, genügt die Höhe – 2100 Meter –, ein kurzer Bummel zur Fermedahütte inmitten der Aschkler Alpe oder zur Regensburger Hütte auf der Cisles Alpe. Der Weg hinein in die Cisles Alpe ist das wohl schönste Wandervergnügen. Wir schlendern durch einen Dolomitenpark, dem blumenbunte Wiesenhügel, seichte Grasmulden, feiner weißer Kalkschotter am Weg, Wacholdergebüsch, Zirben und Lärchen, vereinzelt oder in lockerem Zusammenstand, altersbraune Heuhütten und letztendlich die hohen farbigen Felskulissen von Fermeda, Odlen, Sass Rigais und Stevia einen einzigartigen Reiz verleihen. Der Liftbetrieb zum Col Raiser lohnt bis Mitte Oktober; die lebhafte Grödner Nachsaison wird auch von der Regensburger Hütte begrüßt, die meist erst nach dem Col-Raiser-Lift schließt, zumal es ja auch den guten 2stündigen Fußweg von St. Christina herauf gibt.
Die Regensburger Hütte (2039 m), im Jahre 1888 von der Alpenvereinssektion Regensburg eröffnet, ist als Rifugio Firenze in Cisles seit 1922 im Besitz der CAI-Sektion Florenz. Der Club Alpino Italiano (CAI) hat das Haus großzügig modernisiert und erweitert und der Cisles Alpe damit einen wertvollen Stützpunkt erhalten.

Der oftmals unbeschreibliche Reiz einer Dolomitenwanderung kommt in diesen Bildern besonders stark zum Ausdruck.
Von der Seceda-Bergstation schaut der Nicht-Kletterer beklommen hinüber zum Steilfels der Fermedatürme und zum Sass Rigais (Bild rechts); *nach ausgiebiger Bewunderung wandert er leichten Schrittes über die grüne Wiese zur Panascharte und hinab zur Troier Alm* (Bild unten). *Die nächste Einkehr, die Regensburger Hütte, wartet wenig tiefer am Saum der Cisles Alpe.*

10 St. Christina, Monte Pana, Wolkenstein

Die im Jahre 1856 erbaute Grödner Straße erschloß das Tal nur bis St. Ulrich; für die damaligen Erfordernisse schien Gröden ausreichend geöffnet, der Hauptort St. Ulrich war mit dem Eisacktal verbunden. Hinein nach St. Christina und weiter zum entlegenen Wolkenstein und Plan genügte der schmale Karrenweg, den es schon immer gab. Zur Jahrhundertwende, im Zwang des stark zunehmenden Fremdenverkehrs, wurde aus dem Weg eine Straße und damit auch St. Christina, der ursprüngliche kolonisatorische und kirchliche Mittelpunkt, der Welt nähergerückt. Das alte St. Christina (1426 m), ladinisch Santa Crestina, finden wir als enge, verschachtelte Häusergruppe bei der Kirche auf einer Felsstufe am sonnseitigen Hang. Das neue Ortszentrum säumt unterhalb der Kirche die Talstraße im Geländewinkel an der Einmündung des Cislesbaches.

Im Aufschwung des Tourismus ab 1960 und besonders im Hinblick auf die Skiweltmeisterschaften 1970 hat die Provinz Bozen, also Südtirol, viel für die Weiterentwicklung und

auch Neutrassierung der Talstraße getan: Es wurden die neue und landschaftlich sehr reizvolle Zufahrt ab Autobahn-Ausfahrt Klausen und nach 1980 die Umfahrung von St. Ulrich gebaut, die den Ort nunmehr von Fahrzeugstau und Abgasen rettet, in denen er zu ersticken drohte.

Wollen wir in St. Christina bleiben, so gibt es, obwohl die beidseitigen bewaldeten Talflanken den Ort etwas einengen, aus dem Zentrum heraus viele Möglichkeiten für einen Ausflug zur Höhe. Sonnseitig locken der Col-Raiser-Lift, die Fußwanderung zur Regensburger Hütte und damit zur Cisles Alpe am Fuße der Geislerspitzen (siehe Artikel 9) und die Lärchenhaine zwischen den welligen Wiesen der Juac-Almen unter den Felsmauern der Stevia. Zur Schattseite stützt ein dichtbewaldeter Hang den Monte Pana; eine Straße und ein Lift erschließen diesen »Monte«, der kein Berg, sondern nur ein dem Langkofel vorgelagertes Hochplateau ist. Gunther Langes nennt ihn eine zauberhafte Aussichtskanzel und schreibt: »Der geräumige Wiesenplan von Monte Pana (1637 m, Hotel) springt wie eine hohe Kanzel gegen die Talfurche vor und wird damit zu einem Glanzpunkt der Aussicht auf das Grödental von seinem Anfang bis zu seinem Ende.« Jeder Besucher des Monte Pana wird diese Aussage gern bestätigen, aber im besonderen vielleicht den Ausblick über das Tal hinweg nach Norden, zur Geisler-Gruppe, loben. Fast 500 Höhenmeter über dem Monte Pana, dem Langkofel zu, verspricht der Monte Soura einen noch größeren Rundblick und zudem die kurzweilige Wanderung zur Bergstation auf dem wegen der Skiabfahrt berühmten Ciampinoi (2280 m).

Wer durch Gröden fährt, weiß oftmals kaum, wenn er die Schilder nicht beachtet, in welchem Ortsbereich er sich befindet. Die Zentren St. Ulrich, St. Christina und Wolkenstein vereinnahmen die Weiler dazwischen und wachsen auf der sonnseitigen Talseite in den Wiesen zum Bergwald allem Anschein nach ungehemmt weiter. Diese in den letzten Jahrzehnten unaufhörliche »Landnahme« verdrängte das bäuerliche Element fast gänzlich. Das ladinische Gröden ist heute die größte geschlossene Ferienregion von Südtirol, es scheint fast gleichgültig zu sein, wo man wohnen möchte: Die Ortskerne von St. Ulrich, St. Christina und Wolkenstein sind nur 4 bzw. 3 Kilometer voneinander entfernt.

Wolkenstein (1567 m), das ladinische Selva – es entlehnt den Namen von der Burgruine am Eingang vom Langental – ist der Typus des modernen Sportzentrums von heute. Seilbahnen und Lifte binden jede interessante Höhe an den Ort, trotzdem ist hinein zum Langental, hinauf nach Juac und zur Stevia noch genug Auslauf vorhanden, den kein Lift verkürzt und kein Drahtseil beeinträchtigt.

Das Grödental bietet gepflegte Gastlichkeit in renommierten Orten wie St. Christina (Bild links und rechts), *dazu ein Netz von Wanderwegen in der Almregion nah am Fels, durch lockeren Zirbenwald, hinein in den Teppich vielfach noch mit der Sense gemähter Wiesen.*
Als köstliche Zutat erleben wir eine Rast in direkter Tuchfühlung mit der Natur oder an Tisch und Bank vor einer Hütte (Bild links oben *bei der Juac-Alm). Die kleine Lacke am Weg von St. Christina zur Regensburger Hütte (*Bild oben) *nützen die Geislerspitzen als Spiegel. Das* Bild rechts *zeigt vom Monte Pana aus die Südformation der Geisler-Gruppe herab nach St. Christina.*

11 Das Grödner Joch

In Wolkenstein und den paar einschichtigen Häusern dahinter, in Plan, war bis 1915 die Grödner Welt zu Ende, scheinbar ohne Aussicht, daß sich daran je etwas ändern könnte. Hinauf zum Grödner Joch und zum Sellajoch gab es nur miserable Karrenwege, der nachbarschaftliche Kontakt zu den ladinischen Brüdern und Schwestern drüben im Gader- und Fassatal war mühselig und zu Zeiten auch gefahrvoll. Diesen über die Jahrhunderte längst gewohnten Zustand beendete schlagartig der Kriegseintritt von Italien im Mai 1915. Zur Versorgung der Dolomitenfront brachte er dem Grödner Tal die Schmalspurbahn bis Plan und Straßen zum Grödner Joch und zum Sellajoch. Die am Anfang gemeinsame Straßentrasse läuft auch heute noch über Plan de Gralba, dem Kreuzboden (1780 m), zur Gabelung (ca. 1900 m) am Hotel »Miramonte«: ab hier etwa je 6 Kilometer zu den Paßhöhen.

Die Fahrt zum Grödner Joch holt weit aus. Sie zieht durch steinige Weideböden zwei Schleifen und erreicht auf einer Rasenschulter (ca. 2000 m) im Einlauf zur dritten Schleife einen landschaftlichen Höhepunkt; hier gute Parkmöglichkeit und zudem Tisch und Bank als Rastplatz. Das ist die Stelle, wo der Langkofel der Wortsilbe »lang« gerecht wird; die Entfernung zu ihm – Luftlinie 4 Kilometer – ist so ideal, daß die Ausmaße der titanisch aufgerichteten Ostflanke – 1000 Meter Höhe und 1,5 Kilometer Breite – sowie der Wiesen- und Wäldersaum am Sockel ein großartiges Bild ergeben. Ganz nah, fast zum Greifen, ragen die nordwestseitigen Türme der Sella. Der Große Murfreidturm direkt über unserem Aussichtspunkt bricht die vom Grödner Joch bis hierher gerade verlaufende Felsenphalanx und gibt ihr die Richtung zum Sellajoch. Die Paßstraße läuft horizontal zum Schottersockel der Murfreidtürme, im Schwung zum Joch verläßt die Auffahrt die bedrohliche Felsnähe und braucht in den Wiesenhängen nur noch wenige Kehren, bis sie das Joch erreicht.

Das Grödner Joch (2137 m) ist, wie fast alle Dolomitenpässe, zur Hauptreisezeit ein lauter, lebhafter Platz. Alles was mit Rädern zur Höhe kommt, möchte anhalten und schauen – zum Langkofel, zur Sella und zu den Cirspitzen, die wegen der Jochnähe das bevorzugte Wander- und Bergsteigerziel sind. Ortsvertraute Grödner Gäste wissen längst, daß man dem starken Verkehr zum Grödner Joch ein Schnippchen schlagen kann. Ab Wolkenstein, von einem Ortsteil am Eingang zum Langental, schaukelt ein moderner Kleingondellift in der Sommersaison ab 8 Uhr morgens hinauf zur Bergstation Danterceppies, am Fuße der Cirspitzen. 170 Höhenmeter über dem Straßenscheitel am Grödner Joch steigen wir aus der Gondel. Die Fahrgäste verlaufen sich schnell, natürlich auch hinunter zum Joch. Die Bergstation liegt so günstig, daß wir diesen »Abstieg« vielleicht gerne ignorieren, auf der aussichtsreichen Höhe bleiben und im grünen Saum zu den Cirspitzen hinüber zur nahen Clarkhütte, einer beliebten, vielbesuchten Jausenstation, unser Wandervergnügen finden.

Bild links: *Das Grödner Joch aus der Auffahrt von Wolkenstein gesehen, noch bevor die letzten Kehren* (Bild rechts) *die Trasse zur Jochhöhe anheben.*
Im Bergrahmen darüber dominiert die Große Cirspitze, ein beliebtes, für den trittsicheren Bergwanderer gut erreichbares Gipfelziel im Nahbereich des Grödner Jochs. Links oben die Bergstation Danterceppies.

Bild unten: *Nach dem Aussichtsglück auf der Großen Cirspitze, an einem Tag im Frühsommer mit weitem Rundblick, steigt diese Gruppe wieder hinab zum Grödner Joch.*
Die noch schneebedeckte, fast 3000 Meter hohe Cima Pisciadù steht auf der südlichen Jochseite, drüben in der Sella-Gruppe.

12 Vom Grödner Joch zur Puezhütte

Das Grödner Joch verbindet die zwei größten ladinischen Täler, das Grödental und das Gadertal. Über dieses 2137 Meter hohe Joch pflegten die beiden Talschaften seit jeher einen regen Kontakt, im Ursprung zurück bis in die Steinzeit, wie Funde beweisen. Die Paßhöhe bietet nur wenig Raum, den die Straße und ein modernes Gasthaus voll ausfüllen; das alte Grödner-Joch-Hospiz – erbaut 1896 – steht auf der Grödner Seite etwa 100 Meter davor. Von Süden rückt die Sella-Gruppe nahe zum Joch heran, nach Norden, auf der Sonnseite, hinüber zum Kamm der Cirspitzen, ist der Freiraum weiter Wiesenmatten so recht geeignet, einige Stunden oder vielleicht sogar einen Tag am Grödner Joch zu vertrödeln: »Dauerparker«, die nichts weiter wollen, als am Joch die Höhe, Sonne und Luft zu genießen, gibt es genug. Wem ein Wiesenbummel hinüber zur Clarkhütte unter den Cirspitzen zu wenig ist, geht klettern, bergsteigen oder wandern.

Der großmächtige, einer uneinnehmbaren Festung ähnliche Sellastock scheint auf den ersten Blick keine schwache Seite zu haben, zu kompakt und geschlossen steht die senkrechte Wandflucht mit den vorgesetzten Felstürmen. Der trittsichere Bergwanderer findet jedoch das Val Setus, und der Klettersteiggeher den Pisciadùsteig; beide führen zur Pisciadùhütte, einem beliebten Wanderziel ab Grödner Joch. Für Ausflügler, die gerne im Jochbereich bleiben wollen und einen nahen Gipfel suchen, kann folgender Hinweis nützlich sein: Der Cirspitzkamm (alte deutsche Schreibweise »Tschier»), eine zierlich gezackte Reihe von sieben Gipfeln, offeriert die wenig schwierige Tour zur Großen Cirspitze (2592 m, siehe Bild Seite 35), und für sportliche Berggeher als Training den luftigen, kurzen Klettersteig zur Westlichen Cirspitze (2520 m).

Die Cirspitzen verdecken die Sicht auf die weitläufige Hochfläche der Puez-Gruppe, die nach Norden zum Gadertal hin abfällt. Dieses Gebirge, das »Hinterland« vom Grödner Joch, ist ein Revier für Bergwanderer, die weit ausschreiten, viel sehen, nicht unbedingt einen Gipfel besteigen wollen, dafür aber gerne eine gute Hütte als Tagesziel haben möchten.

Noch vor 20 Jahren war die Puez-Gruppe eine stark vernachlässigte Dolomitengegend, näher bekannt aber schon seit dem vergangenen Jahrhundert den Geologen, die auf der Hochfläche der Gardenatscha im Studium

Wer vom Grödner Joch aus einen ganzen lieben langen Tag für eine Wanderung »verschwenden« möchte, sollte über das Cirjoch, vorbei am Crespeinasee und weiter über das Ciampaijoch, zur Puezhütte gehen.
Am Ciampaijoch (kleines Bild) *kommt es zwar zur Felsberührung, aber der Weg bleibt weiterhin leicht und übersichtlich. Nach dem Joch überrascht er mit dem Tiefblick in das Langental* (Bild oben), *der gigantischen Furche aus den Puezbergen hinaus in das Grödner Tal, nach Wolkenstein; darüber die Seiser Alm.*

der Versteinerungen und im Aufbau der seltsamen Sandhügel dem Werden der Dolomiten nachspürten. Der Massentourismus von heute bedrängt natürlich auch längst dieses »Hinterland«, aber der Verkehr bleibt am Weg und läuft aus mehreren Richtungen sternförmig der Puezhütte zu.
Vielbegangen ist die Route vom Grödner Joch zum Cirjoch (2460 m). Damit schneidet man die Cirspitzen hinüber zum Chedultal, steigt hinauf zum Crespeinajoch (2528 m), jenseits hinab zum zauberhaften Crespeinasee (2373 m) und kommt über das Ciampaijoch (2388 m) zur Puezhütte (2475 m). Diese Wanderung füllt im Hin und Zurück einen ganzen Tag, wer gerne länger bleiben möchte, findet in der neuen Puezhütte beste Unterkunft. Die alte, von der Sektion Ladinia 1889 eröffnete Hütte steht klein, bescheiden und verschlossen daneben. Auch Peter Costa, der 46 Jahre lang die Hütte bewirtschaftete, ist mit ihr im Ruhestand.

Bild links: *Seit 1981 erwartet uns inmitten der Puez-Gruppe, am Fuße des Puezkofels, eine neue, komfortable Berghütte, das Rifugio Puez, im Eigentum der CAI-Sektion Bozen. An einem schönen, windstillen Tag sitzen die Gäste lieber vor der Hütte als drinnen und registrieren Neuankömmlinge, die aus verschiedenen Richtungen herbeiströmen.*

Bild unten: *Am Weg vom Ciampaijoch zur Puezhütte. Scharfkantiger, brüchiger Dolomit hebt die Gardenatscha, das riesige Steinplateau der Puez-Gruppe, sanft höher; da und dort ist der Fels längst zu Sand zermalmt und formt seltsame Hügel, die niemand erklären kann.*

13 Das Sellajoch

Wenn vom Sellajoch die Rede ist, wird gerne Altmeister Hermann Delago zitiert, denn er behauptete: »Das Sellajoch ist der schönste aller Dolomitenpässe.« Niemand wird ihm widersprechen wollen; ein schöner, klarer Tag am Sellajoch kann das große Schau-Erlebnis sein, vor allem, wenn wir uns Zeit nehmen, über die Jochwiesen zu schlendern und besonders günstige Aussichtsplätze in diese oder jene Richtung suchen. Vom Nahbereich am Joch überblicken wir jede Gruppe der Westlichen Dolomiten, im Vorrang die Marmolada, die mit ihrem Gletscher zu uns herüberblinkt. Das Sellajoch ist ein Paradebeispiel dafür, warum die Dolomiten so viel besucht, so bewundert werden. Täler, Pässe und Berge bilden einen Dreiklang. Jeder Dolomitenstock, durch weite Paßsenken und tiefe Täler vom Nachbarn getrennt, kann seine unverwechselbare Einmaligkeit weithin darstellen.

Obwohl die »Große Dolomitenstraße« das Sellajoch nicht berührt, herrscht am Paßscheitel im Bereich zwischen Sellajochhaus (2183 m) und Albergo Maria Flora direkt auf der Jochhöhe (2240 m, Col de Toi) häufig so viel Betrieb, daß die Straße zur Hauptreisezeit mitunter sogar verstopft ist. Der Auslauf vom Joch, im Pendel zwischen Langkofel und Sella, ist jedoch so großzügig, daß wenige Schritte genügen, dem Trubel zu entkommen. Von den vielen Dolomitenreisenden, die das Sellajoch Jahr für Jahr besuchen, wissen vielleicht nur wenige, daß der eigentliche Paßeinschnitt, das »alte Joch«, im Rasenkamm etwas südlicher und tiefer beim Albergo Valentini (2201 m) liegt; zwischen dem Sellajochhaus und dem heutigen Paß führt eine Straße dorthin. Vom Albergo Valentini schauen wir in das Fassatal und können uns im sanften Wiesenstrich hinab zum Bergwald vielleicht den früheren Fassaner Weg herauf zum Sellajoch vorstellen. Lohnend ist auch der Besuch der »Steinernen Stadt«, die hinter dem Sellajochhaus mit einem Gewirr von Felsblöcken zu den glattgestrichenen Schotterreißen am Langkofelfuß aufschließt. Irgendwann, gewiß vor sehr langer Zeit, entledigte sich der Langkofel überflüssiger Felsen, die Natur schuf daraus ein selten schönes »Alpinum«, das auch mit dazu beiträgt, dem Sellajoch die besondere Note zu geben.

Das erste Haus am Joch war das von dem Fassaner Carl Valentini im Jahre 1894 erbaute Rifugio Valentini (siehe oben). 1903 dann errichtete die Sektion Bozen des Deutschen und Österreichischen Alpenvereins das Sellajochhaus, an dem die heutige Paßstraße direkt vorbeizieht und diesem nun schon bald ehrwürdigen Haus seine frühere Bedeutung nimmt.

Welches Joch bekommt den Preis, der schönste Dolomitenpaß zu sein? Das Sellajoch zeigt, wie die beiden Bilder beweisen, Dolomiten unserer Vorstellung: hohen Steilfels, mächtig und geschlossen und doch wieder aufgelöst in Einzeltürme, an denen die Zeit wohl nagt, doch so behutsam, daß ein Menschenalter vielleicht nur das Ausbrechen eines einzigen Steines bedeutet.

Bild links: *Das Sellajochhaus, die Sellatürme, die Paßhöhe, dahinter die Pordoispitze.*

Bild oben: *Die Sellatürme, aufgereiht zum Joch. Der bei Klettersteigfreunden berühmte Pößnecker-Steig überwindet rechts des auffallenden schwarzen Wasserflecks (linke Bildhälfte) die Wandhöhe hinauf zu der hellen, seichten Felsmulde darüber.*

14 Rund um die Sella

»Die Sella«, diese im Sprachgebrauch längst übliche Anrede gilt einem Gebirge, das wie kein anderes eine Sonderstellung innerhalb der Dolomiten einnimmt. Wer kann erklären, warum die gestaltenden Kräfte der Natur die Sella als gewaltigen, rundum isolierten Gebirgsblock hinterließen, der nahe Langkofelstock aber ohne Ähnlichkeit mit der Sella eine Versammlung eigenwilliger Felsgestalten darstellt? Aber nicht nur Form und Größe, auch die Position des Sella-Massivs gehört zum Besonderen. Die Sella ist das Zentrum der Westlichen Dolomiten, Ursprung und Krone der vier ladinischen Täler: nach Westen das Grödner Tal, nach Norden das Gadertal, nach Osten Buchenstein und nach Süden das Fassatal.

In den Tälern lebten zu Beginn unserer Zeitrechnung die Räter. Das Jahrtausend danach pflanzte den Keim für das Ladinien des Mittelalters bis zur Zäsur des Ersten Weltkriegs. Ladinien? Das war bis dahin eine bäuerliche Kulturlandschaft mit kleinen Dörfern, einsamen Weilern und Gehöften in den Hochbecken der genannten Täler an den Fundamenten der Sella. Die Bevölkerung hatte eine eigene, dem Deutschen und auch dem Italienischen nicht verwandte Sprache, aber Ladinien war keine politische Einheit. Bis zur neuen Grenze zwischen Österreich und Italien (Friedensvertrag von St. Germain am 19. 9. 1919) waren Land und Volk – und das seit dem Mittelalter – in der Obhut des Hauses Habsburg. Der italienische Staat teilte Ladinien: Das Gröden- und Gadertal kamen zur Provinz Bozen (deutschsprachig), Buchenstein zur Provinz Belluno und das Fassatal zur Provinz Trient (beide italienischsprachig). An die »Gralsburg Ladiniens« – dieser

Beiname hebt die Sella auch in volkskundlicher Bedeutung heraus – grenzen also drei politische Provinzen und auch unterschiedliche Interessen.
Im Hinblick auf die Sella kommen dem Sella- und Pordoijoch, dem Campolongosattel und dem Grödner Joch besondere Bedeutung zu. Diese vier Pässe – das Sellajoch steht dem Campolongosattel und das Grödner Joch dem Pordoijoch in der Himmelsrichtung gegenüber – ermöglichen aus den genannten Tälern heraus die Umfahrung des fast quadratischen Sella-Massivs: Es gibt eine Vier-Pässe-Fahrt! Aus welchem Tal wir die Reise antreten, auf welchem Paßscheitel wir zuerst anhalten, spielt keine Rolle. Wer diese Fahrt einmal unternommen hat, wird sie gerne wiederholen wollen, aber dann entgegengesetzt,

Das Sella-Massiv können wir auf guten Straßen umfahren, aus naher Distanz sehen wir so jede Seite dieser fast quadratisch gelagerten, mächtigen Felsenburg. Jede Seite ist anders, im ganzen aber umschlungen von einem charakteristischen Terrassenband, das die Sella im besonderen hervorhebt. Südseitig gleiten vom Felssockel Wiesenhänge hinab gegen Arabba, Blumenwiesen direkt an der Straße (Bild oben) *verlocken zum Halt.*

Bild rechts: *Der Sellastock im Süden. Wir erkennen die Trasse zur deutschen Kriegsgräberstätte, darüber die Pyramide des Piz Boè; kein Taleinschnitt öffnet eine Schneise zur Hochfläche.*

Bild links: *Auf der Nordseite, herab von der Hochfläche unter dem Piz Boè, mündet das Val de Mesdi, das Mittagstal, zum grünen Wiesenplan unterhalb Colfuschg.*

denn der Wechsel von Fahrtrichtung und Sonnenstand vollendet das Sellabild und auch das Bild der Dolomiten im Umkreis.
Beginnen wir am Sellajoch mit der Abfahrt nach Süden zur Dolomitenstraße. Der Marmoladagletscher glänzt herüber, die Sella überrascht mit der nahen, senkrechten und durch ein Band zweigeteilten Ciavazes-Südwand. Diese wohl berühmteste Sellawand ist »Spielplatz« für Kletterer in den oberen Schwierigkeitsgraden, der Straßenrand bei Höhenmarkierung 2000 m wird zum Parkplatz für Akteure wie Zuschauer. Vor uns steht die schwarze Westwand des Piz Pordoi, aber vielleicht noch auffälliger ist das Val Lasties, eine breite Bresche in der Sella-Westfront, die bis zur Hochfläche hinaufreicht. In die Dolomitenstraße münden wir nach 6 Kilometern bei 1800 Meter Höhe und Kehre 14 herauf von Canazei, ab hier noch 7 Kilometer und 13 Kehren zum Pordoijoch. Am Sellajoch verabschiedete uns die Provinz Bozen, zum Pordoijoch passieren wir einen Zipfel der Provinz Trient, hinab nach Arabba und von dort hinauf zum Campolongosattel befinden wir uns in der Provinz Belluno und im Rückweg über Corvara und Grödner Joch wieder in Südtirol, in der Provinz Bozen.
Das Pordoijoch (2242 m) ist schon deshalb ein großer Treffpunkt, weil die Seilbahn zum Piz Pordoi die Sella-Hochfläche mit dem Piz Boè erschließt und nach Süden der berühmte Bindelweg einen kurzen Zugang hat. Auf Pordoi schwenken wir von der Westseite zur Südostseite der Sella, hier stehen die Felswände zwar nicht so hoch, aber fest geschlossen, nur die Pordoischarte schlägt eine schmale Kerbe. Ab Pordoi 10 Kilometer und 33 Kehren hinab nach Arabba (1601 m) und 10,5 Kilometer von Arabba über den Campolongopaß (1875 m) nach Corvara (1511 m). Die Strecken bleiben in der Länge – von Corvara 10 Kilometer und 18 Kehren zum Grödner Joch (2137 m) und 11,5 Kilometer weiter zum Sellajoch (2240 m) – fast gleich, nicht aber die Landschaft. Die nördliche, die Südtiroler Seite, zwischen Corvara und Sellajoch, ist die prächtigste Sellaseite.
Die Rundfahrt läuft am Sellajoch aus. Die Eindrücke waren so großartig, daß wir – nun umgekehrt – die gefahrenen 45 Kilometer sogleich wiederholen möchten, ein Unternehmen, das uns zu einer anderen Jahreszeit wieder gänzlich andere Reize vermittelt.

Bild oben: *Rund um die Sella! Dieser Aufruf steht für eine Dolomitenfahrt der Superlative mit ständig wechselnden Eindrücken. Das Bild zeigt ein Motiv aus der Straßenrampe auf der Nordseite zwischen Corvara und Grödner Joch. Nach dem breiteren Val de Mesdi schlägt auch das schmale, steile Val Setus dem Sellastock eine Kerbe; darin die vielbegangene Route im Hin und Her zur Hütte am See von Pisciadù.*

15 Mit dem Lift zur Langkofelscharte

Das Sellajoch (2240 m) ist die Brücke zwischen Sella und Langkofel. Das Interesse aller Dolomitenfreunde, die herauf zur Höhe kommen, gehört dem einen wie dem anderen, beide Gebirge und der weite Wiesensattel dazwischen bestimmen den Jochcharakter. Die Sella mit den drei markanten, berühmten Sellatürmen und den Steilwänden zum Joch schreckt den Bergwanderer, nur der Kletterer und der Klettersteiggeher (Pößneckersteig) wagen eine Tour. Der Langkofelstock, die Fassaner Seite, ist ein tolles Dolomitenmotiv (siehe Bild rechts), aber wie kommt der Wanderer hier zu einem Erfolgserlebnis, das er doch so gerne haben möchte?

Der Langkofel profiliert sich zum Sellajoch deshalb so vorteilhaft, weil tief eingeschnittene Scharten einzelne, 3000 Meter hohe Felsspitzen – das Langkofeleck, die Fünffingerspitze, die Grohmannspitze – so stark darstellen, daß ihnen Rang und Ansehen selbständiger Gipfel zukommt. Die zum Sellajoch deutlich ausgeprägte Langkofelscharte trennt das Langkofeleck von der links stehenden Fünffingerspitze, und diese 2679 Meter hohe Scharte ist für Bergwanderer die offene Tür zum Langkofelkar und zur Langkofelhütte im Innern des Bergstocks. Vom Sellajochhaus 550 Meter Höhendifferenz über eine steile Schotterreiße zur gut sichtbaren Demetzhütte in der Scharte: Diese Aufstiegsmühe erspart der Langkofellift; nach 20 Minuten Fahrzeit springen wir aus der Stehgondel.

Die überwältigende Schau nach Süden zur Marmolada, zur Pala und zur nahen Sella ist der besondere Vorzug der Langkofelscharte und ein triftiger Grund, sie und mit ihr die Toni-Demetz-Hütte zu besuchen. Die Felskulissen rücken von rechts und links ganz nahe an Hütte und Bergstation, den Ausweg zeigt das tiefe Gefälle der Nordschlucht hinab in das Langkofelkar. Die vielen Kletterer, die mit zur Scharte kommen, haben nur wenige Schritte nach links zum Einstieg in den Fels der Fünffingerspitze. Wir schauen zu, wie sie mehr oder weniger elegant die Schwierigkeiten meistern; auch dies ist ein Grund, die Langkofelscharte als große und zudem leicht erreichbare Dolomitenstation zu loben.

Der Langkofelstock, mit Grohmannspitze, Fünffingerspitze und Langkofeleck (Bild rechts) *im Aufblick vom Sellajochhaus. In der Langkofelscharte dazwischen leuchtet die weiße Hausmauer der Toni-Demetz-Hütte. Der Langkofellift, bestückt mit 60 Stehgondeln, schwebt hinauf zu ihr und eröffnet dort oben eine großartige Dolomitenschau, vor allem nach Süden, zur Marmolada.*

16 Friedrich-August-Weg

Dolomitenwandern auf Höhenwegen, das ist nicht nur heute, das war für gehtüchtige Leute schon immer ein großes Vergnügen. Unsere Zeit propagiert die Dolomiten-Höhenwege △1 bis △6: Super-Wanderungen durch die Dolomiten von Nord nach Süd, von Hütte zu Hütte mit bis zu zwei Wochen Dauer. Die tägliche Ungewißheit über Weg und Nachtquartier und der Leistungsdruck einer derartigen Mammut-Tour ist aber nicht jedermanns Sache, und so ist die gut überschaubare Tageswanderung mit kleinem Rucksack nach wie vor die hauptsächliche Aktivität fast aller Dolomitenurlauber.

In den Dolomiten gibt es eine Reihe berühmter Wege, Wanderrouten, die in der Zeit vor dem Ersten Weltkrieg von Einzelpersonen und Alpenvereinssektionen inspiriert und auch finanziert wurden. Die Trassen dazu mußten nicht unbedingt neu angelegt werden. Frühere Hirtenpfade, der Warenverkehr zu Fuß oder mit Tieren auf Saumwegen über Jöcher und Pässe, auch Militärwege aus dem Ersten Weltkrieg, also »Trampelpfade« ungezählter Generationen, legten überall in den Bergen den Grundstein für viele, heute überaus beliebte Wanderwege.

Der Friedrich-August-Weg, den wir gehen wollen, war einmal ein Hirtenpfad. Die wertvollen Weidegründe im Bereich des Fassaner Jochs am Plattkofel und über die Fassaner Schneide zum Malknechtjoch nahe dem Tierser Alpl förderten seinen Ursprung. Die »Schneid«, ein grüner, langgestreckter Kammrücken, bildet die Grenze zwischen Gröden und Fassa und zwischen Roßzähne und Langkofelstock auch die Grenze der Seiser Alm. Die Dolomiten leben vom starken

Bild links: *Das Innere des Langkofelstocks scheint fast ein Felsengefängnis zu sein, so hoch und steil ragen ringsum die Wände. Die Wandergruppe kommt herab von der Langkofelscharte in das Langkofelkar, kehrt gewiß bei der Langkofelhütte zu und hat dort die Möglichkeit, im Weg zur Plattkofelhütte und auf dem Friedrich-August-Weg zurück zum Sellajoch einen schönen Rundkurs abzulaufen.*

Reiz der Gegensätze: Hier die Schwinge weiter grüner Almen, dort die steile weiße Schotterböschung zum Berg, zu gelbrotem, schwarzgrauem Fels.
In der Friedrich-August-Hütte an unserem Weg hängt eine gerahmte Schwarzweiß-Fotografie. Sie zeigt einen würdigen Herrn, darunter steht:

»Friedrich August III. von Sachsen, König und Bergsteiger 1865–1932.«

Dieser letzte Sachsenkönig wanderte gern und viel zwischen Sella, Langkofel und Rosengarten, und er regte die Verbindung vom Sellajoch über die Fassaner Schneid zum Malknechtjoch an. Im Jahre 1910 verwirklichte die Sektion Seiser Alm des Deutschen und Österreichischen Alpenvereins diesen Plan, und Friedrich August lebt mit Weg und Hüttennamen in den Dolomiten fort.
Seine Königliche Hoheit liebten es, auf Bergtouren unerkannt zu bleiben, und er mischte sich gerne unter das einfache Bergsteigervolk. Nachfolgende Anekdote, erzählt von Josef Rampold, könnte sich zugetragen haben:

»Saßen da mehrere Bergsteiger, redeten von Fels und Eis, vom Wetter, und schließlich rätselten sie auch um ihre Berufe unten im Tal. Bunt zusammengewürfelt und einander unbekannt, wie sie waren. Auch Friedrich August kam schließlich an die Reihe, und munter gab der Sachse zur Antwort: ›Daheeme? Daheeme bin ich Geenich!‹ – worauf alle in ein brausendes Gelächter ausbrachen und einer den Spaß auf die Spitze trieb, sich auf die Schenkel schlug und bemerkte: ›Das trifft sich ja großartig, du bist daheim König, und ich bin der Kaiser von China ...‹.«

Wer den Friedrich-August-Weg gehen möchte, fährt zum Sellajoch und wandert die Trasse über die gleichbenannte Hütte, vorbei an Grohmannspitze, Innerkoflerturm, Zahnkofel zur Plattkofelhütte meist im Hin und Zurück. Hierfür sollte man mindestens 4 bis 5 Stunden Gehzeit einplanen, mit Rasten und Schauen wird daraus ein leichter, unbeschwerter Tag in durchschnittlich 2200 bis 2300 Meter Höhe, stets in Gemeinschaft eines bunt zusammengewürfelten Publikums. (Seit 1986 gibt es auf halbem Weg das Rifugio Sandro Pertini, eine hübsche Holzhütte mit Übernachtungsmöglichkeit.)
Diese vielgerühmte, aber einfache Wanderung können wir ab Sellajoch mit Hilfe des Lifts zur Langkofelscharte (2679 m) mit großem Gewinn zu einer interessanten Rundtour aufwerten: Das Bergab von der Langkofelscharte in das Karbecken darunter kann dem weniger trittsicheren Wanderer die Tour etwas erschweren, aber dafür entschädigt in reichem Maße die fast beängstigend enge und hohe innere Langkofel-Felsenszenerie. Die Langkofelhütte (2252 m) im Winkel zwischen Langkofel- und Plattkofelkar ladet zur Rast, Wegweiser zeigen uns die Richtung hinaus, hinunter zum Confinboden, um den Plattkofel herum zur Plattkofelhütte am Fassaner Joch und über den Friedrich-August-Weg zurück zum Sellajoch.

Bild oben: *Am Friedrich-August-Weg bei der gleichnamigen Hütte im Aufblick zur Grohmannspitze.*
Bild rechts: *Die Plattkofelhütte am Fassaner Joch, am Fuße des Plattkofels. Der Friedrich-August-Weg kommt vom Sellajoch zu ihr, auf diesem beliebten Weg wandern die Plattkofel-Besteiger und auch die Leute herüber von der Langkofelhütte zurück zum Sellajoch.*

Naturpark Schlern

Der Schlern! Von ihm gibt es Sagen und Märchen, romantisches Liedgut, Handfestes und Wissenschaftliches, auch Betrübliches zu berichten, wie sonst von keinem Südtiroler Berg. Mit ihm beschäftigen sich unverändert lebhaft Schriftsteller, Maler, Geologen, Archäologen, Botaniker, Alpenvereine und ganz privat und prosaisch noch Tausende von Wandersleuten und Bergsteigern, die Jahr für Jahr zu ihm kommen und nichts weiter wollen als einen schönen Tag am Schlern.
Die Erdgeschichte hat den Schlern am Westrand der Dolomiten zum Bozner Kessel hin plaziert, die Höhe – 2500 Meter – ist eher mittelmäßig. Aber durch den wuchtigen, langgestreckten Rücken, den steilen, gewachsenen Fels der Abstürze nach West und Ost und durch die Tiefendistanz von über 2000 Meter zu Bozen erscheint der Schlern als charakteristische Südtiroler Berggestalt: Er ist der Heimatberg, das Wahrzeichen von Südtirol!
Wir im nördlichen deutschen Sprachraum stehen, wenn vom Schlern die Rede ist, etwas außerhalb Südtiroler Emotionen, und so ist eigentlich nur ein Einheimischer, ein Südtiroler, dazu berufen, uns zu erklären, warum gerade dieser Berg die Seele von Land und Volk so sehr berührt.
Richard Gabloner schreibt: »Zweifelsohne ist der Schlern ein ganz besonderer Berg. Von wo aus wir ihn auch betrachten mögen, immer steht er in all seiner Ursprünglichkeit und Mächtigkeit im Mittelpunkt unseres Landes, ein wahres ›Epos aus Stein‹, wie er einmal genannt wurde. Wodurch der Schlern zum Symbolberg, zum Wahrzeichen Südtirols geworden ist, ist nicht leicht zu sagen, sicher aber beruht diese Sonderstellung neben seiner geographischen Lage vor allem darauf, daß der Schlern so etwas ist wie ein Spiegelbild dessen, was wir unter der ›Seele‹ unseres Landes verstehen.« (Aus: »Der Schlern«, von Hanspaul Menara, herausgegeben von der Sektion Bozen des AVS)
Der Schlern ist mächtig, er ist größer, als wir von Bozen aus ahnen: Zu ihm gehören das nach Südosten ausgedehnte Hochplateau zur Roterdspitze (2655 m), der anschließende Roßzähnekamm, die Berge zum Tschamintal und die beiden nach Norden vorgeschobenen »Schlernzacken«, die Euringer- (2397 m) und die Santnerspitze (2414 m).
Am 16. September 1974 erhob die Südtiroler Landesregierung das gesamte Schlerngebiet und die vorgelagerte Seiser Alm zum »Naturpark Schlern – Seiser Alm«. Der Park umfaßt 6386 Hektar, die Gemeinden Tiers, Völs und Kastelruth haben daran Anteil. Es besteht Bauverbot, man ist verpflichtet, Blumen, Beeren, Mineralien und Fossilien an Ort und Stelle zu belassen; Camping und Zelten, das Abstellen von Autos außerhalb der Parkplätze ist nicht erlaubt. Dazu tritt ein Fahrverbot vom 1. Mai bis 31. Oktober, das aber die Almbauern, die Betreiber der Hotels und Gaststätten sowie fest eingemietete Gäste nicht betrifft.

Der Schlern und die Seiser Alm bilden für Südtirol einen gemeinsamen, vielversprechenden Begriff.
Die »Alm«, wie der Einheimische sie vertraulich nennt, glänzt besonders schön im Juli, noch bevor die Sense über die Wiesen streicht. Die auf dem Bild gut sichtbaren Serpentinen des Touristensteiges, der meistbegangenen Route, leiten von der Saltner Hütte hinauf zu den Schlernhäusern. Die hellen Steinhügel auf der Hochfläche markieren den Petz, nach rechts den Burgstall, die höchsten Punkte am Schlern. Rechts außen ragen die »Schlernzacken«, die Euringer- und Santnerspitze (auch Bild links).

17 Die Seiser Alm

Den Schlern kann niemand ohne die Seiser Alm und die »Alm« nicht ohne den Schlern sehen, beide gehören zusammen. Von den Einheimischen rund um den Schlern hören wir, wenn von der Seiser Alm die Rede ist, die kurze, fast liebevolle Anrede: »die Alm«. Wollen wir die Seiser Alm besuchen, fahren wir aus dem Eisacktal ab Blumau oder aus Gröden über den Panidersattel und Kastelruth zuerst bis Seis (944 m), die Höhendifferenz, noch 900 Meter zum Großparkplatz Kompatsch (1846 m), überwindet eine moderne Bergstraße. Kompatsch, Mittelpunkt und Sammelplatz, von dem alles ausgeht, muß täglich Hunderte von Autos und gewiß ein Dutzend Omnibusse verkraften.

Einmalig ist sie, die Seiser Alm, diese größte Hochweide der Alpen: 7 Kilometer Breite mal 8 Kilometer Länge, das ergibt 56 Quadratkilometer, die Meereshöhe schwankt zwischen 1800 und 2000 Meter. Die Hotelsiedlung Kompatsch liegt in einer schwachen Senke, schmale Sandstraßen und markierte Wanderwege ziehen in alle Richtungen. Der Almbauer kommt in die hintersten Winkel, wo es sinnvoll erscheint, wird die Alm seit Jahrhunderten nach genauem Reglement genutzt. Der »Kastelrutterische Seiser-Alb-Zetl« aus dem 16. Jahrhundert enthält präzise Anordnungen für die Bewirtschaftung und regelt Mahdzeit, den Almauf- und Almabtrieb usw. 1785 bestätigte Kaiserin Maria Theresia die Bestimmungen, und dieses Dokument ist auch heute noch, freilich gewiß modernisiert, die Grundlage für die Nutzung. Kastelruth ist der Almherr, Gröden gehört nur ein kleiner, weniger ertragreicher östlicher Zipfel unter Plattkofel und Langkofel. Die Seiser Alm zählt heute etwa 70 Schwaigen, das sind Almgerechtsame mit voller Almwirtschaft, und rund 400 Heuhütten, manche dem Verfall nahe, wieder andere liebevoll gepflegt und erneuert. Zur Sömmerung treiben die Bauern etwa 2000 Stück Rindvieh auf, dazu 100 Pferde und etwa 500 Schafe. Geerntet werden alljährlich etwa 5000 Fuder Heu (das Fuder im Mittel zu 400 kg), und dieses feine, ungemein aromatische Heu ist der eigentliche Almreichtum.

Die Seiser Alm hat fast ständig Saison, jede Jahreszeit birgt ihren eigenen Reiz. Wer die Alm in der »hohen Zeit« erleben möchte, sollte Mitte Juli kommen, kurz bevor die Sense den Wiesen das zarte, kurze Gras, die farbige Blumenpracht und damit Schönheit und Zauber nimmt. Viele Wege führen kreuz und quer, und nur vom Weg aus sollten wir in der Blütezeit die Alm bewundern.

18 »Eine Reise auf den Schlern«

Dieses antiquierte Wortspiel, »eine Reise auf den Schlern«, paßt auch heute noch, obwohl aus dem »Alpenreisenden« von anno dazumal längst ein Bergwanderer oder Bergsteiger geworden ist. Wer überlegt plant, die Zeit großzügig auf zwei Tage einteilt, dem bleibt der Schlern kaum etwas schuldig.
Wege zu ihm gibt es aus mehreren Richtungen, leichte und anspruchsvollere, lange und kürzere, es kommt auf den Ausgangsort und auf den persönlichen »Gusto« an. Der »Allerweltsweg«, in einer Tagestour für weniger geübte Bergwanderer das Richtige, startet am Parkplatz Kompatsch (1846 m). Ein markierter Wiesenpfad quert die Seiser Alm,

stößt bei der Jausenstation Saltner Hütte (ca. 1850 m) an die Schlern-Ostflanke und trifft auf den »Touristensteig«. Dort wird die vielleicht als gemütlicher Tagesausflug gedachte Unternehmung insofern ernster, als man überlegen muß: Habe ich das passende Schuhwerk, genügend Trittsicherheit und Ausdauer, um den Auf- und Abstieg über die 600 Höhenmeter auf dem steilen, steinigen Pfad zu schaffen? Das ist die Mindestanforderung, die der Schlern stellt. Der Touristensteig beginnt bereits in Bad Ratzes (1205 m), einem hübschen, nordseitigen Schlernwinkel, und verläuft über die Schlernbodenhütte (1726 m) zur Einmündung des Weges von der Saltner Hütte herauf. Bei der Schlernbodenhütte beginnt der schmale »Gamssteig«. Diese Route über ein ausgeprägtes Felsenband hinauf zur Hochfläche ist für den erfahrenen und geübten Bergwanderer vielleicht der schönste Weg zum Schlern.

Bilder oben: *Eine Wandergruppe unterwegs zu einer »Reise auf den Schlern«. Der Wegweiser inmitten von Wiesengrün und Blumenpracht der Seiser Alm zeigt die Richtung.*

Bild links: *Der Schlern als Insel im Wolkenmeer, links die Köpfe der Hammerwand, draußen am nördlichen Horizont die Firne der Zentralalpenkette. Am Schlern, links unter dem hellen, steinigen Gipfel, dem Petz, erkennen wir die Schlernhäuser.*

19 Die Schlernhäuser

1985, zum 100jährigen Bestehen des Schlernhauses, widmete der Alpenverein Südtirol (AVS) dem Schlern ein Buch. Das Kapitel »Berg des Alpenvereins« blättert Zeit und Geschichte zurück, seit der Schlern auf seiner Höhe ein Schutzhaus trägt.
Der allgemeine Aufbruch des Alpinismus, im deutschen Sprachraum durch den Deutschen und Österreichischen Alpenverein, führte zu Sektionsgründungen in ganz Deutschland und Österreich. Diese Entwicklung manifestiert für jedermann sichtbar der alpine Hüttenbau. Er ist der Spiegel, in dem sich Alpenverein und Sektionen wiederfinden, eine Hüttenchronik ist somit auch Alpenvereins- und Sektionsgeschichte. Dies zum besseren Verständnis von Geschichte und Symbolcharakter des Schutzhauses auf dem Schlern.
In der Generalversammlung der Sektion Bozen im Jahre 1880 standen sich zwei Opponenten gegenüber. Johann Santner, damals führender Alpinist (Erstersteiger der nach ihm benannten Santnerspitze am Schlern), setzte sich vehement für den Bau einer Hütte auf dem Schlern ein; der Sektionsvorstand Albert Wachtler (»Wer wird denn auf diesem öden, trostlosen Hügel, den Schlern, hinaufsteigen?«) war dagegen. Santner konterte: »Saudumm's Zeug! Der Schlern ist einer der herrlichsten Berge der Heimat, und von einer Hütte oben haben alle was!« Die Argumente für und wider idealisierten den Schlern, zum anderen setzten sie mit »Hügel« seine alpine Qualität sehr stark herab. Unser Rückblick aus nun 100jähriger Distanz bestätigt Johann Santner: 1881, also ein Jahr später, war die Einigung zum Hüttenbau auf dem Schlern der richtige Entschluß. Albert Wachter sollten wir jedoch auch verstehen. Im gesamten westlichen, so großartigen Dolomitenraum gab es zu dieser Zeit noch keine Hütte!
»Am 23. August 1885 findet die feierliche Eröffnung dieses 2457 Meter hoch gelegenen, ›schönsten und großartigsten Schutzhauses Tirols‹ statt. Nicht weniger als 200 Personen sind auf der Hochfläche versammelt, darunter Vertretungen der Sektionen Innsbruck, Gröden, Meran, Vorarlberg, Berlin und Austria Wien. Nach der Festmesse in der nahen Kassianskapelle erfolgt die Einsegnung des Hauses, der Vorstand der Sektion Bozen hält die Festrede, worauf der Pächter ein reichhaltiges Frühstück serviert. Hierauf steigt die Gesellschaft auf dem neuen Reitsteige nach Bad Ratzes ab. Hier das Festmahl mit An-

sprachen und sinnigen Toasten, bis die Dunkelheit zum Aufbruch mahnt.«
Der stattliche, aus Stein errichtete Erstbau (heute Mitteltrakt) erhielt 1897 den West- und 1908 den Ostflügel als Zubauten. Mit diesen aus gleichem Stein errichteten Bauabschnitten präsentiert sich das Schlernhaus unverändert bis heute. Warum aber Schlernhäuser? Die Bozner erstellten, weil die Völser keinen Quadratmeter dafür hergeben wollten, das Schlernhaus auf Kastelruther Gemeindegrund. Diesen Fehler versuchte der Völser Kreuzwirt Christian Marsoner gutzumachen, indem er so nahe als es der Grund erlaubte – auf etwa 10 Meter Entfernung – dem Schlernhaus das »Marsoner Haus« als Konkurrenz dazustellte. 1903 verkaufte Marsoner sein Haus an die Sektion Bozen, deshalb also »Schlernhäuser«.
1908 besaßen die Schlernhäuser 100 Schlafplätze und Speise- und Gasträume für 130 Personen. Das Hüttenbuch verzeichnete 1911 den Besuch von fast 4000 Personen – Johann Santner war glänzend bestätigt! Die neuen Verhältnisse nach 1918, die faschistische Ära, enteignete sämtliche Südtiroler Hütten und löste auch die Südtiroler Alpenvereinssektionen auf. Die Schlernhäuser mußten 1923 an die CAI-Sektion Bozen übergeben werden, in deren Besitz, betreut von Südtiroler Wirtsleuten, verblieben sie bis heute.
Nur 20 Minuten entfernt markiert die zerborstene Steinfestung des Petz (2564 m) den höchsten Punkt am Schlern. Im Aufenthalt dort oben bei klarer, weiter Sicht verstehen wir die Südtiroler, wenn sie den Schlern ihren Heimatberg nennen und die Schlernhäuser gerne wiederhaben möchten. (Siehe »Südtiroler Schutzhütten«, von Hanspaul Menara, und »Der Schlern«, beide Athesia Bozen.)

Bild links: *Die Schlernhäuser halten für die Nacht eine gute Bleibe bereit, wenn wir eine Schlern-Reise auf zwei Tage ausdehnen wollen. Den Morgengruß schickt die hochaufgewölbte Rosengartenspitze zu uns herüber.*

Bild unten: *Für die Wanderung über die Schlernhochfläche sollten wir einen sonnigen, klaren Tag mit guter Fernsicht abwarten.*
Wir stehen an der Abzweigung zur Roterdspitze, schauen über die Hochfläche zurück zu den hellen Felsbrocken am Petz, erkennen links die Schlernhäuser und versuchen, die Gipfelkette der Zentralalpen weit draußen im Norden zu enträtseln.

Bild links: *Das Schutzhaus am Tierser Alpl, darüber die Roterdspitze. Für die Touristik zwischen Seiser Alm, Schlern, Tierser Tal und Rosengarten ist das Tierser Alpl ein vorteilhafter Platz für eine Rast. Das angenehme, gepflegte Haus eignet sich aber auch sehr gut für mehrere Urlaubstage weit abseits vom Auto.*

Bild unten: *Wir sehen das Tierser Alpl und sein Schutzhaus von Westen, im Abstieg vom Schlernplateau, darüber die Sella-Gruppe mit Piz Boè und Pordoispitze. Links über der Hütte der Große Roßzahn; ein nur wenig schwieriger Klettersteig, der Maximilianweg, führt über seinen Gipfel hinüber zur Roterdspitze.*

20 Das Tierser Alpl und sein Schutzhaus

Unter »Naturpark Schlern« (Seite 46) erfahren wir, daß zum Schlern die Hochfläche nach Südosten, vom Schlernhaus über eine Senke zur Roterdspitze, und auch der anschließende Roßzähnekamm gehören. Dort drüben, vom Schlern aus nicht sichtbar, verbindet ein Rasensattel das Schlern-Massiv mit dem Rosengarten. Dieses Joch, genannt Tierser Alpl (2438 m), liegt im Bereich des Tierser Tales, daher der Name. Im Übergang zum Rosengarten kommt ihm die Bedeutung einer Brücke zu: Innerhalb der Touristik um Schlern und Seiser Alm ist das Tierser Alpl deshalb seit jeher ein wichtiger Ort. Einem solchen Platz kein Schutzhaus zu geben, erschien dem Kastelruther Bergführer Max Aicher als Unterlassungssünde. Diesen »Sündenfall« wollte er nicht begehen, und so verdanken wir ihm die Tierser-Alpl-Hütte.

> *»Erster Spatenstich 22. August 1957, gebaut bis 1962. 1964 erster Anbau, 1968 erweitert, 1972 vergrößert, 1982 erweitert.«*

Zu lesen in der von 1981 bis 1982 angefügten und liebevoll ausgemalten Kapelle. Die Daten spiegeln bei etwas Nachdenken und im Augenschein des von Max und seiner Familie privat geführten, sehr hübschen Hauses die Entwicklung des Tourismus wider, seit er den ersten Spatenstich tat. Auch den »Maximiliananweg« im Roßzähnekamm hinüber zur Roterdspitze verdanken wir Max Aicher.

Die Wanderer kommen von allen Seiten: von Tiers durch das Tschamintal, vom Molignonpaß (2601 m) herab, also vom Rosengarten herüber, von Campitello di Fassa durch das Durontal, von der Seiser Alm über die nahe Roßzähnescharte (2549 m) und vom Schlern. Für ausdauernde, etwas anspruchsvollere Bergwanderer ist, wenn sie in Kompatsch auf der Seiser Alm parken, die »große Schlernrunde« der besondere Wunsch. Dazu gehören das Schlernhaus, der höchste Punkt am Schlern, der Petz (2564 m), das Tierser Alpl und sein Schutzhaus. In welcher Richtung wir zuerst gehen, spielt weniger eine Rolle als das Wetter, das für den ganzen Tag beständig gut sein sollte. Die Gehzeiten ab Parkplatz zum Schlernhaus oder zum Tierser Alpl betragen 2½ bis 3 Stunden, für die Wegestrecke dazwischen müssen wir 2 Stunden rechnen, der Tag fordert demnach etwa 7 bis 8 Stunden Gehzeit.

Die Seiser Alm, das haben wir erfahren, gehört den Kastelruther Bauern. Aber wem gehört die teils grüne, teils steinige Hochfläche des Schlern, über die unser Weg im Hin und Her zwischen Schlernhaus und Tierser Alpl läuft? Auf dem knapp 4 Quadratkilometer großen und im Durchschnitt 2400 Meter hohen Plateau – der Kranzer (2469 m) ist der höchste Punkt – wächst an besonders günstigen Stellen ein noch würzigeres Gras als auf der Seiser Alm. Dieses beste, feinste Heu ernteten die Völser Bauern und schütteten es für das berühmte »Heubaden« auf. Die Mahd auf dem Schlern lohnt jedoch längst nicht mehr. Die »Heubader« fühlen sich mit dem Trockengras von der Seiser Alm gut bedient, und wie's früher war, welcher Kurgläubige weiß das schon, wenn er sich zum »Heuliegen« auszieht?

Dieser Ausblick vom Tierser Alpl nach Osten zeigt den grünen Kammrücken der Fassaner Schneide zum Fassaner Joch am Fuße der steinigen, steilen Riffkalkböschung, dem »Platt«, hinauf zur Gipfellinie des Plattkofels. Links vom Plattkofel der Langkofel, rechts außen die Sella mit Boè- und Pordoispitze.

Touristik-Informationen

Das Grödner Tal
Naturpark Schlern

Alle Orte, Touristenstützpunkte, offizielle Parkplätze, Hütten, Gast- und Schützhäuser, Pässe, Scharten und Jöcher werden in der Reihenfolge aufgeführt, wie sie dem Auto- und Wandertouristen in den oben genannten Kapiteln und den dazugehörigen Artikeln begegnen.

Talorte

Klausen/Chiusa 525 m, Kleinstadt im unteren Eisacktal, an der Brenner-Autobahn zwischen Brixen und Bozen, 1700 Einwohner. Autobahn-Ausfahrt zum Grödner Tal und zum Villnößtal.

Waidbruck/Ponte Gardena 471 m, Kirchdorf im unteren Eisacktal, an der Brenner-Autobahn zwischen Klausen und Bozen (Ausfahrt Klausen), Einmündung des Grödner Tales in das Eisacktal.

St. Ulrich/Ortisei 1236 m, Hauptort und Markt des Grödner Tales, 3400 Einwohner. Bedeutender Südtiroler Fremdenort für Sommer und Winter.

St. Christina/San Cristina 1426 m, im Grödner Tal, Fremdenzentrum für Sommer und Winter.

Wolkenstein/Selva di Val Gardena 1563 m, vornehmster Fremdenort des Grödner Tales, Sommer- und Wintertouristik, an der Auffahrt zum Grödner Joch und zum Sellajoch.

Seis/Siusi 1002 m, am Schlern; Kirchdorf in der Auffahrt aus dem Eisacktal (Blumau) und vom Grödner Tal zur Seiser Alm.

Kastelruth/Castelrotto 1060 m, Haupt- und Gemeindeort am Schlern, an der Auffahrt aus dem Eisacktal (Waidbruck) und vom Grödner Tal zur Seiser Alm.

Touristen-Stützpunkte

Für den Sommertourismus wichtige offizielle Parkplätze, Hütten, Gast- und Schutzhäuser. Allgemeine Öffnungszeiten der Hütten von Ende Juni bis Ende September (Club Alpino Italiano = CAI; Alpenverein Südtirol = AVS).

Berggasthaus Col Raiser 2125 m, auf der Cisles Alpe, privat, Bergstation des Col-Raiser-Lifts. Stützpunkt für Wanderungen auf der Cisles Alpe und der Aschkler Alpe und für Bergtouren zu den Geislerspitzen.

Rifugio Fermeda 2080 m, privat, auf der Aschkler Alpe.

Troier Alm ca. 2250 m, privat, auf der Cisles Alpe, Jausenstation mit Unterkunft.

Regensburger Hütte 2039 m, CAI-Sektion Firenze, auf der Cisles Alpe, Zugang von St. Christina und vom Col Raiser. Stützpunkt für Wanderungen auf der Cisles Alpe und für Bergtouren zu den Geislerspitzen. Übergänge zur Puezhütte, zur Schlüterhütte und zur Brogles-Alm.

Juac-Alpe 1903 m, privat, Jausenstation am Weg von Wolkenstein zur Regensburger Hütte.

Grödner-Joch-Hospiz 2121 m, privat, Gasthaus am Grödner Joch.

Berggasthaus Frara 2137 m, privat, Schutzhaus am Grödner Joch.

Berghotel Cir 2137 m, privat, am Grödner Joch.

Puezhütte 2475 m, CAI-Sektion Bozen. Zugang vom Grödner Joch, von Wolkenstein und von Colfuschg. Stützpunkt für Wanderungen auf der Puez- und Gardenatscha-Hochfläche, für Bergtouren zu den Puezspitzen. Übergänge zur Regensburger Hütte und zur Gardenacciahütte.

Pisciadùhütte 2587 m, CAI-Sektion Bologna, auf dem nordseitigen Terrassenband der Sella am Pisciadùsee. Zugang vom Grödner Joch und von Colfuschg. Stützpunkt für den Pisciadù-Klettersteig, für Wanderungen zum Sella-Hochplateau und für die Cima Pisciadù. Übergänge zum Rifugio Boè, zur Pordoischarte und zur Bergstation auf der Pordoispitze.

Boèhütte 2873 m, CAI-Sektion SAT Trient, auf dem Sella-Hochplateau. Zugang vom Grödner Joch, von Colfuschg, vom Pordoijoch und vom Sellajoch. Stützpunkt für Wanderungen am Sella-Hochplateau und zum Piz Boè. Übergänge zur Pisciadùhütte, zur Pordoischarte und zur Bergstation auf der Pordoispitze.

Sellajochhaus 2183 m, CAI-Sektion Bozen, an der Paßstraße von Wolkenstein zum Sellajoch, knapp unter der Paßhöhe. Zufahrt auf der Sellajochstraße von Gröden, vom Grödner Joch, vom Pordoijoch und von Canazei. Stützpunkt für Wanderungen zur Sella und zum Langkofel, für Bergtouren in diesen Gruppen, für den Pößnecker-Klettersteig und den Oskar-Schuster-Steig.

Albergo Flor Alpina 2240 m, privat, Schutzhaus am Sellajoch.

Albergo Valentini 2201 m, privat, Schutzhaus am Sellajoch.

Toni-Demetz-Hütte 2679 m, privat, Schutzhaus in der Langkofelscharte, Bergstation des Langkofel-Lifts. Stützpunkt für Klettertouren zum Langkofel und zur Fünffingerspitze. Zugang zur Langkofelhütte.

Langkofelhütte 2252 m, CAI-Sektion Vicenza, im Langkofelkar, im Inneren des Langkofel-Massivs. Zugang von der Langkofelscharte (Toni-Demetz-Hütte) und von der Seiser Alm. Stützpunkt für Bergtouren im Langkofel-Massiv und für den Oskar-Schuster-Steig zum Plattkofel. Übergänge zur Seiser Alm, zum Sellajoch und zur Plattkofelhütte.

Plattkofelhütte 2256 m, privat, Schutzhaus am Fassaner Joch südwestlich des Plattkofel. Zugang vom Sellajoch über den Friedrich-August-Weg und von der Seiser Alm. Stützpunkt für den Plattkofel. Übergänge zur Seiser Alm und zur Langkofelhütte.

Rifugio Emilio Comici 2155 m, privat, Schutzhaus am Piz de Sella nordwestlich vom Langkofel. Seilbahnstation der Bergbahn herauf von Plan de Gralba. Zugang vom Sellajoch und von der Bergstation Monte Soura und von der Bergstation Ciampinoi.

Kompatsch 1848 m, Großparkplatz auf der Seiser Alm, Zufahrt von Seis.

Schlernhäuser 2457 m, CAI-Sektion Bozen, auf dem Schlern-Hochplateau. Zugang vom Großparkplatz Kompatsch auf der Seiser Alm, von Bad Ratzes bei Seis, von Völs. Stützpunkt für Wanderungen auf den Schlern. Übergang zur Tierser-Alpl-Hütte.

Schlernbodenhütte 1726 m, AVS-Sektion Bozen. Zugang von Bad Ratzes, von der Seiser Alm. Stützpunkt zum Schlern und für Klettertouren zu Santner- und Euringerspitze.

Tierser-Alpl-Hütte 2438 m, privat, am Tierser Alpl. Zugang von der Seiser Alm, von Tiers, vom Schlern und vom Rosengarten. Stützpunkt für Wanderungen zum Schlern, für den Maximiliansteig an den Roßzähnen und für den Laurenzi-Klettersteig zum Rifugio Antermoja im Rosengarten. Übergänge zu den Schlernhäusern, zur Grasleitenhütte, zur Grasleitenpaßhütte und zur Vajolethütte im Rosengarten.

Molignonhütte 2053 m, privat, Schutzhaus auf der Seiser Alm nordöstlich der Roßzähne.

Pässe, Scharten, Jöcher

Straßenpässe und für den Wandertourismus wichtige Übergänge.

Grödner Joch 2137 m, Straßenpaß zwischen Sella und Cirspitzen.

Sellajoch 2240 m, Straßenpaß zwischen Sella und Langkofel.

Panider Sattel 1442 m, Straßenpaß zwischen Grödner Tal und Kastelruth.

Panascharte 2447 m, nahe der Seceda-Bergstation, am Westauslauf der Geislerspitzen. Übergang von der Cisles Alpe zur Brogles-Alm.

Mittagsscharte 2760 m, am Sass Rigais. Übergang von der Cisles Alpe zum Munkelweg und Villnößtal.

Forc. Forces de Sielles 2512 m, am Piz Doledes. Übergang von der Regensburger Hütte zur Puezhütte.

Forc. de Pizza 2491 m, an der Stevia. Übergang von der Stevia-Alpe zur Regensburger Hütte.

Forc. de la Roa 2616 m, im Zuge der Geislerspitzen. Übergang von der Regensburger Hütte zur Schlüterhütte.

Cirjoch 2466 m, östlich der Großen Cirspitze. Übergang vom Grödner Joch zur Puezhütte.

Crespeinajoch 2528 m, nach dem Cirjoch im Übergang zur Puezhütte.

Ciampaijoch 2388 m, nach dem Crespeinajoch im Übergang zur Puezhütte.

Langkofelscharte 2679 m, im Langkofel-Massiv. Zugang vom Sellajoch zur Langkofelhütte.

Fassaner Joch 2297 m, bei der Plattkofelhütte. Übergang zur Seiser Alm.

Tierser Alpl 2438 m, zwischen Roßzähne und Rosengarten. Übergang zum Schlern, zur Seiser Alm, zum Rosengarten.

Roßzähnescharte 2495 m, im Roßzähnekamm. Übergang vom Tierser Alpl zur Seiser Alm.

Wandervorschläge

Einfache Wanderungen: Von der Raschötz-Bergstation zur Raschötzhütte oder zur Brogles-Alm.

Von der Seceda-Bergstation zum Col Raiser und zur Regensburger Hütte.

Von der Bergstation Col Raiser zur Regensburger Hütte.

Von Wolkenstein zur Juac-Alpe und zur Regensburger Hütte.

Von Wolkenstein ins Langental und zur Puezhütte.

Vom Monte Pana zum Confinboden und zur Seiser Alm.

Vom Parkplatz Kompatsch auf der Seiser Alm zum Puflatsch, oder zum Spitzbühel und zur Proßliner Schwaige.

Anspruchsvolle Wanderungen:
Von der Seceda-Bergstation über die Panascharte zur Brogles-Alm, weiter zur Raschötz-Bergstation, Abfahrt nach St. Ulrich.

Von der Regensburger Hütte zur Puezhütte und über das Langental nach Wolkenstein.

Von Wolkenstein zur Stevia-Schwaige – Col da la Pieres – Regensburger Hütte – Juac-Alpe – Wolkenstein.

Vom Sellajoch rund um den Langkofel. Vom Parkplatz Kompatsch auf der Seiser Alm über die Roßzähnescharte zum Tierser Alpl und über die Schlernhäuser zurück nach Kompatsch.

Empfehlenswerte Gipfeltouren

Sass Rigais 3025 m, Hauptgipfel der Geisler-Gruppe (siehe Klettersteige).

Furchetta 3025 m, von der Regensburger Hütte über die Wasserrinnenscharte.

Piz Doledes 2908 m, von der Regensburger Hütte über die Forc. de la Roa.

Große Cirspitze 2592 m, vom Grödner Joch.

Östliche Puezspitze 2913 m, von der Puezhütte.

Cima Pisciadù 2985 m, von der Pisciadùhütte.

Langkofel 3181 m, von der Langkofelscharte über das Fassaner Band.

Plattkofel 2955 m, von der Plattkofelhütte oder von der Langkofelhütte über den Oskar-Schuster-Steig (siehe Klettersteige).

Schlern: Petz 2564 m, Burgstall 2510 m, von den Schlernhäusern.

Roterdspitze 2655 m, im Übergang von den Schlernhäusern zur Tierser-Alpl-Hütte.

Großer Roßzahn 2653 m, von der Roterdspitze im Übergang auf dem Maximiliansteig oder von der Tierser-Alpl-Hütte (siehe Klettersteige).

Klettersteige

Achtung! Zum Begehen der Klettersteige ist zur normalen Bergwanderausrüstung die spezielle Klettersteigausrüstung erforderlich: Brust- und Sitzgurt, Reepschnur und Karabiner, Helm und Handschuhe.
Schwierigkeitsbewertung nach Sepp Schnürer, »Klettersteige Dolomiten – Mendelkamm – Gardaseeberge – Brenta«.

Sass Rigais 3025 m, Südwestanstieg, mäßig schwierig. Von der Regensburger Hütte zur Mittagsschlucht, dort höher bis zum Einstieg. Ab Einstieg (ca. 2500 m) teils drahtseilgesicherte steile Route über 500 Höhenmeter zum Gipfel.

Ostanstieg, mäßig schwierig. Von der Regensburger Hütte in das Wasserrinnental (östlich der Mittagsschlucht) bis zur Wasserrinnenscharte (2696 m). Dort höher zum Einstieg (ca. 2800 m). Klammern, Stifte und Drahtseile sichern den teils sehr steilen Aufstieg über 200 Höhenmeter zum Gipfel. Im Ostanstieg muß je nach Wetterverhältnissen mit Schnee und Eis gerechnet werden.

Westliche Cirspitze 2520 m, mäßig schwierig. Unter »Westliche« Cirspitze versteht man die siebte Spitze im Cirspitzkamm, gerechnet von der Großen Cirspitze.
Vom Grödner Joch zur Bergstation Danterceppies (2298 m), dort 100 Meter höher zum Einstieg und teils ausgesetzt und sehr steil mit Drahtseilsicherung über ca. 120 Höhenmeter zum Gipfel.

Pisciadù-Klettersteig, schwierig. Entweder vom Grödner Joch oder von einem Parkplatz an der Ostabfahrt zum Einstieg beim Pisciadù-Wasserfall, ca. 2000 m. In der Ostflanke des Exnerturmes sehr steil und ausgesetzt über 400 Höhenmeter, nur Drahtseile und eine Leiter, zur »Ponte Ferrata« und damit zum Ausstieg auf dem Sella-Terrassenband nahe der Pisciadùhütte (2587 m).

Pößnecker-Klettersteig, sehr schwierig. Vom Sellajoch oder vom Sellajochhaus zum Einstieg (ca. 2300 m) an nordwestseitigem, steilem Wandfels. Sehr steil, teilweise senkrecht und äußerst ausgesetzt über etwa 250 Höhenmeter, Drahtseile, Stifte, Klammern, zwei kleine Leitern, zum Ausstieg auf das Sella-Terrassenband. Von dort ohne besondere Schwierigkeiten zum Piz Selva (2491 m).

Oskar-Schuster-Klettersteig, mäßig schwierig. Von der Langkofelhütte hinein in das Plattkofelkar zum Einstieg auf einem Geröllkegel (ca. 2550 m). Etwas verwickelter, aber markierter Routenverlauf, teils steil, einige Drahtseilsicherungen, zum Ausstieg am Plattkofel (2955 m).

Maximilianweg, wenig schwierig. Einfache Klettersteigroute am Tierser Alpl, von der Tierser-Alpl-Hütte zum Großen Roßzahn und Gratüberschreitung zur Roterdspitze.

Dolomiten-Höhenwege

Im Bereich der Geisler- und Puez-Gruppe und der Sella.

Dolomiten-Höhenweg ⚠: Schlüterhütte 2301 m – Forc. de la Roa 2616 m – Puezhütte 2475 m – Crespeinajoch 2528 m – Cirjoch 2466 m – Grödner Joch 2137 m – Val Setus – Pisciadùhütte 2587 m – Boèhütte 2873 m – Pordoischarte 2848 m – Pordoijoch 2239 m.

Seilbahnen und Lifte

Für den Sommertourismus wichtige Bergbahnen und Lifte.

Seiser-Alm-Bahn, Talstation St. Ulrich 1236 m – Bergstation Pitz 2005 m.

Raschötz-Sessellift, Talstation St. Ulrich 1236 m – Bergstation Raschötz 2107 m.

Seceda-Seilbahn, Talstation St. Ulrich 1236 m – Mittelstation 1736 m – Bergstation Seceda 2480 m.

Col Raiser Gondellift (Stehgondel), Talstation oberhalb von St. Christina 1500 m – Bergstation Col Raiser 2125 m.

Sessellift Monte Pana, Talstation St. Christina 1400 m – Bergstation Monte Pana 1637 m.

Sessellift Monte Soura, Talstation Monte Pana 1637 m – Bergstation Monte Soura 2117 m.

Seilbahn Ciampinoi, Talstation Wolkenstein 1567 m – Bergstation Ciampinoi 2280 m.

Danterceppies – Gondelbahn (Kleingondel), Talstation oberhalb von Wolkenstein 1700 m – Bergstation Danterceppies 2298 m.

Seilbahn Piz Sella, Talstation Plan de Gralba 1790 m – Bergstation Piz Sella 2275 m.

Langkofelscharten-Lift (Stehgondel), Talstation am Sellajochhaus 2183 m – Bergstation Langkofelscharte 2697 m (Toni-Demetz-Hütte).

Wanderkarten

Die wichtigsten, im Handel erhältlichen Wanderkarten, auch einschlägige Karten italienischer Verlage in italienisch/deutscher Kartierung.

Kompass Wanderkarte 1 : 50 000, Blatt 59, »Sellagruppe – Marmolada«.

Freytag & Berndt Wanderkarte 1 : 50 000, Blatt S 5, »Cortina d' Ampezzo, Marmolada, St. Ulrich/Ortisei«.

Tabacco Topographische Wanderkarte 1 : 25 000, Blatt 05, »Val Gardena/Gröden, Alpi Siusi/Seiseralm«.

Geografica Wanderkarte 1 : 25 000, Blatt 5, »Le Odle, Val Badia/Abtei«. Blatt 6, »Marmolada, Sellagruppe«. Blatt 7, »Val Gardena/Grödner Tal, Val di Fassa«.

Das Eggental

Das Eggental ist das südlichste der vier Stichtäler: Villnöß, Gröden, Tiers und Eggen, die alle aus dem Eisacktal hineinführen in die Welt der Dolomiten. Im Weichbild von Bozen öffnet das Eggental keine weite Eingangspforte, wie wir es vielleicht erwarten, sondern nur einen sehr engen Durchlaß, in dem der Eggenbach und die Straße miteinander auskommen müssen. Die älteren Rechte hat der Bach. Niemand wird je wissen, wie oft die Wasser im ewigen Kreislauf ihrer Bestimmung zurückkommen mußten, um diese 5 Kilometer lange und bis zu 200 Meter tiefe Schlucht aus dem harten Quarzporphyr zu fräsen. Bis in das 19. Jahrhundert hinein konnte kaum jemand die Schlucht betreten; aus dem Eisacktal war das untere Eggental nur auf einem Steinplattenweg über Karneid zu erreichen. Erst 1860 wurde die Eggentaler Klamm durch einen Fahrweg, aus dem sich die heutige Straße entwickelte, erschlossen.
Die Fahrt, eingezwängt zwischen den glatten Plattenschüssen roter Porphyrwände, ist auch heute noch, obwohl die Wassernutzung den Eggenbach zu einem Rinnsal verkümmern ließ, ein Erlebnis. Wieviel aufwühlender und mächtiger muß es aber gewesen sein, als der Bach noch mit urtümlichen Wasserspielen seine Kraft und Wildheit demonstrieren durfte! Traurig ob dieser für uns kaum wiederholbaren Schaubilder blicken wir auf den trockenen Stein im blinden Bett, auch er entbehrt das Wasser.
Seit den siebziger Jahren hat das Eggental jedoch auch eine bequeme Zufahrt von oben. Ab Blumau im Eisacktal läuft über Steinegg eine herrliche Aussichtsstraße hinauf zu den Bauerneinschichten von Obergummer und mündet vom Dörfchen Gummer mit einem steilen, kurvigen Bergab in die Talsohle; wenig talauf, nun schon 600 Meter über Bozen, liegt Birchabruck (877 m). An der dortigen Straßengabel müssen wir entscheiden, wohin wir wollen: nach links über Welschnofen zum Karerpaß (13 km) und damit zum Rosengarten oder nach rechts über Obereggen zum Reiterjoch am Latemar.
Obereggen erreichen wir ab Birchabruck entweder auf einer modernen Fahrtrasse über Rauth oder, landschaftlich hübscher, auf der teils steilen und schmalen Straße (8 km) vorbei am Kirchdorf Eggen (1126 m), das dem Tal den Namen gibt.

21 Obereggen und das Reiterjoch

Wer heute Obereggen nachdenklich betrachtet, spürt die Zeitabläufe der Urbanisierung: Noch in den fünziger und bis in die sechziger Jahre muß Obereggen (1561 m) eine entlegene Südtiroler Einschicht gewesen sein. Ein Ort, weit über der lauten Welt, von Bozen 22 Kilometer und 1300 Höhenmeter entfernt, beim Reiterjoch an der Grenze zur Provinz Trient. Obereggen, das waren einige Bauernhöfe, eine Kapelle, ein Wirtshaus, viel Wald und darüber der Latemar, für den sich von der Obereggener Seite kaum ein Fremder interessierte. Dann kam der Ski und meldete seinen Anspruch auf den Konsum dieser bislang nur von Bauern, vom Forst und von der Jagd genutzten Bergwelt an. Obereggen avancierte in den siebziger Jahren zum Talort des »Skicenter Latemar«, das im Reiterjoch (1996 m) sein Zentrum hat. Der informierte Besucher weiß: Von Weihnachten bis Ostern regiert der Skisport, die ruhige Zeit für Obereggen ist der Sommer und die ganz ruhige sind Frühsommer und Herbst.

Nachdem Obereggen und sein Reiterjoch nun durch den Skizirkus in aller Munde sind, kommt mehr und mehr auch der Sommergast. Der dichte Karerforst mit Waldwegen kreuz und quer, an der Baumgrenze die Meierlalm (2037 m), eine Sommerfrische für Kalb, Kuh und Pferd, der Wiesensattel des Reiterjochs, Mittler zwischen Zangenberg und Latemar, natürlich auch Wirtshäuser am Weg – dieses Angebot erwartet uns, wenn wir in Obereggen weilen. Die 4 Kilometer lange Forststraße zum Reiterjoch ist gesperrt. Einer der beiden Obereggener Sessellifte hat jedoch auch Sommerbetrieb, er schaukelt hinauf bis über die Meierlalm, in 2100 Meter Höhe am Fuße des Latemar steigen wir aus.

Bild links: *Mit der in Quarzporphyr tief eingeschnittenen Eggentaler Schlucht mündet das Eggental direkt zum Bozner Talkessel. Die kurvenreiche Straße durch die mehrere Kilometer lange Schlucht ist sehr stark befahren, sie führt von Bozen zum Karerpaß und Rosengarten. Aus der Schlucht schauen wir hinauf zur Burg Karneid* (Bild oben).

Bild rechts: *Wir halten in Obereggen; die Straße von rechts hinein in den Forst führt zur Meierlalm und zum Reiterjoch. Darüber das Eggentaler Horn, links die Erzlahnspitze.*

22 Zum Rifugio Torre di Pisa am Latemar

Der Latemar, berühmt als Spiegelbild im Karersee, ist noch heute im Innern, im südostseitigen Valsordakessel, ein weithin einsames Gebirge. Der vom Karerpaß her mögliche nordseitige Besuch endet meist an der Östlichen Latemarspitze; von Süden, im Aufstieg vom Reiterjoch (1996 m), bekommt der Latemar jedoch zusehends neue Freunde. Warum? Seit 1980 gibt es am Südausläufer, an der Cima Valbona, einen durch private Initiative errichteten und von Juni bis in den Oktober hinein bewirtschafteten Stützpunkt: das Rifugio Torre di Pisa.

Dieser von Camillo Gabrielli, einem einfachen Mann aus Pedrazzo im Fleimstal, endlich verwirklichte Wunsch so vieler Dolomitenfreunde wertet den Latemar auf: Die Durchquerung des Latemar, vordem nur sehr guten und ausdauernden Gehern möglich, verteilt sich bequem auf zwei Tourentage, der Tageswanderer herauf vom Reiterjoch hat ein Ziel, das seinen Ehrgeiz befriedigt. Die ungewöhnlich vorteilhafte Position der Hütte – Meereshöhe 2671 Meter – schenkt, wenn das Wetter paßt, ein selten großes Aussichtserlebnis, im Südbogen von der Pala über den Ortler bis zur Weißkugel! Auf dieser Höhe lohnt es sich, nachdem das Angebot nun einmal vorhanden ist, zur Nacht zu bleiben.

Der Latemar bietet mit Start an der Hütte mehrere, für geübte Bergwanderer interessante Möglichkeiten. Die von Norden kaum zugänglichen Latemargipfel haben eine schwache Seite nach Südosten, hinab zum Oberern und Unteren Valsordakessel. Diese weiten Schotterbecken erschließt ein markierter Wanderpfad, und aus seiner Trasse, aus der Höhe von etwa 2500 Meter, locken die Aufstiege zum Eggentaler Horn (2799 m), zur Erzlahnspitze (2749 m) und auch ein Klettersteig, die »Attrezzata Campanili del Latemar«. Dieser eindrucksvolle und dabei nicht schwierige Eisenweg (siehe Sepp Schnürer »Klettersteige Dolomiten ...«) schneidet in etwa 2700 Meter, fast in Gipfelhöhe, die Latemartürme und läuft zur Großen Latemarscharte aus. Hierher kommt auch der Querweg durch die genannten Kessel: Der Aufstieg zur Östlichen Latemarspitze und Abstieg zum Karerforst mit Rückweg über den Mitterleger zur Meierlalm vollenden diese große Latemarrunde. Die kurze und schnelle Rückkehr zur Meierlalm, ohne den Hüttenzugang nochmals zu gehen, ermöglicht ein Steig über die Gamsstallscharte (ca. 2600 m) an der Cima di Valsorda.

Bilder links: *Das Rifugio Torre di Pisa steht am Südauslauf des Latemar in ungewöhnlich hoher und freier Position zum westlichen Halbkreis; den Namen entlehnt es von dem schiefen Felsturm in Hüttennähe (siehe* Bild unten*).*

Bilder rechts: *Die »Hinterstube« des Latemar, hinab nach Süden zum Oberen und Unteren Valsordakessel. Links die Erzlahnspitze, zur Mitte die Latemartürme, rechts außen die Östliche Latemarspitze.*
Der neue Klettersteig, die »Attrezzata Campanili del Latemar«, schneidet die steile Felsböschung der Latemartürme von links nach rechts zur Großen Latemarscharte.
Das untere Bild *gibt einen Einblick vom Standort des Rifugio Torre di Pisa in die zerschrundete Wetterfront des Latemar; draußen die Kette der Zentralalpen.*

23 Der Latemar im Spiegel des Karersees

Sehr viele Dolomitenfahrten beginnen in Bozen mit der Route durch das Eggental hinauf zum Karerpaß. Als erstes möchte man den Rosengarten und natürlich das sagenumwobene Wasser zu Füßen des Latemar, den Karersee, bewundern. Bis zur Straßengabel Birchabruck ist jedoch vom Rosengarten nichts zu sehen; die Schau gehört dem Eggentaler Horn, das mit hohem, regelmäßig gespitztem Fels eine starke Werbung für Obereggen und den Latemar ausstrahlt. Erst nach Birchabruck (877 m), in der Zufahrt auf Welschnofen, gleitet der Rosengarten mit seiner Westfront ins Blickfeld.

Welschnofen ist seit langem eine beliebte Sommerfrische und Ausgangsort für die allgemeine Touristik zu Latemar und Rosengarten, das Gemeindegebiet reicht bis zu den Hauptkämmen der beiden Gebirge. Wald und Wiesenhänge zwängen den Ort sehr eng in den Talgrund, aber mit der Dolomitenstraße zum Karerpaß, mit einem leistungsfähigen Liftverbund hinauf zur Frommer Alm (1740 m) unter dem Rosengarten und mit Wanderwegen befreit sich Welschnofen aus seiner Enge. Der Name Welschnofen wurzelt in »Wälischnofe«, ursprünglich »nova« = Neuland der ladinischen Erstsiedlung; das benachbarte Deutschnofen deutet auf deutsche Erstsiedler hin. Im Mittelalter brannten hier wie dort Schmelzöfen, beschickt mit Eisenerz vom nahen Latemar; die Namensgebung erinnert noch daran.

Nach Welschnofen schwingt die Straße durch dichten Wald mit wenigen Kilometern hinauf zum Karersee, wir halten am Parkplatz. Unterirdische Quellen und Schmelzwasser herab von den Bergen füllen in 1534 Meter Meereshöhe die Seemulde, etwa 250 Meter lang und 125 Meter breit, die Tiefe hängt von der Jahreszeit ab und wird auf 5 bis 7 Meter geschätzt. Rundum stehen hochstämmige Fichten, in der Betrachtung vom Parkplatz aus spiegelt der See die nahen Nordabstürze des Latemar.

Der Anblick gilt als ein klassisches Dolomitenbild, am schönsten zur Zeit der Schneeschmelze, wenn die Wasser das Seebecken voll ausfüllen und früh am Morgen und wieder zum Abend, wenn Stille und Verlassenheit dem Karersee seine Romantik zurückgeben. Das Farbenwunder im Seespiegel erklärt ein ladinisches Märchen: Eine Seenixe, so erzählt es, habe den Regenbogen zu sich herabgezogen, und seitdem scheint er aus der Tiefe Grund hinauf zu den Menschen.

Das Tierser Tal

Wie das Villnöß- und das Grödental, so mündet auch das Tierser Tal in einer schmalen Schlucht zum Eisacktal. Im Vergleich zur Zufahrt nach Gröden bekam Tiers schon frühzeitig, im Jahre 1811, eine Straße. Aber diese von Blumau bis Tiers 8 Kilometer lange Trasse – Höhendifferenz 700 Meter – war in früheren Zeiten gewiß der Schrecken aller Fuhrleute und Zugtiere. Auch der Autofahrer von heute wird kaum öfter auf- und abfahren wollen, die enge Talfurche läßt nur ein sehr schmales, steiles Sträßchen und die Talwasser, den Breibach, zu.

Dieser oftmals sehr stürmische Bach wurde bis zur Wasserkatastrophe im Jahre 1882 überaus gründlich genutzt. Von Blumau bis zur Tschamin-Schwaige, also zum Talschluß oberhalb von Tiers, versorgte der Breibach 46 Betriebe, Sägewerke, Mühlen und Schmieden mit wechselnder, aber doch beständiger Energie. Namenspate für dieses fleißige Wasser ist der Weiler Breien (655 m), etwa am »Halbweg« zwischen Blumau und Tiers. Ab Breien steigt die Straße stärker an, die noch erhebliche Höhe zum Kirchdorf Tiers überwindet fast in einem Zug die sogenannte »Fretta«, ein Steilstück mit maximal 24% Steigung. Erst bei Kilometer 7, Höhe etwa 1000 Meter, fahren wir hinaus in die lichte Weite der Mittelgebirgsvorlagen zwischen Eisack und Rosengarten. Vor uns das Dörfchen Tiers (1028 m) am Fuße seines Hausberges, dem 1738 Meter hohen Tschafon. (Seit 1986 Zufahrt nach Tiers von Blumau auch auf der Oberstraße über Aicha mit Einmündung bei Kilometer 7 in die alte Straße.)

Das Tierser Tal ist ein deutsches Tal. Die Besiedlung war nur aus dem Eisacktal möglich, und so rodeten wohl Bajuwaren und ihre Nachkommen die Bergwälder zur grünen, sanfthügeligen Flur von heute. Im Jahre 999 n. Chr. ist Tiers erstmals urkundlich als »Tyersch« erwähnt. Die Pfarrkirche St. Georg stammt mit Baukörper und Turm so, wie wir sie heute sehen, aus dem Jahrzehnt von 1760 bis 1770. Die Bevölkerung lebte ausschließlich von Feld, Wiese und Wald sowie vom Handwerk; der Alpinismus entdeckte den Rosengarten, und damit Tiers, erst in den siebziger Jahren des 19. Jahrhunderts.

Tiers liegt eingebettet in eine Landschaft, die der Städter sich wünscht, wenn er zur Erholung in die Berge fährt: sanfte Hanglagen von Wiese und Wald, das Hochgebirge nicht zu nah, damit dem Ort die Sonne bleibt. Das Hochgebirge von Tiers ist der Rosengarten, seine Ausstrahlung schenkt ihm den verheißungsvollen Zweiklang: Südtirol und Dolomiten! In den Monaten von Juni bis in den Oktober hinein blüht Tiers auf zu einem überaus beliebten Ferienort. Wanderwege erschließen, vorbei an schmucken Bauernhöfen, das bucklige Mittelgebirge. Wen es höher zieht, der geht hinein ins Tschamintal, steigt hinauf zum Tschafon, zum Schlern, zum Tierser Alpl und zum Rosengarten.

Die Idealvorstellung der Dolomiten: Hoher, stark profilierter Fels über rundem Waldgehügel, freie, sanfte Wiesenlehnen, das Dorf oben im Talschluß mit viel Sonne – diese Ansicht vom Tierser Tal und vom Rosengarten kommt unseren Wünschen entgegen, wenn wir zum Urlaub in die Dolomiten fahren.

Bild rechts *zeigt die Hauptkette der Rosengarten-Gruppe, in der Mitte die Rosengartenspitze mit den Vajolettürmen, rechts außen die Rotwand.*

Bild links: *Am Kirchlein St. Zyprian, oberhalb von Tiers, stehen wir dem Rosengarten näher, die Straße zum Nigerpaß führt uns direkt zum Fuße der Rosengartenspitze.*

24 Die Nigerstraße: von Tiers zum Karerpaß

Der Nigerpaß ist ein 1690 Meter hoher, bewaldeter Geländerücken oben am Rosengarten, auf dem sich seit gut einem Jahrhundert die Gemeinden Tiers und Welschnofen begegnen. Gemeindegrenzen, besonders im Gebirge, waren zur früheren Zeit häufig auch ein Zankapfel. Es ging um Alm-, Weide- und Holzrechte; die Streitigkeiten überdauerten oft Jahrzehnte, bis eine Grenze ein für allemal

Blick zum Rosengarten, in der Auffahrt von Tiers zum Nigersattel. Wald- und Wiesenhänge schließen auf zu Sockelfels, der die westseitigen Flanken der Laurinswand und der bis auf fast 3000 Meter hochgewölbten Rosengartenspitze trägt. Zwischen die beiden Gipfel schmiegt sich die Senke des Santnerpasses, von der Laurinswand nach links erkennen wir die Vajolettürme.

Die Fahrt auf der Nigerstraße entlang der Rosengarten-Hauptkette bietet einen großartigen Ausblick zum Latemar. Am späten Tag, wenn die Abendschatten einfallen, entfaltet der Latemar den Formenreichtum seiner Nordabstürze besonders eindrucksvoll. In Bildmitte die Östliche Latemarspitze, nach rechts die Große Latemarscharte und die Latemartürme.

festgeschrieben war. Solches geschah auch am Niger: Blutige Köpfe hüben wie drüben und ein heimlicher »Marksteinrucker«, auch davon weiß die Tierser Chronik zu berichten. Die 1959 erbaute Straße zum Nigerpaß (10 km) beginnt in Tiers mit der kurzen Zufahrt nach St. Zyprian (1071 m): Mit dem Rosengarten-Hintergrund ist das Kirchlein ein Südtirol- und Dolomiten-Medaillon von besonderer Schönheit (siehe Bild Seite 62). Bei St. Zyprian verzweigt das Tierser Tal zum Tschamintal nach links und zum Purgametschtal rechts; die Nigerstraße zieht rechts vorbei an den Traunwiesen höher und muß im Bergwald mehrere Kehren auslegen, damit sie die Steigung – 20% – zum Nigerpaß überwindet. Wir halten am Niger und wissen, warum sich hier heroben in einer kleinen Waldlichtung ein fast ganzjährig bewirtschaftetes Gasthaus lohnt. Es gibt nur einen Ausblick, aber wir sehen aus naher Entfernung ein Dolomitenmotiv, das bis hinunter nach Bozen wirkt: die sagenhafte Laurinswand, flankiert von den schlanken Vajolettürmen und dem Rosengarten-Hauptgipfel, der 2981 Meter hohen, eindrucksvollen Rosengartenspitze (siehe Bild links).

Die nächste Station, nur 2 Kilometer entfernt, ist der Parkplatz Frommer Alm beim Laurin-Gondellift. Für die allgemeine Rosengarten-Touristik wird dieser Platz, Meereshöhe 1740 Meter, als großer »Umsteigebahnhof« genützt. Von Welschnofen schwebt ein Zubringerlift herauf, viele Autofahrer, auch Omnibusse, kommen von Tiers oder vom Karerpaß herüber. Wer aussteigt und möglichst mühelos weiter zur Höhe möchte, hüpft in eine der 84 Stehgondeln und läßt sich zur Bergstation (2339 m) an der Rosengartenhütte schaukeln. Ein vorzügliches Angebot, das den Laurin-Lift bis in den Oktober hinein in Schwung hält und der späte Herbstgast sehr wohl zu schätzen weiß.

Die Nigerstraße hält ab Frommer Alm die Ideallinie entlang der Rosengarten-Hauptkette ein, bleibt auf aussichtsreicher Höhe mit herrlichem Blick zum Latemar (siehe Bild unten), durchläuft kurvenreich jede Geländebucht und mündet nach 6 Kilometern in die Große Dolomitenstraße zum Karerpaß (Gesamtlänge Tiers–Karerpaß 18 Kilometer).

25 Die Sage vom Rosengarten

Der Rosengarten, fast stadtnah zu Bozen, präsent zur Großen Dolomitenstraße und geschmückt mit einer romantischen Sage, ist sehr oft das erste Ziel einer Dolomitenreise. Wie mag sie entstanden sein, diese höfische Mär von König Laurin? Sie webt sich ein in den Mythen- und Sagenkreis der Alpen, dessen märchenhafter Glanz die Dolomiten bis in unsere rationale Gegenwart verklärt und auch zu erzählen weiß, warum die Dolomiten die Bleichen Berge genannt werden. »Hilfreiche Zwerge, die Salfans, haben die Strahlen des Mondes eingefangen, zu einem Geflecht silbernen Glanzes verwoben, es über die Felsen gelegt, damit die Mondprinzessin, die den Königssohn der Dolomiten liebte, ihr Heimweh ob dieses mondgleichen Schimmers vergißt.« In dieser natürlichen Verbindung von Mondlicht und Dolomitengestein wurzelt also die mystische Poesie der Bleichen Berge.

Wollen wir den Zauber des Rosengartens auf uns wirken lassen, brauchen wir natürliche Distanz, weil das Romantisch-Geheimnisvolle eine allzu nahe Neugierde nur selten verträgt. Von der Nigerstraße oder besser von der Dolomitenstraße aus mit Blick über die freien Wiesenhänge zur Rosengarten-Westfront, die wir in voller Ausdehnung übersehen, sollten wir das atmosphärische Spiel des abendlichen Lichtes auf dem prallen, senkrechten Fels beobachten. Das Schauspiel ist immer wieder neu, jeder Tag im Jahreslauf, sofern eine Abendsonne ihn verklärt, hat seinen eigenen Reiz. Die Geschichte dazu ist uralt, aufbewahrt im Sagenschatz der ladinischen Volksüberlieferung:

»Einst, so heißt es, waren die Berge zwischen Tierser Alpl und Karerpaß ein einziger Garten voll blühender Rosen, deren Schein weit ins Tal hinabreichte. Nur von einem Seidenfaden war dieses Zauberreich begrenzt. Laurins ganze Liebe galt seinen Rosen und Similde, einer langobardischen Prinzessin, die er geraubt und in den Rosengarten mitgenommen hatte. Doch fremde Krieger zerstörten ihm sein Glück. Dietrich von Bern und Hildebrand drangen ein in sein Reich und verwüsteten es. Laurin geriet in Gefangenschaft und verwünschte alle Rosen seines Gartens, weil ihr lichter Schein die Gier der Fremdlinge auf sich gezogen hatte. Weder bei Tag noch bei Nacht sollten sie sichtbar sein. Aber sein Zauberbann vergaß die Dämmerung! Und so kommt es, daß der Rosengarten seither in der Stunde zwischen Tag und Nacht weiterhin leuchtet; leuchtet in so überirdischer Pracht, als wollte er in dieser einzig verbleibenden Zeitspanne alle verlorene Schönheit wieder erretten.«

Ins blaue Abenddunkeln
flutet ein Feuermeer,
ein leise verglimmendes Funkeln –
vom Rosengarten her.

Von seinen Klüften und Schrammen
fließt nieder die Rosenflut.
Die Täler tief unten flammen,
verklärt von dieser Glut.

Über den Türmen und Zinnen
glänzt warm ein Schimmer von Licht.
Schon will der Abend beginnen –
und Laurins Zauber zerbricht …

ARTUR VON WALLPACH

Wir nennen es Alpenglühen, die ladinische Sprache weiß dafür das romantische, geheimnisvoll anmutende Wort »enrosadüra«. Jeder Dolomitenliebhaber wird wissen, daß diese Naturerscheinung sich nicht ausschließlich auf den Rosengarten beschränkt. Aber nur für dieses Gebirge woben die Dolomitenvölker längst vergangener Zeiten im Staunen und auch in Furcht über das für sie unverständliche abendliche Naturgeschehen den sagenhaften Traum vom Rosengarten. Der im Abendrot glühende Rosengarten – diese Erwartung beflügelt den Wunsch, den Rosengarten wenigstens einmal im Leben zu sehen. Aber nur wenn Tageszeit und Wetter vollendet harmonieren, raunt im Rosengarten die Laurinsage (Auszüge aus Franz Baumer, »Traumwege durch Rätien«).

Bild links: *So verzaubert uns der Rosengarten auf der Straße vom Grandhotel zum Karerpaß, wenn wir zur rechten Zeit an Ort und Stelle sind. Der Glanz des abendlichen Rosengartens gehört in die Wunschvorstellung der Dolomitenfreunde: Die pralle, senkrechte Rotwand ist wirklich rot, der Rosengarten »glüht«, die uralte, geheimnisvolle Mär von König Laurin lebt im atmosphärischen Licht der untergehenden Sonne.*

Bild unten: *Am Hirzelweg mit Ausblick zum Latemar. Bronzeadler und Gedenkstein erinnern an Theodor Christomannos (1854–1911), den Initiator der Großen Dolomitenstraße, zur Öffnung der Dolomiten für den allgemeinen Tourismus.*

26 Der Hirzelweg: zwischen Rosengartenhütte und Rotwandhütte

Wer den zu Recht vielgerühmten Hirzelweg zwischen der Rosengartenhütte und der Rotwandhütte begeht, begegnet Georg Hirzel und Theodor Christomannos. Das idealistische Wirken der beiden Männer datiert um die Wende vom 19. ins 20. Jahrhundert. Georg Hirzel, ein Verlagsbuchhändler aus Leipzig, stiftete 1904 die nach ihm benannte Wandertrasse im Schottersockel der Rosengarten-Hauptkette.

Dr. Theodor Christomannos (1854–1911), ein geborener Wiener, studierte in Innsbruck und eröffnete 1864 in Meran eine Rechtsanwaltskanzlei. Christomannos war ein Mann »voll Saft und Kraft«, ein Idol seiner Zeit, im Bergsteigen ein Meister in Fels und Eis (einer Wette wegen bestieg er den Ortler in Frack und Lackschuhen!). Er war der Motor sowohl für die Errichtung des Grandhotels »Karersee« als auch für die Weiterführung der Dolomitenstraße von Welschnofen über den Karerpaß nach Vigo di Fassa. Für die allgemeine Touristik öffnete Christomannos den Rosengarten, den Karersee und Karerpaß, die dankbare Gemeinde Welschnofen ehrte ihn mit einem Denkmal droben am Hirzelweg (Bild unten). Die damalige große Welt, illustre Persönlichkeiten internationaler Bedeutung, logierte bis zum Ersten Weltkrieg im Nobelhotel »Karersee«, sogar Kaiserin Elisabeth von Österreich reiste im Sommer 1897 an, blieb 37 Tage und bewunderte von hier aus den Rosengarten. Karl May und Agatha Christie waren zu Gast und 1949 auch Winston Churchill. Als Churchill in Welschnofen ankam, war eine seiner ersten

Fragen: »Wo liegt denn der Karersee? Ist es wirklich wahr, daß er ein so prächtiges Farbenspiel zeigt, wie ich oft gehört habe?«
Wandern am Hirzelweg zwischen Rosengarten- und Rotwandhütte! Mit diesem »Rosengarten-Hit« rentiert sich der Doppelsessellift oberhalb vom Hotel »Karersee« hinauf zur Bergstation (2127 m) an der privaten Paolinahütte in der Sommersaison bis Allerheiligen. Die früher bescheidene Rotwandhütte (2462 m) erhielt 1985/86 eine Erweiterung und komplette Sanierung innen und außen, von der Rosengartenhütte gibt es keine neue Meldung, bei ihr blieb bisher alles beim alten. Georg Hirzel sah seinen Weg als Panoramaweg. 1910 entstand die Rotwandhütte am Südauslauf des Rosengartens unter den Masarèspitzen, ermöglicht durch den Stuttgarter Industriellen Ostertag-Siegle (daher früher auch Ostertaghütte genannt). Die gesamte, etwa 5 Kilometer lange Wandertrasse zwischen den beiden Hütten ist heute einer der beliebtesten Dolomitenwege.
Wir promenieren auf einer durchschnittlichen Höhe zwischen 2200 und 2300 Meter; mit vernünftigem Schuhwerk wird der Hirzelweg zum Spaziergang von etwa 2 Stunden Gehzeit. Das große Geschenk bei klarer Luft und weiter Sicht ist die freie Schau nach Westen, die bis zum Ortler reicht. Diese Wetterlage ist freilich im Sommer selten; müssen wir darauf verzichten, entschädigen in reichem Maße der nahe, zu uns herüber sehr attraktive Latemar und natürlich der Rosengarten selbst, vor allem aber die lotrechte Westwand der Rotwandspitze unmittelbar neben uns – 400 Meter Höhendifferenz bis zur Spitze! Für den Wanderer ein Alptraum, für den sportlichen Superkletterer fast ein »Spaziergang« wie der Hirzelweg für uns.

27 Von der Rosengartenhütte zum Santnerpaß und zum Tschager Joch

Die Rosengartenhütte, erbaut 1898/99 von der Sektion Rheinland des Deutschen und Österreichischen Alpenvereins und als Kölner Haus 1900 eröffnet, steht am Anfang und am Ende einer überaus beliebten Rosengarten-Tour. Gemeint ist der Rundkurs hinüber ins Vajolettal entweder mit Beginn zum Santnerpaß oder zum Tschager Joch, Abstieg zur Vajolethütte und aus Vajolet über den Santnerpaß oder das Tschager Joch wieder zurück zur Rosengartenhütte. Die Rosengarten-Hauptkette wird in beiden Fällen sehr hoch geschnitten, die im Abstieg zur Vajolethütte verlorenen Höhenmeter müssen im Aufstieg, also auf dem Rückweg, wieder geholt werden. Die Steige sind durchgehend markiert und können nicht verfehlt werden; die notwendige Bergausrüstung für einen Klettersteig aber ist obligatorisch!

Diese an erregenden Landschaftsimpressionen reiche und deshalb verlockende Rosengartenrunde wird oft unterschätzt, das persönliche Leistungsvermögen leicht überfordert. Deshalb die Gehzeiten, mit denen man rechnen sollte: Rosengartenhütte (2339 m) – Santnerpaß (2741 m): 2 Stunden; Abstieg Gartlhütte (2621 m) – Vajolethütte (2243 m): 1½ Stunden; Aufstieg Tschager Joch (2630 m): 1½ Stunden; Abstieg Rosengartenhütte: 1 Stunde; insgesamt 6 Stunden.

Santnerpaß: Der Laurin-Gondellift vom Parkplatz Frommer-Alm (1740 m) hinauf zur Rosengartenhütte ermöglicht diese Rosengartentour als Tagesunternehmung; die erste Auffahrt – 8 Uhr – sollte eingehalten werden. Die Entscheidung, in welcher Richtung wir beginnen wollen, fällt 100 Meter höher auf dem Felssockel über der Hütte. Der Steig zum Santnerpaß – Markierung »S« – läuft auf dem Terrassenband nach links zum Fels der Rosengartenspitze, der Weg nach rechts zum Tschager Joch. In einer Rundtour sollte man mit dem schwierigsten Abschnitt anfangen, der Santnerpaß ist deshalb das erste Ziel. Der vielbegangene Klettersteig quert diagonal aufwärts, mit Drahtseilen gesichert, die schuppige Westwand der Rosengartenspitze. Der Fels ist steil, bietet guten Tritt und Griff, die Route schlüpft durch enge Scharten, ist deutlich erkennbar; trotzdem die Selbstsicherung mit Reepschnur und Karabiner nicht vernachlässigen (siehe Sepp Schnürer, »Klettersteige Dolomiten ...«).

Der Santnerpaß ist einer der schönsten Plätze der Dolomiten! Nach dem Klettersteig stehen wir in 2741 Meter Höhe auf einem kleinen Felsplateau. Vor uns ein Holzhüttchen, die Santnerpaßhütte, darüber die Laurinswand, rechts die Gipfelwand der Rosengartenspitze, nach Westen nur grenzenlose Weite über Hügelketten und das Etschtal hinweg bis zum Horizont der Ortler-Gruppe – ein Platz zum Schauen und Rasten, aber mit lebhaftem Durchgangsverkehr. Die Hütte am Santnerpaß hat einen privaten Bauherrn. Giuglio Gabrielli aus Predazzo im Fleimstal errichtete 1956 das kleine und seitdem kaum veränderte Schutzhaus. Zur Freude der Bergwanderer, die an solch exzellentem Standort gerne in den Abend hinausschauen wollen, bietet die Santnerpaßhütte auch die Möglichkeit zu übernachten. Mit unserer Toureneinteilung können wir gegen 11 Uhr schon am Santnerpaß sein, der Tag liegt noch vor uns: Entweder verfolgen wir den Rundkurs, den Bergsteiger aber lockt die Rosengartenspitze.

Bilder links: *Der Hirzelweg entlang der Rosengarten-Hauptkette zwischen Rosengartenhütte und Rotwandhütte ist berühmt wegen der freien Schau in Gebirgsräume weit westlich der Dolomiten und der erregenden Nähe zum Steilfels. Die Bilder zeigen die Wegetrasse unter der Rotwand, die Rotwandhütte und die Sicht nach Westen zur Ortler-Gruppe.*

Bild rechts: *Bergwanderer, unterwegs auf dem Klettersteig zwischen Rosengartenhütte und Santnerpaß. Diese im allgemeinen vielbegangene Route ist nicht ohne Gefahren: Trittsicherheit und richtige Ausrüstung sind wichtige Voraussetzungen für die Freude an der Tour.*

Tschager Joch: Die Rosengarten-Hauptkette hat zum Karerpaß eine Nord-Süd-Richtung und als Mittelpunkt die 2981 Meter hohe Rosengartenspitze. Der Santnerpaß liegt in Gipfelnähe, der Kammzug von der Rosengartenspitze nach Süden, der Baumannkamm, läuft zu einer schmalen Kerbe, zum Tschager Joch, aus. Dieses 2630 Meter hohe Joch ist, seit es drüben im Vajolettal die Vajolethütte und herüben im Westen die Rosengartenhütte gibt, ein beliebter Übergang und auch die kürzeste und einfachste Verbindung beider Hütten. Nachdem wir den glatten, abgegriffenen Fels im Sockel hinter der Rosengartenhütte erklettert haben, stehen wir auf dem großen Terrassenband bei der Wegeteilung: Santnerjoch – Tschager Joch (zum Santnerpaß siehe Seite 69). Wir sehen die Jochkerbe schwach östlich über dem Standort der Rosengartenhütte, die Markierung »Passo Coronelli« gilt für Tschager Joch. Der Weg ist steil, aber ohne Schwierigkeiten, zum Joch brauchen wir nur 300 Höhenmeter zu überwinden. Der Santnerpaß hat seinen Vorzug durch hohen Fels, der ihm ganz nahe steht, und die Weite nach Westen. Am Tschager Joch schauen wir hinab nach Gardeccia, dem großen Treffpunkt im Vajolettal. Vom Rosengarten sehen wir die Larsecberge, von der übrigen Dolomitenwelt die Marmolada, die mittleren Höhen im Vorfeld zu ihr und die Gebirgsstaffel zum östlichen Raum, zu den Tofanen und zum Sorapis.

28 Das Gartl und die Türme von Vajolet

Es gibt Orte, Berge in den Dolomiten mit immerwährender Anziehungskraft, einer Faszination, die nie verblaßt und die deshalb das Mekka aller Dolomitenfreunde seit nunmehr 100 Jahren und wohl auch im kommenden Jahrtausend sind. Die Vajolettürme gehören zu dieser Prominenz; diese unvergleichlichen Türme, in Begleitung von Rosengartenspitze und Laurinswand, strahlen den Rosengartenzauber hinab bis Bozen. Diesem verheißungsvollen Bergbild kommen wir sehr viel näher, wenn wir von Tiers über die Nigerstraße zum Nigersattel fahren (siehe Seite 64). Vielen Rosengarten-Liebhabern wird die Nahsicht von der Straßentrasse heraus genügen, denn dorthin, nach Nordwesten, scheint der senkrechte Fels kein Fundament zu haben – so sehen wir es, wenn wir den Bergwald durchfahren und die Vajolettürme und die Laurinswand himmelhoch darüberragen. Ganz nahe, so nahe, daß wir sagen können »zum Greifen«, sind wir den Türmen im Gartl. Aber man muß ein leidlich geübter Bergwanderer sein, um diesen Ort zu erreichen.

Am Santnerpaß (2741 m) stehen wir kurz vor diesem berühmten Rosengarten-Motiv. Wir brauchen nur dem Pfad bergab, hinein zu einem Felskessel, dem Gartl, zu folgen, aus dem die Gartlhütte (2621 m) zu uns heraufschaut. Vor dem Boden gehen wir nach links in den Hang und stehen an dem Ort, zu dem die Vajolettürme die beste Seite zeigen (siehe Seite 73). Wir betrachten staunend den Delago-, den Stabeler- und den Winklerturm, jeder eine Persönlichkeit mit Rang und Geschichte.

Drei Türme, drei Namen, die Namen der Ersteigeer. Die Erschließungsgeschichte eröffnete 1887 Georg Winkler. Der damals blutjunge 18jährige Gymnasiast bezwang im Alleingang »seinen« Turm, den Winklerturm (2800 m). 1892 kam der Tiroler Bergführer Johann Niederwieser – vulgo Stabeler Much – zu dem mittleren, dem Stabelerturm (2805 m), und 1895 Hermann Delago aus Innsbruck zum südlichsten, zum Delagoturm (2780 m). Die berühmte Delagokante erkletterte als erster im Jahre 1911 der Fassaner Bergführer Tita Piaz.

Das Gartl ist ein enger Felsenkessel mit ebenem Schotterboden, den bis in den Sommer hinein eine Schmelzlacke deckt. Die Rosengartenspitze, die Laurinswand und die Vajolettürme bauen dem Kessel die fantastische Dolomitenkulisse, für die er so berühmt ist. Dieser unvergleichliche Felsensaal ist nach oben zum Santnerpaß und nach unten zum Vajolettal offen: Von unten, herauf vom Parkplatz Gardeccia (1949 m), vorbei an der Vajolethütte (2243 m) und von dort über eine schräge Steinrampe zum Gartl, auf diesem leichtesten Zugang kommt in der Hochsaison von Ende Juni bis Anfang September bisweilen ein Zustrom, der alle Vorstellungen sprengt. Ein buntes Publikum, die Mixtur fast aller europäischer Nationalitäten, plagt sich, geführt von einem markierten, sehr abschüssigen und nicht gesicherten Felsensteig, getrieben von dem Wunsch, die Vajolettürme zu sehen, hinauf zum Gartl. So ist das Gartl, auch wenn man mindestens 2 Stunden zu Fuß gehen muß, oftmals ein total überlaufener Ort, aber die beste Bühnenloge zu den Türmen von Vajolet.

Die Gartlhütte ist nach außen ein einfaches, schmuckloses Haus, aber innen geräumig, und wurde offiziell nach Albert I. König der Belgier (1875–1934) benannt. König Albert, ein begeisterter und guter Dolomitenkletterer, bewunderte Tita Piaz (1879–1948), den zu seiner Zeit berühmten »Maestro«, und unternahm mit ihm viele gemeinsame Touren. Piaz erwarb die von einem Fassaner erbaute und anfangs kleine Hütte, in dankbarer Erinnerung an die Bergkameradschaft mit dem belgischen König gab er ihr den Namen Rifugio Re Alberto I. Das Schutzhaus verblieb im Besitz der Familie Piaz und wird von ihr auch heute noch geführt. Für die Klettergilde ist die Gartlhütte der ideale Stützpunkt; nur wenige Schritte zu den Einstiegen – wo sonst gibt es diesen Vorzug?

Bilder links: *Der Santnerpaß-Klettersteig durchzieht diagonal die westseitige Rosengartenspitze, ab Rosengartenhütte 400 Höhenmeter zum Ausstieg am Santnerpaß.*
Die mit »S« markierte Route nützt die Vorsprünge der schuppigen Westwand, zwängt sich durch schmale Scharten, ist immer ausgeprägt und an schwierigen Stellen mit Drahtseilen gut gesichert. Trotzdem Vorsicht, besonders im Abstieg!
Wenige Plätze in den Dolomiten haben eine so herrliche Lage wie der Santnerpaß, und deshalb bekam der Paß, eine kleine Terrasse zwischen Rosengartenspitze und Laurinswand, im Jahre 1956 die kleine Schutzhütte.

Bild rechts: *Das Gartl mit seiner Hütte, dem Rifugio Re Alberto I., im Nahbereich der Vajolettürme, nur 100 Meter unter der Santnerpaßhütte.*

Touristik-Informationen

Das Eggental

Das Tierser Tal

Alle Orte, Touristenstützpunkte, offizielle Parkplätze, Hütten, Gast- und Schutzhäuser, Pässe, Scharten und Jöcher werden in der Reihenfolge aufgeführt, wie sie dem Auto- und Wandertouristen in den oben genannten Kapiteln und den dazugehörigen Artikeln begegnen.

Talorte

Blumau/Prato Tires 315 m, Straßenort im unteren Eisacktal, an der Brenner-Autobahn zwischen Klausen und Bozen (Ausfahrt Bozen-Nord). Dort Auffahrt zur Seiser Alm und in das Tierser Tal.

Kardaun/Cardano 290 m, Ort am Eisack in der Einmündung zum Bozener Becken, an der Brenner-Autobahn (Ausfahrt Bozen-Nord). Dort Auffahrt in das Eggental.

Birchabruck/Ponte nuova 877 m, Kirchdorf im oberen Eggental, an der Tal- und Straßengabelung zum Karerpaß und nach Obereggen.

Obereggen/San Floriani 1561 m, im obersten Eggental. Talort des Skicenter Latemar. Hotel, Pensionen, Gasthöfe, Sommer- und Wintersaison.

Welschnofen/Nova Levante 1182 m, Hauptort und Gemeindesitz im Eggental, Touristenzentrum für Sommer und Winter.

Tiers/Tires 1028 m, im oberen Tierser Tal, Hauptort und Gemeindesitz. Beliebter Ort für Sommerferien.

Touristenstützpunkte

Für den Sommertourismus wichtige offizielle Parkplätze, Hütten, Gast- und Schutzhäuser. Allgemeine Öffnungszeiten der Hütten von Ende Juni bis Ende September. (Club Alpino Italiano = CAI)

Meierl-Alm 2037 m, privat, an der Auffahrt von Obereggen zum Reiterjoch. Jausenstation mit Unterkunft.

Rifugio Torre di Pisa 2671 m, privat, am Südausläufer des Latemar. Zugang vom Reiterjoch und von der Meierl-Alm. Stützpunkt für Wanderungen und Bergtouren am Latemar.

Grasleitenhütte 2129 m, CAI-Sektion Bergamo, im Grasleitental, nördlicher Rosengarten. Zugang von Weißlahnbad im Tierser Tal. Stützpunkt für den Kesselkogel. Übergänge zum Tierser Alpl und ins Vajolettal.

Nigerhütte 1690 m, privat, am Nigerpaß, in der Auffahrt von Tiers zum Rosengarten.

Gasthof Frommer Alm 1740 m, privat, an der Nigerstraße bei der Mittelstation des Laurinlifts.

Tscheiner Hütte 1775 m, privat, an der Nigerstraße.

Paolinahütte 2125 m, privat, am Rosengarten. Zugang mit dem Rosengarten-Lift. Stützpunkt für Wander- und Bergtouren im Rosengarten.

Rotwandhütte 2280 m, CAI-Sektion SAT Trient, am Rosengarten. Zugang von der Paolinahütte. Stützpunkt für Wander- und Bergtouren im Rosengarten. Übergang nach Gardeccia im Vajolettal.

Rosengartenhütte 2339 m, CAI-Sektion Verona. Zugang mit dem Laurinlift und vom Hirzelweg. Stützpunkt für Wanderungen und Bergtouren im Rosengarten. Übergänge zur Santnerpaß- und Gartlhütte.

Santnerpaßhütte 2741 m, privat, auf dem Santnerpaß in der Rosengarten-Hauptkette. Übergang zur Gartl- und Vajolethütte.

Gartlhütte 2621 m, privat, im Rosengarten zwischen Santnerpaß und Vajolethütte.

Pässe, Scharten, Jöcher

Straßenpässe und für den Wandertourismus wichtige Übergänge.

Karerpaß 1758 m, Straßenpaß zwischen Rosengarten und Latemar.

Nigerpaß 1690 m, Straßenpaß in der Auffahrt von Tiers zum Rosengarten.

Reiterjoch 1996 m, Wiesensattel am Latemar.

Santnerpaß 2741 m, in der Rosengarten-Hauptkette zwischen Rosengartenspitze und Laurinswand. Übergang zu Gartl- und Vajolethütte.

Tschager Joch 2630 m, in der Rosengarten-Hauptkette. Übergang von der Rosengartenhütte zur Vajolethütte und nach Gardeccia.

Vaiolonpaß 2550 m, in der Rosengarten-Hauptkette an der Rotwand. Übergang von der Paolina- und Rosengartenhütte zur Rotwandhütte.

Cigoladepaß 2561 m, Übergang von der Rotwandhütte nach Gardeccia.

Wandervorschläge

Einfache Wanderungen:
Vom Reiterjoch zum Rifugio Torre di Pisa am Latemar.

Vom Hotel Karersee durch den Karerforst zum Mitterleger.

Hirzelweg am Rosengarten (siehe Seite 67).
Fassaner Höhenweg (siehe Seite 75).

Anspruchsvolle Wanderungen:
Quer durch den Latemar vom Rifugio Torre di Pisa über die Östliche Latemarspitze zum Karerpaß.

Von der Rosengartenhütte zum Santnerpaß (siehe Seite 69).

Von der Rosengartenhütte zum Tschager Joch mit Abstieg zur Vajolethütte (siehe Seite 69).

Von der Paolinahütte über den Vaiolonpaß zur Rotwandhütte.

Empfehlenswerte Gipfeltouren

Reiterjochspitze 2799 m, im Latemar, vom Rifugio Torre di Pisa.

Erzlahnspitze 2749 m, im Latemar, vom Rifugio Torre di Pisa.

Großer Latemarturm 2846 m, aus der Attrezzata Campanili del Latemar (siehe Klettersteige).

Rotwand 2806 m, in der Rosengarten-Hauptkette, vom Vaiolonpaß oder Rotwandhütte (siehe Klettersteige).

Klettersteige

Achtung! Zum Begehen der Klettersteige ist zur normalen Bergwanderausrüstung die spezielle Klettersteigausrüstung erforderlich: Brust- und Sitzgurt, Reepschnur und Karabiner, Helm und Handschuhe.

Attrezzata Campanili del Latemar, wenig schwierig. Vom Rifugio Torre di Pisa zur Forc. dei Campanili (2685 m) am Ansatz der Latemartürme. Der Klettersteig quert die Südflanke der Türme zur Großen Latemarscharte (2620 m, Biv. Rigatti).

Santnerpaß-Klettersteig, mäßig schwierig. Von der Rosengartenhütte zum Santnerpaß (siehe Seite 69).

Ferrata Masarè, mäßig schwierig. Von der Rotwandhütte zum Ansatz der Masarèspitzen, Einstieg ca. 2500 m. Im Wechsel von der West- zur Ostseite der Masarèspitzen mit Drahtseilen und Stiften gesicherte Route, im Auf und Ab etwa 200 Höhenmeter zur Punta Masarè (2585 m).

Rotwand-Klettersteig, wenig schwierig. Entweder im Anschluß an die Ferrata Masarè in Überschreitung der Rotwand zum Vaiolonpaß (2550 m) oder von dort auf steiler, drahtseilgesicherter Route über knapp 300 Höhenmeter zum Gipfel.

Seilbahnen und Lifte

Für den Sommertourismus wichtige Bergbahnen und Lifte.

Latemar-Sessellift, Talstation Obereggen 1561 m – Bergstation Meierl-Alm 2230 m.

Laurin-Lift (Stehgondel), Talstation Heinzensäge 1320 m oberhalb von Welschnofen – Mittelstation Frommer Alm 1740 m – Bergstation Rosengartenhütte 2339 m.

Rosengarten-Sessellift, Talstation Hotel Karersee 1620 m – Bergstation Paolinahütte 2125 m.

Wanderkarten

Die wichtigsten, im Handel erhältlichen Wanderkarten, auch einschlägige Karten italienischer Verlage in italienisch/deutscher Kartierung.

Kompass Wanderkarte 1 : 50000, Blatt 54, »Bozen«.
Blatt 74, »Tramin, Cavalese«.

Freytag & Berndt Wanderkarte 1 : 50000, Blatt S 7, »Überetsch – Kalterer See – Südtiroler Unterland«.

Tabacco Topographische Wanderkarte 1 : 25000, Blatt 06, »Val di Fassa«.

Geografica Wanderkarte 1 : 25000, Blatt 7, »Val Gardena/Grödner Tal«, Blatt 8, »Latemar/Val di Fiemme«.

Faszination der Vajolettürme! Einmal hier zu rasten und zu schauen – welch ein Erlebnis! Links der Delagoturm mit seiner berühmten Kante, in der Mitte der Stabelerturm und rechts der Winklerturm.

Das Fassatal

Der deutschsprachige Reisende kommt zum Fassatal meist von oben, entweder herab vom Karerpaß oder vom Sellajoch. Die Zufahrt von unten beginnt im Etschtal, zweigt bei Auer zu den Höhen von Truden und Radein, überschreitet am Passo Lugano (1100 m) die Sprachengrenze und schwenkt in das trientinische Val di Fiemme, das frühere deutsche Fleimstal. Bei Cavalese begegnen wir dem Torrente Avisio, dem Fassaner Talwasser mit Ursprung an der Marmolada. Die gut ausgebaute Straße durchläuft Predazzo (Abzweigung zum Rollepaß), führt nach Moena (Abzweigung zum Pellegrinopaß), und erst dort, nach einer seichten Geländeschwelle bei Soraga (1242 m), empfängt uns Fassa, auf unserer großen Dolomitenreise nun die zweite ladinische Talschaft.

Nach ungeschriebenem Gesetz hat auch im Fassatal, im Oberlauf des Avisio, seit Menschengedenken jede Generation das ihre dazu getan, um der Heimat das heutige, überaus freundliche Aussehen zu geben. Der Talboden ist flach und schwingt stufenlos in einem Bogen nach Nordost zum berühmten Dolomitenort Canazei (1468 m) – ab Moena 16 Straßenkilometer über die Höhendifferenz von nur 300 Meter.

Dieses sonnige, siedlungsfreundliche Hochtal war zur Mitte des vorigen Jahrhunderts ein unbekannter Dolomitenwinkel, es gab kaum eine Straße. Auch die größeren Taldörfer, Vigo, Pozza und Pera di Fassa, Campitello und Canazei, waren eher ärmlich, ein Eindruck, der auch heute noch da und dort aufscheint, wenn wir das noch vorhandene Alte, die Behausung von Mensch und Tier, nachdenklich betrachten. Der Bau der Dolomitenstraße und damit die erste Welle des Fremdenverkehrs brachten zu Beginn des 20. Jahrhunderts die Wende zum Besseren. Heute ist das Fassatal von Moena bis zum Talschluß beim Dörfchen Penia ein einziger, zu den Hauptsaisonen überquellender Fremdenplatz. Es fehlt an nichts, was der Sommer- oder Wintergast glaubt, für seinen Urlaub erwarten zu können.

Berg und Tal ergänzen sich im Fassatal durch eine in den Dolomiten beispiellose Allianz. Paßstraßen, Seilbahnen und Lifte binden den Rosengarten, den Langkofel, die Sella und die Marmolada im Sommer wie im Winter an das Tal und ermöglichen so einen Allround-Tourismus.

Bild links: *Das Fassatal, gesehen in der Auffahrt aus dem Tal nach Gardeccia. Darüber von links Col Rodella, die Sella-Gruppe mit den Abbrüchen der Ciavazes-Südwand und die Pordoispitze.*

Bilder rechts: *Das Rifugio Ciampedie mit Ausblick zur Rosengarten-Ostseite.*
Auf Ciampedie, der Seilbahn-Bergstation herauf von Vigo di Fassa, startet der Fassaner Höhenweg, eine wegen der Landschaft und der übereinandergestapelten Gesteinsschichten am Weg interessante, kurzweilige Wandertrasse zur Rotwandhütte am Rosengarten.

29 Der Fassaner Höhenweg

Auf der Fahrt vom Karerpaß hinab zum Fassatal berühren wir noch vor der Talsohle ein lebhaftes Touristenzentrum, den Ort Vigo di Fassa (1382 m). Vigo di Fassa bietet die im Jahre 1985 auf den modernsten Standard angehobene Seilbahn zur Ciampedie: Nach nur 4 Minuten Fahrzeit in der Großraumgondel für 100 Personen steigen wir in 2000 Meter Höhe zu einem hübschen Wiesenplateau aus. Warum so viele Leute hinauf nach Ciampedie fahren, liegt einmal an der Höhe selbst, zum andern im prächtigen Panorama der Fassaner Dolomiten, aber auch an den kurzweiligen, leichten Wanderungen ab Bergstation.
Der Rosengarten überrascht mit seiner Südöffnung, dem Vajolettal, dem farbigen, interessant gegliederten Fels der Larsecberge und winkt zur Wanderung nach Gardeccia und Vajolet. Im Südwesten, am Auslauf der Rosengarten-Hauptkette, wetteifert ein gut sichtbares Haus, weckt Neugierde und schließlich auch den Wunsch zum Besuch. Wegeschilder weisen Richtung und Hütte. Mit »Rifugio Vaèl« ist die Rotwandhütte gemeint, die Wandertrasse zu ihr heißt »Fassaner Höhenweg«.
Wir gehen durch reizvollen Bergwald, vorbei an Fichten, Lärchen und Zirben, der Pfad schneidet übereinandergestapelten roten Dolomitstein, durchläuft einen grünen Almkessel und mutet uns nur im Schlußanstieg zur sichtbaren Rotwandhütte etwas Anstrengung zu. Wenn wir wollen, können wir über den Cigoladepaß (2561 m) nach Gardeccia (1949 m) absteigen und von dort in Vollendung einer Rundwanderung nach Ciampedie zurückkehren.

30 Das Vajolettal – die »Hauptstraße« im Rosengarten

Von Ciampedie (2000 m, siehe Seite 75) haben wir in das Vajolettal hineingesehen; wollen wir hineinfahren, kurven wir aus dem Fassatal auf teils schmaler, doch gut ausgebauter Bergstraße über 600 Höhenmeter hinauf zum Parkplatz Gardeccia (1949 m). Mit uns tun dies zur Hauptsaison sehr viele andere Fahrzeuge: Gardeccia ist der Eingang in das Herz der Rosengarten-Gruppe, in das Hochtal von Vajolet zum Talursprung am Grasleitenpaß (2601 m) 600 Meter höher. Vajolet, besetzt von der Vajolethütte (2243 m) und der ihr benachbarten Preußhütte, durchzogen von einem Güterweg (für öffentlichen Verkehr gesperrt), ist eine einzige übergroße »Fußgängerzone«. Wollen wir im Hochsommer das Vajolettal besuchen, müssen wir uns damit abfinden. Die Vorsaison bis Mitte Juli ist fast noch ruhig zu nennen, dies trifft auch für die Zeit nach dem Hüttenschluß um den 20. September zu.

Vajolet bietet viel: Wanderwege, Klettersteige, Wände, Türme und Gipfel in bester »Dolomitenausführung«. Als Krone des Hochtales baut sich wuchtig der 3004 Meter hohe Kesselkogel auf, die einzige Dreitausenderkote im Rosengarten.

Den ersten Schritt zur allgemeinen Erschließung wagte 1897 die Alpenvereinssektion Leipzig. Diesen zaghaften Einsatz – die erste Vajolethütte erwies sich sehr bald als viel zu klein – revidierten die Leipziger in den Jahren 1901/02 und stellten ein größeres, stattliches Haus, ein »Berghotel«, wie es damals genannt wurde, dazu. Die heutige Vajolethütte, die daraus hervorging, ist im Besitz der Trientiner Alpinistenvereinigung SAT. Die altvertraute kleine Preußhütte gibt es seit 1986 nicht mehr. Die Besitzer, die Familie Piaz, erbauten am gleichen Ort und im gleichen Stil ein neues, aber kaum größeres Haus.

Bild links: *Die Vajolethütte unter der Felsrinne zum Gartl, rechts das schlanke Profil der Vajolettürme.*

Bild rechts oben: *Die Vajolethütte aus der Sicht im Abstieg vom Tschager Joch. Das Vajolettal läuft zum Grasleitenpaß aus, rechts der Kesselkogel.*

Bild rechts unten: *Wir verweilen am sagenumwobenen See von Antermoja und betrachten die Kesselkogel-Ostflanke. Der ostseitige Klettersteig am Kesselkogel nützt das gut erkennbare diagonale Felsband hinauf zum Gipfelkreuz.*

31 See und Hütte von Antermoja

Antermoja? Im ersten Hinhören, im Nachklang der Wortsilben, im Verweilen an dem verwunschenen Wasser, mit dem der ladinische Volksmund die Sage verwebt, glauben auch wir an die Elfe Antermoja aus dem versunkenen Rosengarten: Oswald von Wolkenstein, der stimmgewaltige Barde des Mittelalters, wird durch Antermoja zum großen Spielmann, zum Meister auf der Harfe, aber, wie die Elfe ihm weissagte, auch ruhe- und glücklos. »Unstet von Land zu Land fahrend, in politische Händel und Liebschaften verstrickt, sitzt er schließlich mit seinem Eheweib auf Burg Hauenstein in Razzes am Schlern, er klagt über den Lärm der Kinder, der ihm in die Ohren dringt und darüber, ›daß kein rotes Mündlein‹ ihn mehr tröste.« See und Hütte von Antermoja liegen am Rande des Rosengartens, dort, wo er zwar nicht einsam, aber doch um vieles ruhiger ist als im Vajolettal. Abgeschirmt vom Kesselkogel und der Larsec-Gruppe schmiegt sich nordöstlich von Vajolet ein kleines Hochtal zwischen die Bergkämme. Wasser und Schnee und die Wetter unendlich vieler Jahreszeiten haben das Geröll zu einem flachen Boden geebnet, aber eine Mulde belassen, zu der die Wasser abfließen und uns als Antermojasee (2496 m) erfreuen, wenn wir nach langer Wanderung von Vajolet über den Antermojapaß (2769 m) oder von Gardeccia auf dem Scalette-Weg hierher kommen. Wenig entfernt vom östlichen Seeufer steht das Rifugio d'Antermoia. Die Sektion Fassa erbaute schon 1911 eine solide, einfache Steinhütte, die im Jahre 1981 von der SAT Trient zum heutigen modernen Schutzhaus erweitert wurde.

32 Von Canazei über Ciampac nach Contrin

Canazei (1468 m) liegt im Talschluß von Fassa, dort, wo die Dolomitenstraße sich hochschraubt zum Pordoijoch und ein kleines südöstliches Seitental die Zufahrt nach Fedaia am Fuße der Marmolada aufschließt. In ganz Fassa ist Canazei der wichtigste und auch bekannteste Fremdenplatz, wohl deshalb, weil die Position am Fuße von Sella- und Pordoijoch und der Marmolada-Nimbus dem Ort die besondere Bedeutung geben. Die Marmolada sehen wir aus dem Fassatal nicht, dazu müssen wir die Paßstraßen fahren

oder mit der »Funivie del Belvedere« in einer Großraumgondel über Pecol (1932 m) zum Belvedere (2384 m) hinaufschweben. Den Wunsch nach Dolomitenbildern befriedigen aus der Sicht von Canazei sehr eindrucksvoll der ortsnahe Colac (2713 m) und der Große Vernel (3205 m).
Das Talbecken von Canazei weitet sich zu oben erwähntem Seitental aus; nur 2 Kilometer entfernt liegt Alba (1517 m), früher klein und unbedeutend, heute für Canazei ein wichtiger Trabant zur Bewältigung des Fremdenverkehrs. Bei Alba hebt sich eine bewaldete Geländestufe vom Talboden ab, und diese Schwelle ist die Hürde hinauf nach Contrin.
Im Val de Contrin, diesem Hochbecken in 1800 bis 2000 Meter Meereshöhe, empfangen uns Natur, Wasser, Almwiesen und der Wald wohl nicht unberührt, aber doch geschützt. Die Verantwortlichen haben eingesehen, daß dieser prachtvolle Bergwinkel mit dem Zugang zum Contrinhaus ohnehin genügend belastet ist und die weitere Erschließung ihn nur zerstören würde. Das Contrinhaus (2016 m) ist der Magnet für Tageswanderer, besonders aber für Bergsteiger als Stützpunkt für Touren zu Marmolada und Ombrettaspitzen. Für Weitwanderer öffnet Contrin großzügige Wege über Ombrettapaß, Cirellepaß und Passo di San Nicolo in benachbarte Täler.
Contrin ist geschützt, aber dafür wurde die Seilbahn von Alba nach Ciampac gebaut. Die Bergstation steht in 2200 Meter Höhe am unteren Rand einer großen Almschüssel, das Gelände zum oberen Rand ist weit, baumlos, ideal zum Skilaufen – deshalb die Bahn. Links erhebt sich der Colac, ein strammer Eckpfeiler der Marmolada-Gruppe, rechts von ihm, von Ciampac aus nicht sichtbar, ist die Forcia Neigra (2509 m) eingeschnitten: Der markierte Steig zu dieser Scharte, weiter unter dem Sasso Nero hindurch und hinüber zum Passo di San Nicolo (2338 m) – dort die bewirtschaftete, nach dem Paß benannte Hütte – und vom Paß hinab nach Contrin, dieser Bogen im West-Süd-Kreis über Contrin ist eine herrliche Dolomitenwanderung. Schöner und eindrucksvoller in ihrem Zusammenklang kann die nahe Landschaft kaum sein: die gletschergeschmückte Marmolada mit ihren jähen südwestlichen Abstürzen, der pralle Vernel, die Wucht der Ombrettaspitzen, der steile Fels des Colac, das ineinander verbackene schwarze Eruptivgestein am Sasso Nero und die grünen Almböden dazwischen – dazu der Weitblick zu Langkofel und Sella. Von Ciampac nach Contrin gehen wir ohne Eile in etwa 4 Stunden, alles in allem also eine Tageswanderung nach dem Geschmack vieler Dolomitenfreunde; wer es sich so einrichtet, sogar mit dem Colac als Gipfelziel.

Bilder links: *Am Weg zwischen der Seilbahn-Bergstation Ciampac und dem Passo di San Nicolo im Übergang nach Contrin überrascht schwarzes, fest verbackenes Eruptivgestein.*
In Nachbarschaft zum hellen Dolomit am Colac sorgt es für einen fast unbegreiflichen geologischen Gegensatz auf engstem Raum und lüftet einen Zipfel vom geheimnisvollen Entstehen der Dolomiten Jahrmillionen zurück.
Über dem schwarzen Basaltturm erhebt sich der Colac, rechts draußen die Südabstürze der Sella-Gruppe.

Bilder oben: *Das Gipfelkreuz am Colac.*
Der Colac ist ein starker Eckpfeiler der Marmolada-Gruppe hinab zum Becken von Canazei.
Das Contrinhaus hoch im gleichnamigen Tal nahe der Marmolada und direkt unter der Westlichen Ombrettaspitze ist eine Schutzhütte mit Tradition.
Der Ursprung liegt in der Zeit vor dem Ersten Weltkrieg, als man eine Hütte entweder aus Holz oder aus dem Stein der nächsten Umgebung errichtete. Der Erstbau stammt von der Sektion Nürnberg des damaligen Deutschen und Österreichischen Alpenvereins; im Dolomitenkrieg 1915–1917 war das Contrinhaus ein Stützpunkt der Österreicher.

Bilder links und unten: *Der Fedaiasee sammelt die Gletscherwasser der Marmolada, zur Staumauer mündet von rechts die Zufahrt von Canazei ein, im Winkel von Straße und Mauer steht das Rifugio Marmolada, ein Schutzhaus des Club Alpino Italiano (CAI).*
Von Fedaia läuft ein Stehgondellift hinauf nach Fiacconi (im Bild unten *gut sichtbar) zum Saum des Marmoladagletschers in 2625 Meter Höhe. Über der Staumauer der Große Vernel.*

Bild rechts: *Bergsteiger, die über den Gletscher zur Punta di Penia, zum höchsten Marmoladagipfel wollen (rechts im Bild), nehmen den Lift nach Fiacconi und beginnen dort, hinein zum obersten Gletscherwinkel, den Aufstieg. Blankes Eis kann, besonders im Abstieg, die Tour erschweren; die Bergsteiger stehen vor dem Steilabfall nach Fiacconi.*

33 Fedaia: Straße und Lift zur Marmolada

Der Torrente Avisio, das Talwasser von Fassa, entspringt an der Marmolada-Nordseite im hintersten Talwinkel unterhalb von Fedaia. In der Auffahrt von Canazei über Alba–Penia–Pian Trevisan nach Fedaia begegnet uns der Avisio, und noch vor dem Wiesenplan von Trevisan wird sein Wasser mit dem 1000-Meter-Sturz der hellgrauen, plattigen Nordflanke des Vernel zum überraschenden und aufregenden Blickfang.
Der Fedaiasattel ist ein ausgeprägter, etwa 3 Kilometer langer Talpaß, eingezwängt zwischen der Marmolada-Nordböschung und steilen, südseitigen Wiesenhängen hinauf zum Padonkamm. Die Mulde zwischen der westlichen Höhe am Rifugio Marmolada (2040 m) und der östlichen Höhe, dem eigentlichen Passo Fedaia (2057 m), ist heute das von Staumauern abgeschlossene Auffangbecken der Gletscherschmelze herab von der Marmolada und der Wasserspende vom Padonkamm. Am Ostufer des Fedaia-Stausees stehen wir an einer historischen Grenze. Die Provinz Trient und mit ihr die übergeordnete Region Alto Adige grenzen an die Provinz Belluno, die zur Region Veneto gehört: An dieser Stelle begegneten sich über Jahrhunderte hinweg das Haus Habsburg und die Republik Venedig.
Die Straßentrassierung von Canazei nach Fedaia – 11 Kilometer – war ein schwieriges Unterfangen und wurde nach 10jähriger Bauzeit erst in den siebziger Jahren fertig; die schmale Schotterstraße am Südufer des Fedaiasees hinüber zum Paß, zur Grenze nach Belluno, blieb ein Provisorium. Seit Herbst 1986 schwingt jedoch eine moderne Fahrbahn durch die Geländebuchten am Nordufer, daran knüpft hinab zur Malga Ciapela die von der Provinz Belluno zu diesem Zeitpunkt eröffnete neue, großzügige Osttrasse. Dieser in vieljähriger und sehr kostspieliger Arbeit fertiggestellte Brückenschlag ist neben den Paßstraßen zum Pordoijoch die zweite Verbindung zwischen den Westlichen und Östlichen Dolomiten. Das Fassatal rückt damit näher zum ostseitigen Cordevoletal (Caprile): Ab 1987 ist diese Straße ein neuer Stern in jedem Dolomiten-Reiseprospekt!
Die westliche Staumauer am Fedaiasee ist befahrbar, auf der Seite zur Marmolada stehen einige Gasthäuser und die Talstation (2074 m) des Stehgondelliftes hinauf zum Pian dei Fiacconi (2625 m) am Rande des Marmoladagletschers. Das Angebot von Drahtseil und Gondel, in Minutenschnelle dem Marmolada-Eis auf Atemnähe gegenüberzustehen, ist die große Attraktion – deshalb zur Hochsaison das Parkproblem auf Fedaia. Die ehrgeizigen Pläne, die Punta Rocca (3309 m), also den Marmolada-Gipfelkamm, mit dem Fiacconilift, mit Fedaia und mit der Bergstation auf der Porta Vescovo im Padonkamm zu verknüpfen, um damit eine Super-Seilbrücke von Arabba bis zur Marmolada zu spannen, konnten bisher nicht verwirklicht werden.

34 Marmolada – die »Dolomiten-königin«

Von der Marmolada glauben wir, als Bergsteiger und Skifahrer, sie sei der »vollkommene Berg« schlechthin. Warum? »Die herrlichen Kletterwände und die unübertroffene Eignung als Skiberg rechtfertigen diesen Ehrennamen«. So urteilte schon Gunther Langes, als er auf dem Marmoladagletscher 1935 über die Höhendifferenz von 1240 Meter und 50 Pflichttoren den ersten Riesenslalom der alpinen Skigeschichte startete.
Die Marmolada ist gewissermaßen ein Janusberg mit zwei Gesichtern: südseitig eine Felsenmauer, 3 Kilometer lang und bis zu 1000 Meter hoch, nordseitig ein Gletscher, bis zur Mitte des 19. Jahrhunderts gewiß eine riesige Eisflanke fast hinab nach Fedaia. Für die Talschaften zu ihren Füßen war die Marmolada ein »verehrungswürdiger« Berg, lange bevor der erste Mensch den Gipfelfirn betrat. Ein altes ladinisches Volkslied singt:

O Marmolèda – Ti es regina!
Oh Marmolada – du bist die Königin!

Dieses Wort rührte an Seele und Gemüt längst verblichener Bergvölker, beschwor den Sagen- und Mythenkranz, der auch die Marmolada umwob. Um der Marmolada den fast heidnischen Mythos zu nehmen, wollten studierte Herren, einheimische Geistliche, ein Doktor und ein Richter, am 2. August 1804 die lockende, weißglänzende Gipfelkalotte erkunden. Auf dem Gletscher verschwand plötzlich Don Terza und ward nicht mehr gesehen; geschlagen und mutlos kehrte die Gesellschaft ins Tal zurück. Bis zu einem neuerlichen Versuch, wieder von einheimischer Seite, verging ein halbes Jahrhundert. Aber um dieser »Terra inkognita« die Unberührtheit zu nehmen, sie in die nüchterne, aufgeklärte Welt hineinzustoßen, dazu mußten Fremde kommen – für die tüchtigen Erschließer war die Marmolada auch nur ein Berg wie jeder andere, den es nun endlich zu erobern galt. 1860 erreichte der Brite John Ball mit seinem Landsmann Birkbeck und dem Chamonarden Tairraz die Punta di Rocca (3309 m), den zweithöchsten Punkt an der Marmolada. Paul Grohmann mit den Führern Angelo und Fulgencio Dimai betrat am 28.9.1864 die Punta di Penia, mit 3340 Meter der höchste Gipfel der Dolomiten! Eine Gedenktafel auf ausgeapertem Stein neben dem Gipfelkreuz hält dieses Datum fest.

Die Marmolada triumphiert über alle Dolomitengipfel; rechts der Große Vernel.

35 Malga Ciapela: die Seilbahn zur Marmolada

Die neue Straße von Canazei über Fedaia in das Cordevoletal ermöglicht heute eine kurze, bequeme Fahrt aus dem Fassatal zur Malga Ciapela, zur Talstation der Marmolada-Seilbahn. Diesem Wink werden sehr viele, vor allem die von Norden anreisenden Marmolada-Fans folgen, deshalb gehört dieser Artikel noch in das Kapitel »Fassatal«.

Die auf Seite 81 erwähnte Grenze zwischen den Regionen Alto Adige und Veneto zieht vom Fedaiapaß quer über den Marmoladagletscher zum Gipfelkamm. Im Dolomitenkrieg markierte diese Grenze als Staatengrenze zwischen Österreich und Italien auch den Frontverlauf und bezog die Marmolada in das Kriegsgeschehen mit ein. Die »Zona monumentale Guerra 1915/17« an der Punta Serauta (2962 m) zeigt heute die restaurierten italienischen Stellungen und lohnt den kurzen Zugang.

In Ciapela (1446 m), einem Wiesenfleck mit großen Hotelbauten, steigen wir in die Gondel, wechseln bei der Station »Scambio« (1950 m) in die Auffahrt zur Bergstation »Serauta« (2950 m) und von dort zur Gipfelstation; Fahrzeit ab Tal etwa ½ Stunde. Die gesamte Anlage in der Provinz Belluno wurde in den Jahren 1965 bis 1967 erbaut. Die Öffnungszeiten liegen im Winter vom 15. Februar bis 1. Mai, im Sommer vom 15. Juni bis Ende September, der letzte Sonntag im September ist letzter Betriebstag.

Die Höhenangabe an der Gipfelstation lautet: »Marmolada di Rocca, 3264 m«. Vergleichen wir diese Höhe mit dem Antelao in den Östlichen Dolomiten, von dem wir wissen, daß er mit 3263 Meter der zweithöchste Berg der Dolomiten ist, stellen wir fest: Auf dem Firnfirst, den die Marmolada von der Seilbahnstation hinüber zum Felsgipfel der Rocca (3309 m) ausbildet und den wir mit wenigen Schritten erreichen, stehen wir an einem Ort, der in den Dolomiten außer von der Marmolada selbst nicht mehr zu übertrumpfen ist!

An einem Tag mit Sonne, annehmbarer Temperatur und mäßigem Wind kann der »Spaziergang« auf dem glänzenden, leicht geschwungenen Gipfelfirn die Erfüllung eines Dolomitentraumes bedeuten. Wer die Höhe voll auskosten und auf die vielen Menschen hinabschauen möchte, die der Marmolada auf dem Gletscherhaupt herumtreten, steigt hinauf zur Rocca – aber dafür muß man klettergewandt sein.

Bild links: *»Ski total« an der Marmolada fast das ganze Jahr hindurch!*
Das Bild zeigt den Marmoladagletscher im September und das Pistenangebot, das er für die Sommer-Skifans zu dieser Zeit noch bereithält. Links oben die Gipfelstation Marmolada di Rocca, links unten der Zugang von der Bergstation Serauta zum Gletscher.

Bilder oben und rechts: *Die Bergstation Serauta* (Bild rechts) *fängt die Gondel herauf von der Talstation Malga Ciapela auf und gibt ihr den Schwung zur Gipfelstation Marmolada di Rocca in 3264 Meter Meereshöhe* (Bild oben).
An warmen, windstillen Tagen ist der Gipfelfirst eine lustvolle, einzigartige Promenade zum Schauen in die Dolomiten!

36 Von Canazei zum Sellajoch

Die Auffahrt aus Fassa zum Sellajoch (2240 m) beginnt in Canazei mit Kehre 1 der Dolomitenstraße und erreicht nach etwa 4 Kilometern eine Wiesenebene, links das Hotel »Lupo Bianco« (1715 m), durch die Straßenbreite vom »Weißen Wolf« getrennt, ein kleiner, hübscher Lago. Der blanke See, das Ufergrün und die gelbe, zweifach gestapelte Ciavazes-Südwand im Hintergrund veranlassen jeden Fotografen, sofort zur Kamera zu greifen. Wieder schwingt die Straße in den Bergwald, nach 2 Kilometern, bei Kehre 14 – Abzweigung zum Pordoijoch – verlassen wir die Dolomitenstraße, folgen dem Schild »Passo Sella 6 km« und erreichen die Wiesenlichtung »Pian Schiavaneis« (1890 m) mit Ristorante und Rifugio »Monti Pallidi«. Die Südwestseite der Sella ragt nah und stark gegliedert darüber auf, das Val Lasties, die breite Geländeschneise im Sellastock, liegt offen vor uns. Für den Bergwanderer, der abseits des Massenbetriebs zum Sellaplateau, vielleicht sogar zum Piz Boè möchte, ist dieser Platz mit dem Val Lasties als verheißungsvollem Eingangstor, ein guter Start.

Nach Schiavaneis bleibt der Bergwald zurück. Den Reiz der Landschaft, der von Kehre zu Kehre stärker auf uns wirkt, erhöhen verstreute Zirbenstände. Wir können unter der Ciavazes-Südwand anhalten und an der letzten Kehre vor dem Sellajoch (siehe Bild Seite 88) im Rückblick in das Val Lasties, zur schwarzen Westwand des Piz Pordoi und zur Gipfelwölbung des Piz Boè ein großes Dolomitenbild genießen.

Die Fahrt zwischen Canazei und Sellajoch zu verschiedenen Tageszeiten zeigt traumhaft schöne Dolomitenbilder, je nach Sonnenstand unterschiedlich in Ausstrahlung und Zauber.

Bild oben: *Die Ciavazes-Südwand über dem kleinen See am Hotel »Lupo Bianco«.*

Bild links: *Pian Schiavaneis ein paar Straßenschleifen höher am Eingang zum Val Lasties.*

Bild rechts: *Ab Schiavaneis schwingt die Trasse unter der Ciavazes-Südwand hinauf zum Sellajoch. Im Ausblick von der Pordoispitze komponieren das Langkofel-Massiv, die Ciavazes-Südwand und die Straßenrampe ein Bild, das jeden Dolomitenfreund begeistert.*

37 Das Pordoijoch und die Seilbahn zum Piz Pordoi

Im Zuge der Großen Dolomitenstraße von Bozen nach Cortina ist das Pordoijoch mit 2239 Meter Meereshöhe der höchste Paß. In der Abfahrt vom Sellajoch münden wir nach 6 Kilometern in die Dolomitenstraße, noch 7 Kilometer zum Pordoijoch; ab Canazei 12 Kilometer. Bei der Kehre 15 (von Canazei gerechnet) liegt vor uns Pecol (1926 m), die Zwischenstation der Belvedere-Kabinenbahn. Aus der Kehre heraus rollen wir nach Norden, und Höhe und Richtung verdanken wir, daß die Fassaner Seite der Langkofel-Gruppierung mit der Fünffingerspitze und Grohmannspitze, dazu die Sella mit Ciavazes-Südwand und Gliederung zum Val Lasties prächtig vor uns aufscheinen. Der aus dunklem, scheinbar fugenlosem Schlerndolomit aufgerichtete Piz Pordoi ergänzt das Bergbild. Wir sehen das Drahtseil, das sich vom Gipfel zum Pordoipaß spannt, die Kehre 27 entläßt uns zur Talstation der Pordoibahn und damit zur Paßhöhe.

Das Pordoijoch ist nordseitig von der Sella flankiert, im Süden vom nahen, wenig attraktiven Sass Becce (2538 m). Das Schauerlebnis in die Weite beschränkt sich auf Ost und West, doch wir ahnen, wenn wir oben auf dem Piz Pordoi stehen, gehört uns die große, weite Dolomitenwelt nach allen Himmelsrichtungen.

»Funivia del Sass Pordoi m. 2239–2950« – die Höhendifferenz dazwischen durcheilt die Seilbahn ohne Stütze in 4 Minuten! Die Aussicht von der Bergstation entspricht der Höhe, sie zeigt von Marmolada, Rosengarten, Langkofel und den Östlichen Dolomiten die Bilder, die wir uns erhoffen, wenn wir von dieser Stelle, aus knapp 3000 Meter Meereshöhe, Umschau halten. Ein klarer Tag mit Fernsicht bis zu den westlichen Zentralalpen, zu Ortler und Adamello, ist ein unvergeßliches Erlebnis.

Doch auch ein Supertag kann die Begeisterung durchaus in Grenzen halten, wie dieses Beispiel zeigt: Ein Paar mittleren Alters betritt die Aussichtsplattform. Sie ruft begeistert aus: »Herrlich!« Kommentar von ihm: »Na ja.« Sie: »Sag mal, fällt dir eigentlich dazu nichts besseres ein?« Er: »Na ja.« …

Bild links unten: *Im Aufbau des Sella-Massivs ist die Pordoispitze der südwestliche Eckpfeiler, ein wuchtiger Klotz und Blickfang aus der Paßstraße zwischen Sellajoch und Abzweigung Pordoijoch.*

Bild links: *Wer am Pordoijoch bei günstigem Wetter ankommt und von den Dolomiten mehr sehen möchte, als das Joch zeigt, muß zur Pordoispitze auffahren. Die Seilbahn hebt uns bis knapp an die 3000-Meter-Linie, Höhe genug für ein wahrhaft exzellentes Bild vom Joch, vom grünen Padonkamm und von der silberglänzenden Marmolada.*

Bild unten: *Am Zugang zur deutschen Kriegsgräber-Ehrenstätte am Pordoijoch.*

Der deutsche Soldatenfriedhof auf Pordoi
Am Pordoijoch erblicken wir im Osten in gleicher Höhe, im Wiesenhang zur Sella, das monumentale Kriegerdenkmal der deutschen Kriegsgräberfürsorge, nur 1 Kilometer entfernt und durch eine Nebenstraße mit dem Pordoijoch verbunden. Der Bau dieser Ehrenstätte wurde 1937 begonnen, die Einweihung unter großer Beteiligung von Angehörigen der bestatteten deutschen Soldaten erfolgte am 19. September 1959.
Gunther Langes schreibt in seinem Buch »Ladinien, Land der Dolomiten«:
»Der Bau ist ein Werk des Architekten Tischler, München. In gewaltigen, rötlich glühenden Porphyrquadern erhebt sich aus der inneren Rundmauer ein mächtiger, abgestumpfter, achteckiger Turm, an dessen Wänden je drei schmale Scharten eingelassen sind. Sie dienen als Lichtfries für den Innenraum. Dieser ist als Ehrenhalle ausgebaut. In seiner Mitte steht auf einem Podest eine große Flammenschale. Erhöht zieht ringsum ein freiragender Umgang mit Bronzegittern. An den Wänden sind zwei überlebensgroße Gestalten von deutschen Soldaten aus dunkelrotem Marmor geschlagen. Als einziger Schmuck ist in die Decke ein Adler aus farbigen Mosaiksteinen eingearbeitet. Die Tore sind wertvolle Metallschmiedearbeit.
In der Gruft unter der Ehrenhalle liegen etwa 8000 deutsche und österreichische Gefallene des Ersten Weltkrieges, in Sarkophage gebettet. Hier haben vor allem die Gefallenen des Deutschen Alpenkorps, das an zahlreichen Stellen der Dolomitenfront im ersten Halbjahr des Krieges mit Italien kämpfte, ihre letzte Ruhestätte gefunden. Auch die österreichischen Gefallenen des Ersten Weltkrieges wurden, soweit sie in den nahen Friedhöfen bestattet waren, hierher verbracht. Etwa 900 Gefallene aus dem letzten Weltkrieg, die in den Kriegerfriedhöfen nördlich der Linie Triest–Riviera beigesetzt waren, wurden im Erdbegräbnis im äußeren Ring beigesetzt.«
Die Wiesenkuppe (2230 m), auf der das Ehrenmal steht, ist ein Punkt großer landschaftlicher Schönheit. Im Hintergrund die Sella, im Blick hinaus der schwarze Padonkamm, darüber der leuchtende Gipfelfirn der Marmolada, der Col di Lana, der »Blutberg« des Dolomitenkrieges, und die hohen Berge der Östlichen Dolomiten – wahrhaft eine würdige Umgebung für diese Gedenkstätte, die zu den Dolomiten vollendete Erhabenheit ausstrahlt. (Am Friedhof ist ein deutschsprechender Wärter stationiert.)

Bild oben: *Auf dem Gipfel der Pordoispitze stehen wir in 2950 Meter Höhe weit über Tal und Paß in ebenbürtiger Position mit der zerschlagenen Gipfelfestung auf dem Piz Ciavazes. Die Berge im Langkofelstock, der gewaltige Hauptgipfel, die Fünffingerspitze mit dem hochgereckten Daumen und die stumpfe Pyramide der Grohmannspitze ragen in naher Nachbarschaft, westseitig vom Sellajoch.*

Bild links: *Mit dem Ehrenmal auf einem Wiesenplateau südseits der Sella, nur wenig vom Pordoijoch entfernt, gedenkt Deutschland seiner im Dolomitenkrieg (1915–1917) gefallenen Soldaten. Die Große Dolomitenstraße zieht vom Pordoijoch hinab nach Arabba, im Mittelgrund der Padonkamm, überstrahlt von der Maromolada.*

Bild rechts: *Diese kleine Holzschachtel, das Rifugio Forcella Pordoi, steht knapp unter der Pordoispitze direkt am Einschnitt der Pordoischarte (2829 m).*

Bild unten: *Die rundum massiven Wände und Stützpfeiler der Sella, dieser schwere, mächtige Unterbau aus eisenhartem Dolomit, trägt auf durchschnittlich 2900 Meter Höhe ein Dach, das uns fast den Atem nimmt, wenn wir es von der Pordoispitze aus betrachten.*
Über diese gewaltige Hochfläche scheint irgendwann eine alles vernichtende Urkraft hinweggefegt zu sein – in Wahrheit ist es die stille, immerwährende Erosion unvorstellbarer Zeiträume, die uns diese Steinwüste hinterlassen hat.
Von der Pordoispitze schauen wir nach Nordosten zur Abbruchkante der Sella, in das Becken von Corvara, vor uns der tiefe Einschnitt des Val Lasties, weit draußen der Gletscherglanz der Zentralalpen.

Bild links: *Gipfelmesse auf dem Piz Boè, für Bergsteiger ein besonderes Erlebnis.*

Bild links unten: *Von der Hütte an der Pordoischarte streben die Wanderer nach dem kurzen Bergab von der Seilbahn-Gipfelstation wieder bergan über die öden Steinränge der Hochfläche zum höchsten Punkt, den die Sella zu bieten hat, zum Piz Boè (3152 m). Der Schlußaufstieg ist steil, er läuft über die gerundete, abgesetzte Kante zur Capanna Fassa auf dem Gipfel.*

Bild rechts: *Wandern am Bindelweg! Für viele Dolomitenfreunde ist dies der Hit, wenn sie zum Pordoijoch fahren und die Beine kräftig ausschütteln wollen. Der große Augenreiz am Bindelweg ist die Marmolada, aber wir freuen uns auch am Gegenüber: die Südabstürze der Sella mit dem Piz Boè über dem Wiesengrün am Padonkamm.*

38 Zur Capanna Fassa auf dem Piz Boè

Die Sella dominiert durch ihre rundum fast geschlossenen Felswände. Der Schlerndolomit, dieser massive, ungeschichtete Baustein, setzte über das charakteristische Ringband noch ein Stockwerk drauf, so bekam das Gebirge auch die eindrucksvolle Höhe. Die Sella mit ihren senkrechten Wänden und Türmen, mit Wandstürzen an der Abbruchkante knapp 3000 Meter hoch, ist rundum attraktiv, für Kletterer ein Dorado bis zum VI. Grad. Und oben? Betrachten wir das Massiv von der Bergstation am Piz Pordoi aus, wird der eine enttäuscht, ein anderer fasziniert sein. Das Dach der Sella ist eine Wüste, eine mehr oder weniger schräge und von den Rändern her eingerissene Steinebene (siehe Bild Seite 91). Es gibt kaum Vegetation und, wenn der letzte Schnee dahin ist, auch kein Wasser. Kleinplattiger, brauner Schotter formt da und dort einen Hügel, die höchste Erhebung, freilich gewaltig und von einem Felssockel getragen, ist die 3152 Meter hohe Boèspitze, der Piz Boè.
Von der Pordoischarte (2829 m) wenig unterhalb der Bergstation ist zum Piz Boè ein unentwegtes Gehen und Kommen. Als leichtester Dolomiten-Dreitausender, noch dazu durch die Pordoi-Seilbahn wenig anstrengend, kann der Piz Boè seine vielen Besucher oft kaum unterbringen. Auf seinem Gipfel belegt eine kleine bewirtschaftete Holzhütte, die Capanna Fassa, einen der besten Plätze in den Dolomiten.

39 Der Bindelweg: von Pordoi zur Porta Vescovo

Kein Höhenweg in den Dolomiten ist so bekannt wie der Bindelweg. Die Verführung dieser Wandertrasse lebt weniger vom Weg als vielmehr von der großartigen, auf der gesamten Wegestrecke gegebenen Aussicht hinüber zur Marmolada (siehe Bild Seite 95).

Das Pordoijoch (2239 m) ist für den Bindelweg der günstigste Ausgangsort, wenn man nicht von Canazei oder Pecol mit der Belvedere-Seilbahn zum Col dei Rossi (2384 m) hinauffahren möchte. Nach nur 20 Minuten Gehzeit ab Pordoijoch stehen wir am Rifugio Fredarola (2388 m) auf einem Sattel im Padonkamm. Wir folgen dem erdigen Weg in südseitige Grashänge, die vom schwarzen Basaltgestein der nahen Kammschneide kommen und steil fast 1000 Meter zum Fedaiatal abgleiten. Dieser Charakter – schwarzes Urgestein, glatt und rund geformt, mit rauher Oberfläche, der braunerdige, mehr oder weniger breite, fast horizontale Pfad durch sommergrüne, langgrasige Wiesenflanken – bleibt auf dem gesamten Wegverlauf bis zur Porta Vescovo erhalten.

Nach einer Gehstunde erwartet das kleine Rifugio Viel del Pan (2432 m), die Bindelweghütte, eine Einkehr; gehen wir gleich weiter, so erreichen wir nach 2½- bis 3stündiger Wanderung ab Pordoijoch die Porta Vescovo. Die Luftlinien-Entfernung zwischen dem Rifugio Fredarola am Anfang und der Porta beträgt 4 Kilometer; die Trasse zwischen den beiden Punkten dürfte nur wenig länger als 5 Kilometer sein.

Die Porta Vescovo (2478 m) ist ein Einschnitt im Padonkamm und durch diese Position und durch die Kabinenbahn herauf von Arabba (1601 m) eine bedeutende Dolomitenstation: ein großartiges Belvedere vis-à-vis vom Marmoladagletscher.

Der Bindelweg, eröffnet nach 1900 von der Alpenvereinssektion Bamberg und nach Dr. Karl Bindel benannt, der den Wegebau anregte, läßt die Porta unberücksichtigt und zieht schon ½ Stunde vorher hinab nach Fedaia. Damit folgt er dem Viel del Pal, dem »Brotweg«, der Jahrhunderte früher aus dem Cordevoletal über Fedaia-, Pordoi-, Sellajoch und Fassaner Joch hinüber ins Grödnerische lief. Aber was wollen wir unten in Fedaia, wenn die Höhe viel reizvoller ist? Wir gehen zur Porta und bummeln den Bindelweg zurück nach Pordoi.

Auch ein Rückweg auf der Nordseite des Padonkammes ist möglich. Benützen wir die Seilbahn hinab nach Arabba, bringt uns der öffentliche Linienbus wieder hinauf zum Parkplatz am Pordoijoch.

Bilder oben: *Der geologisch interessierte Wanderer bemerkt auch die Reize am Weg, das schwarze, gerundete Vulkangestein, das den Padonkamm aufbaut, auf dessen Südseite der Bindelweg verläuft.*
Jeder Weg braucht eine Einkehr, in der man das Bergerlebnis in aller Ruhe ausdiskutieren kann. Im Bindelweg ist dazu das Rifugio Viel del Pan, auch Bindelweghütte genannt (im Bild), *der geeignete Ort.*

Bild rechts: *Stimmungsbild am Bindelweg! Jeder einigermaßen gehtüchtige Wanderer bekommt von diesem berühmten Weg ein allerschönstes Geschenk: den Anblick der Marmolada im Schmuck und Glanz von Firn und Eis.*

Touristik-Informationen

Das Fassatal

Alle Orte, Touristenstützpunkte, offizielle Parkplätze, Hütten, Gast- und Schutzhäuser, Pässe, Scharten und Jöcher werden in der Reihenfolge aufgeführt, wie sie dem Auto- und Wandertouristen im oben genannten Kapitel und den dazugehörigen Artikeln begegnen.

Talorte

Moena 1184 m, an der Schwelle vom Fleimstal zum Fassatal und zum Pellegrinotal. Provinz Trento, 2700 Einwohner. Bei Italienern beliebter Ferienort für Sommer und Winter.

Vigo di Fassa 1382 m, im Fassatal, an der Auffahrt aus dem Fassatal zum Karerpaß mit Ortsteil San Giovanni, 1323 m, an der Talstraße. Provinz Trento, Ferienort für Sommer und Winter.

Pozza di Fassa 1320 m, an der Einmündung des Val di San Nicolo in das Fassatal. Provinz Trento, bedeutender Fremdenort.

Pera di Fassa 1326 m, Nachbarort von Pozza.

Campitello di Fassa 1448 m, an der Einmündung des Durontales zum Fassatal. Provinz Trento, bedeutender Fremdenort.

Canazei, 1468 m, im Hochbecken des Fassatales an der Auffahrt zum Sellajoch, zum Pordoijoch und zum Fedaiasee. Provinz Trento. Größtes Fremdenzentrum im Fassatal für Sommer und Winter.

Alba 1517 m, Kirchdorf an der Auffahrt von Canazei zum Fedaiasee.

Penia 1556 m, Kirchdorf an der Auffahrt von Canazei zum Fedaiasee.

Touristenstützpunkte

Für den Sommertourismus wichtige offizielle Parkplätze, Hütten, Gast- und Schutzhäuser. Allgemeine Öffnungszeiten der Hütten von Ende Juni bis Ende September (Club Alpino Italiano = CAI).

Rifugio Ciampedie 1998 m, CAI-Sektion SAT Trient, auf Ciampedie, im Südosten der Rosengarten-Gruppe. Zugang Seilbahn von Vigo di Fassa. Stützpunkt für den Fassaner Höhenweg (siehe Seite 75). Übergang in das Vajolettal nach Gardeccia.

Gardeccia 1960 m, Hochkessel im Vajolettal, mit mehreren Gasthäusern (siehe unten). Großer offizieller Parkplatz mit Zufahrt aus dem Fassatal. Stützpunkt für Wanderungen und Bergtouren in der gesamten Rosengarten-Gruppe.

Rifugio Gardeccia 1960 m, privat.

Rifugio Catinaccio 1900 m, privat.

Rifugio Stella Alpina 1960 m, privat.

Vajolethütte 2243 m, CAI-Sektion SAT Trient, im Vajolettal. Zentrale Hütte im Rosengarten. Zugang von Gardeccia. Stützpunkt für Wanderungen und Bergtouren in der Rosengarten-Gruppe. Übergänge zum Rifugio Ciampedie, zur Rotwandhütte, zur Gartl- und Santnerpaßhütte, zur Rosengartenhütte, zur Grasleitenpaß- und Grasleitenhütte, zum Tierser Alpl und zur Antermojahütte.

Preußhütte 2243 m, privat, der Vajolethütte direkt benachbart.

Gartlhütte 2621 m, siehe Seite 72.

Santnerpaßhütte 2741 m, siehe Seite 72.

Grasleitenpaßhütte 2600 m (Rifugio Passo Principe), privat, am Grasleitenpaß nahe dem Kesselkogel. Zugang von Gardeccia. Stützpunkt für den Kesselkogel. Übergang zur Grasleitenhütte, zum Tierser Alpl und zur Antermojahütte.

Antermojahütte 2496 m, CAI-Sektion SAT Trient, am Antermojasee. Zugang von Mazzin, Fontanazzo und Campitello im Fassatal. Stützpunkt für den Kesselkogel und für Touren im nordöstlichen Rosengarten (Larsec-Gruppe). Übergänge ins Vajolettal und zur Seiser Alm.

Rifugio San Nicolo 2338 m, privat, am Passo San Nicolo, auf der Kammschneide zwischen dem Val di San Nicolo und Contrin. Zugang aus beiden Tälern. Stützpunkt für Wanderungen Ciampac – Contrin (siehe Seite 78).

Rifugio Contrin 2016 m (Contrinhaus), Associazione Naz. Alpini, im obersten Contrintal. Zugang von Alba durch das Contrintal. Stützpunkt zur Marmolada und für Wanderungen und Bergtouren südseitig der Marmolada. Übergänge nach Ciampac, nach Fuchiade und zum Rifugio Falier.

Rifugio Marmolada 2040 m, Ettore Castiglioni, CAI, am Fedaiasee. Zufahrt von Canazei. Stützpunkt für die Marmolada und zum Padonkamm.

Rifugio Fedaia 2040 m, privat, am Fedaiasee.

Rifugio Passo Fedaia 2057 m, privat, am Ostufer des Fedaiasees.

Rifugio Pian dei Fiacconi 2600 m, privat, am Saum des Marmoladagletschers. Zugang mit Lift von Fedaia. Stützpunkt für die Marmolada. Übergang zum Contrinhaus und zum Rifugio Falier.

Capanna Punta Penia 3340 m, privat, Gipfelhütte auf der Marmolada.

Malga Ciapela 1446 m, Großparkplatz, Hotels, Gasthöfe; Talstation der Marmolada-Seilbahn.

Rifugio Falier 2080 m, CAI-Sektion Venezia. Zugang von der Malga Ciapela. Stützpunkt für Wanderungen und Bergtouren südseits der Marmolada. Übergang zum Contrinhaus und nach Fuchiade.

Rifugio Monti Pallidi 1890 m, privat.

Albergo Schiavaneis 1890 m, privat, am Pian Schiavaneis, in der Auffahrt von Canazei zum Sellajoch.

Albergo Casa Alpina 2239 m, CAI, am Pordoijoch. Stützpunkt zur Sella-Gruppe und zum Padonkamm.

Albergo Col di Lana 2239 m, privat, am Pordoijoch.

Rifugio Maria 2952 m, privat, am Gipfel des Sass Pordoi, Bergstation der Pordoi-Seilbahn. Stützpunkt für Wanderungen auf dem Sella-Hochplateau und zum Piz Boè. Übergänge zur Boèhütte und zur Pisciadùhütte.

Rifugio Forcella Pordoi 2848 m (Pordoihütte), privat, in der Pordoischarte. Zugang von der Seilbahn-Bergstation und vom Pordoijoch. Stützpunkt und Übergänge siehe oben.

Boèhütte 2873 m, CAI-Sektion SAT Trient, auf dem Sella-Hochplateau. Zugang vom Pordoijoch, vom Grödner Joch, vom Sellajoch und von Pian Schiavaneis. Stützpunkt und Übergänge siehe oben.

Capanna Fassa 3152 m, auf dem Piz Boè, Gipfelhütte.

Rifugio Fredarola 2388 m, privat, auf dem Padonkamm, am Beginn des Bindelweges. Zugang vom Pordoijoch.

Rifugio Viel del Pan 2432 m (Bindelweghütte), privat, am Padonkamm. Zugang vom Pordoijoch, vom Fedaiasee und von der Porta Vescovo. Stützpunkt im Bindelweg.

Rifugio Porta Vescovo 2478 m, privat, auf dem Padonkamm, in der Porta Vescovo. Zugang mit Seilbahn von Arabba, auf dem Bindelweg, und vom Fedaiasee. Stützpunkt für den Bindelweg und für die Ferrata delle Trinceè.

Pässe, Scharten, Jöcher

Straßenpässe und für den Wandertourismus wichtige Übergänge.

Karerpaß 1758 m, Straßenpaß zwischen Rosengarten und Latemar.

Sellajoch 2240 m, Straßenpaß zwischen Sella und Langkofel.

Pordoijoch 2239 m, Straßenpaß zwischen Sella und dem Padonkamm.

Fedaiapaß 2057 m, Straßenpaß zwischen Padonkamm und Marmolada.

Cigoladepaß 2561 m, im südlichen Rosengarten. Übergang von Gardeccia zur Rotwandhütte.

Tschager Joch 2630 m, in der Rosengarten-Hauptkette, Übergang zwischen Vajolethütte und Rosengartenhütte.

Santnerpaß 2741 m, in der Rosengarten-Hauptkette, Übergang zwischen Vajolethütte und Rosengartenhütte.

Grasleitenpaß 2601 m, im nördlichen Rosengarten, Übergang zwischen Vajolethütte, Grasleitenhütte und Tierser Alpl.

Molignonpaß 2601 m, im nördlichen Rosengarten, Übergang von der Grasleitenhütte und Vajolethütte zum Tierser Alpl.

Antermojapaß 2769 m, im nördlichen Rosengarten, Übergang zwischen Grasleitenpaßhütte und Vajolethütte zur Antermojahütte.

Scalettepaß 2400 m, in der Larsec-Gruppe (nordöstlicher Rosengarten), Übergang zwischen Vajolethütte und Antermojahütte.

Forcia Neigra 2509 m, westlich der Marmolada, zwischen Colac und Sasso Nero. Übergang zwischen Ciampac und Contrin.

Passo di San Nicolo 2338 m, Übergang zwischen Val di San Nicolo und Contrin.

Passo di Cirelle 2683 m, Übergang zwischen Contrin und Fuchiade.

Marmoladascharte 2910 m, zwischen Marmolada und Vernel. Übergang zwischen Fedaia und Contrin.

Passo Ombretta 2704 m, zwischen Marmolada und Ombrettaspitzen. Übergang zwischen Contrin und Rifugio Falier.

Pordoischarte 2848 m, in der Sella-Gruppe, an der Pordoispitze. Übergang zwischen Pordoijoch und Boèhütte.

Porta Vescovo 2478 m, im Padonkamm. Bergstation der Belvedere-Seilbahn herauf von Arabba. Übergang zwischen Arabba und Fedaia.

Wandervorschläge

Einfache Wanderungen:

Fassaner Höhenweg (siehe Seite 75).

Von Ciampedie nach Gardeccia und zur Vajolethütte im Rosengarten.

Von der Vajolethütte zum Grasleitenpaß.

Von Alba durch das Contrintal zum Contrinhaus.

Von Campitello di Fassa im Durontal zur Antermojahütte.

Nach Auffahrt zur Pordoispitze über die Pordoischarte zur Boèhütte.

Vom Pordoijoch auf dem Bindelweg zur Porta Vescovo (siehe Seite 93).

Anspruchsvolle Wanderungen:

Von Gardeccia zur Vajolethütte, zum Gartl – Santnerpaß – Rosengartenhütte – Tschager Joch – Gardeccia.

Von Gardeccia über den Scalettepaß zur Antermojahütte – Antermojapaß – Vajolethütte – Gardeccia.

Von Ciampac über das Rifugio San Nicolo zum Contrinhaus (siehe Seite 78).

Vom Contrinhaus über den Ombrettapaß zum Rifugio Falier.

Vom Contrinhaus über die Marmoladascharte nach Fedaia.

Von Fedaia auf dem »Viel del Pan« zum Bindelweg am Padonkamm.

Von Pian Schiavaneis durch das Val Lasties zur Boèhütte.

Empfehlenswerte Gipfeltouren

Rotwand 2806 m, in der Rosengarten-Hauptkette. Von der Rotwandhütte.

Scalieretspitze 2889 m, im östlichen Rosengarten (Larsec-Gruppe). Aus dem Vajolettal über den Antermojapaß.

Kesselkogel 3004 m, vom Grasleitenpaß in Überschreitung nach Antermoja (siehe Klettersteige).

Colac 2713 m, östlich der Marmolada. Von der Bergstation Ciampac über die Forcia Neigra.

Marmolada, Punta di Penia 3340 m, vom Contrinhaus oder vom Pian dei Fiacconi zur Marmoladascharte und über den Westgrat zum Gipfel (siehe Klettersteige).

Östliche Ombrettaspitze 2983 m, vom Contrinhaus über den Ombrettapaß.

Sasso Vernale 3054 m, vom Contrinhaus oder vom Rifugio Falier.

Piz Boè 3152 m, vom Pordoijoch oder Pordoispitze über die Pordoischarte.

Klettersteige

Achtung! Zum Begehen der Klettersteige ist zur normalen Bergwanderausrüstung die spezielle Klettersteigausrüstung erforderlich: Brust- und Sitzgurt, Reepschnur und Karabiner, Helm und Handschuhe. Schwierigkeitsbewertung nach Sepp Schnürer »Klettersteige Dolomiten – Mendelkamm – Gardaseeberge – Brenta«.

Kesselkogel 3004 m, mäßig schwierig. Überschreitung auf zwei Klettersteigen: Ab Grasleitenpaß (2601 m) über die Westroute zum Gipfel, Abstieg über die Ostroute nach Antermoja. Über ausgeprägte Felsbänder, teils steil, mit Drahtseilen gesicherter Routenverlauf.

Ferrata Gadotti, mäßig schwierig. In der Vallaccia-Gruppe, über Pozza di Fassa. Von Pozza zum Parkplatz (1450 m) beim Rifugio Soldanella im Val di San Nicolo, von dort zum Bivacco Zeni (2090 m) im Vallaccia-Hochkessel; nach Schild zum Einstieg (ca. 2100 m). Verwickelter, aber mit Drahtseilen gesicherter, markierter, sehr interessanter Routenverlauf über Cima Dodici (2443 m) – Sass Aut (2555 m) zur Punta Vallaccia (2639 m). Dort Abstieg zur Baita Monzoni (1792 m), auf Almstraße zurück zum Parkplatz.

Marmolada-Westgrat, schwierig. Entweder von Pian dei Fiacconi über den Marmolada-Gletscher oder vom Contrinhaus eisfrei zur Marmoladascharte (2910 m), dort Einstieg. Steile, sehr abschüssige, mit Drahtseilen, Klammern und Stifte gesicherte nordseitige Felsroute, knapp an der Gratschneide über etwa 300 Höhenmeter zum Marmolada-Gletscher und über ihn zur Punta di Penia (3340 m, Gipfelhütte). Achtung! In der Überschreitung spaltengefährdeter Gletscherabstieg nach Pian dei Fiacconi.

Ferrata delle Trinceè, sehr schwierig, zum Bec de Mesdi (2727 m, auch La Mesola). Von der Bergstation in der Porta Vescovo (2478 m) zum Einstieg (ca. 2600 m). Sehr steile und ausgesetzte, mit Drahtseilen und einer Hängebrücke gesicherten Route über etwa 130 Höhenmeter zum Gipfel.

Via attrezzata Piazzetta al Piz Boè, besonders schwierig. Klettersteig an der Sella-Südseite mit Zugang vom Pordoijoch über das deutsche Kriegsgräber-Ehrenmal zum Einstieg (ca. 2600 m). Extreme, kraftraubende, nur mit einem Drahtseil gesicherte Route an senkrechter, fast glatter Wand, aber nur über etwa 100 Höhenmeter bis zu einer Hängebrücke. Von dort noch steiler, aber gut gangbarer Fels, anschließend Gehgelände bis zum Gipfel des Piz Boè (3152 m).

Dolomiten-Höhenwege

Im Bereich der Sella- und Marmolada-Gruppe.

Dolomiten-Höhenweg ⚠: Grödner Joch 2137 m – Val Setus – Pisciadùhütte 2587 m – Boèhütte 2873 m – Pordoischarte 2848 m – Pordoijoch 2239 m – Bindelweg – Fedaiasee 2050 m mit Varianten entweder: Pian dei Fiacconi 2600 m – Marmoladascharte 2910 m – Contrinhaus 2016 m – Cirellepaß 2683 m nach Fuchiade 1982 m, oder: Fedaiapaß 2057 m – Malga Ciapela 1446 m – Forca Rossa 2486 m – Fuchiade.

Seilbahnen und Lifte

Für den Sommertourismus wichtige Bergbahnen und Lifte.

Seilbahn Ciampedie, Talstation Vigo di Fassa 1382 m – Bergstation Ciampedie 2000 m.

Buffaure-Seilbahn (Stehgondel), Talstation 1329 m Meida bei Pozza di Fassa – Bergstation Buffaure 2050 m.

Rodella-Seilbahn, Talstation 1407 m bei Campitello di Fassa – Bergstation Col Rodella 2387 m.

Ciampac-Seilbahn, Talstation Alba 1490 m – Bergstation Ciampac 2170 m.

Marmolada-Lift (Stehgondel), Talstation 2074 m am Fedaiasee – Bergstation Pian dei Fiacconi 2600 m.

Marmolada-Seilbahn, Talstation Malga Ciapela 1446 m – Bergstation Serauta 2950 m – Gipfelstation Marmolada di Rocca 3264 m.

Seilbahn Canazei – Pecol – Belvedere, Talstation Canazei 1468 m – Mittelstation Pecol 1932 m (an der Dolomitenstraße zum Pordoijoch) – Bergstation Belvedere 2384 m (Col dei Rossi).

Pordoi-Seilbahn, Talstation Pordoijoch 2239 m – Bergstation Pordoispitze 2952 m.

Campingplätze

Camping Soal 1340 m, im Fassatal bei Pera di Fassa.

Camping Fontanazzo 1382 m, im Fassatal bei Campitello.

Camping Campitello 1448 m, im Fassatal.

Camping Marmolada 1430 m, im Fassatal bei Canazei.

Wanderkarten

Die wichtigsten, im Handel erhältlichen Wanderkarten, auch einschlägige Karten italienischer Verlage in italienisch/deutscher Kartierung.

Kompass Wanderkarte 1 : 50 000, Blatt 59, »Sellagruppe – Marmolada«.

Freytag & Berndt Wanderkarte 1 : 50 000, Blatt S 5, »Cortina d'Ampezzo, Marmolada, St. Ulrich/Ortisei«.

Tabacco Topographische Wanderkarte 1 : 25 000, Blatt 05, »Val di Fassa«.

Geografica Wanderkarte 1 : 25 000, Blatt 6, »Marmolada, Sellagruppe«. Blatt 7, »Val Gardena/Grödner Tal, Val di Fassa«.

Zwischen Marmolada und Pala

Wenn wir uns für das Bergland zwischen Marmolada und Pala interessieren, sollten wir vorher vom Gipfelfirst der Marmolada Umschau halten. Dabei ist es gleichgültig, ob wir auf der Punta di Penia (3340 m), dem höchsten Punkt, oder an der Gipfelstation Marmolada di Rocca (3264 m) stehen. Die gewaltige Felsenmauer der Marmolada-Südwand hebt uns weit über die Berge und Täler hinaus, die vor uns, hinab zum Pellegrinopaß, das Gebirge gliedern. Wir sehen hohe, schroffe Dolomitberge, aber nur drei Gipfel, die Östliche Cima Ombretta (3011 m), der Sasso Vernale (3054 m) und die Cima Uomo (3003 m) ragen über die Dreitausender-Linie hinaus. Da und dort klebt in nordseitigen Winkeln ein Eisfleck, wir ahnen den Zug der Hochtäler, erkennen die breite Schneise des Val Contrin hinauf zum Passo Cirelle (2683 m). Dieser Paß war, als es noch keine Straße gab, die Übergangsstelle des früher wichtigen Fußweges aus dem oberen Fassatal zum Pellegrinotal und weiter zum Cordevoletal. Heute nützt der Paß dem Tourismus: Durch das Contrintal hinauf zum Cirellepaß, von ihm hinab nach Fuchiade und hinaus zum Pellegrinopaß (1919 m) läuft eine vielbegangene Variante im Dolomiten-Höhenweg ⚠, der zur Pala führt.
Vom Pellegrinopaß zieht das gleichnamige Tal hinab zum lieblichen Kessel von Falcade. Darüber – vom Standort auf der Marmolada genau in Südrichtung – grüßen die Nordausläufer der Pala. Die Palaberge ragen mit ihrem Kern etwa 16 Kilometer entfernt, bei diesem lockenden Dolomitenpanorama bleibt unser Blick hängen. Wollen wir von der Marmolada zu Fuß dorthin, folgen wir dem Dolomiten-Höhenweg ⚠ zum Pellegrinopaß. Über die hohen Porphyrrücken fast namenloser Berge südlich vom Pellegrinopaß leitet er uns zum Vallespaß (2031 m), im Zugang vom Paß zum Rifugio Mulaz betreten wir das Reich der Pala.

Bild rechts: *Die Harmonie von Wasser, Stein, Baum, Wiese und Berg ist es, die uns immer wieder verzaubert. Diese Verheißung suchen wir, wenn wir wissen, dort im Gebirge ruht ein Wasser, an dem der Mensch nichts verändert hat, auch keine Hütte hinzustellte – der See am Pellegrinopaß, darüber der Uomokamm.*

Bild unten: *La Costabella, die »Schöne Schneid«, verspricht ein Wandererlebnis, das uns zurückführt in die Zeit des Dolomitenkrieges am Pellegrinopaß, als der Mensch meinte, er müsse die Costabella bis zum letzten Blutstropfen verteidigen.*

40 Pellegrinopaß und La Costabella

Wer von Bozen auf kürzestem Weg Belluno erreichen möchte, fährt über den Karerpaß in das Fassatal, dort abwärts bis Moena und von Moena über den Pellegrinopaß nach Falcade; das Cordevoletal leitet die Fahrt nach Belluno.
Moena (1184 m), kein Dorf, viel eher ein kleines Städtchen, beliebt als Ferienort besonders bei italienischen Gästen, liegt im Fleimstal, im Val di Fiemme, an der Schwelle zum Fassatal. Nach Moena mündet von Osten das im unteren Abschnitt waldreiche Pellegrinotal. In der Auffahrt zum Pellegrinopaß bleibt auf halber Höhe der Bergwald zurück. Die gut ausgebaute Straße – ab Moena 12 Kilometer – ist ohne größere Steigung, braucht keine Kehre und schwingt im oberen Abschnitt durch flache Wiesenböden, vorbei an hübschen Lärchenhainen und Heuhütten, hinauf zum Paßscheitel.
Die große Zeit für den 1919 Meter hohen Passo di San Pellegrino ist der Winter. Von ihm leben die Hotels an der Paßhöhe, denn die weiten, baumlosen Wiesenhänge, die vom Costabella-Uomo-Kamm herabziehen, bereiten dem »Dolomiten-Super-Ski« herrliche Pistenbahnen.
»In früheren Zeiten hieß der Paß Monte Alloch. Am 14. Juni 1358 wurde hier von dem Mönch Walter ein Hospiz eröffnet, ›auf daß die Leute, die den Berg Alloch überschreiten, dort bewirtet werden können‹. Später wurde das Hospiz von der Gemeinde Moena übernommen, da sich damals über den Pellegrinopaß ein Teil des Warenverkehrs zwischen Venedig und Bozen bewegte. Zu Beginn des Ersten Weltkrieges wurden das Hospiz und sein Kirchlein sowie alle Heustadel der Umgebung in Brand geschossen.« Diese Beschreibung lesen wir nach im »Dolomiten Wanderbuch« von Hermann Delago, aber wir erfahren kein Wort über den Ursprung des heutigen Paßnamens.
Interessanter als dieses alte Wissen ist vielleicht die neuere Geschichte. Im Dolomitenkrieg 1915–1917 war der Pellegrinopaß im Frontverlauf. Die Italiener besetzten den Uomokamm, die Österreicher verschanzten sich auf der Costabella und den Monzonibergen; beide Stellungen waren nordseitig vom Paß. Zwischen den beiden großen Kriegen kam kaum jemand zu den verlassenen Schützengräben und Unterständen, La Costabella, die »Schöne Schneid«, und der Uomokamm ruhten in Einsamkeit und Stille. Die Front von damals ist heute wieder begehbar. Markierte und gesicherte Steige erschließen den reizvollen, abwechslungsreichen Kamm vom Passo Le Selle bis zur Cima Uomo, ein großzügiges Angebot, das wir den Bergfreunden von Moena verdanken (siehe Sepp Schnürer, »Klettersteige Dolomiten …«).

Bild links: *Die »Bergvagabundenhütte«, das Rifugio Passo Selle am ebenso genannten Paß, am Auslauf der Costabella.*
Hier beginnt die »Alta via Attrezzata Bepi Zac«, der Klettersteig durch die Kriegsstellungen im Costabella-Uomo-Kamm. Vom Pellegrinopaß ist die Hütte nach Benützung des Sesselliftes zur Bergstation Paradiso nur eine Wanderstunde entfernt.

Bild unten: *Auf die Wanderer, unterwegs im Dolomiten-Höhenweg ⚠, muß die grüne Almschüssel von Fuchiade im Bergab vom Passo Cirelle (rechts oben) ungemein lockend wirken, um so mehr, wenn sie wissen: Im Rifugio Fuchiade können wir gut bleiben und uns stärken für den Weiterweg anderntags.*

41 Fuchiade und Valfredda

Der Wanderer, unterwegs auf dem Dolomiten-Höhenweg ⚠, sieht unter sich den herrlich grünen Almkessel von Fuchiade, wenn er nach dem Aufstieg durch das Contrintal am Cirellepaß (2683 m) ankommt.
Fuchiade erreichen wir vom Pellegrinopaß (1919 m) auf schmaler Almstraße. Die Zufahrt (3 km) ist erlaubt, der Verkehr hält sich jedoch in Grenzen, und so hat auch der Fußgänger seine Freude, wenn er vom Paß in das freundlich aufgeschlossene Becken hineinwandert. Wir passieren kleine Heustadel und auch so manchen aus einer nutzlos gewordenen alten Hütte entstandenen Sommersitz eines Städters, der in Fuchiade die »Ferragosto«, die italienischen Augustferien, verbringt und dort das Bergklima genießt. Was mag früher zur Heuerntezeit in Fuchiade für ein Leben gewesen sein! Die Bauern kamen mit Roß und Wagen, Kind und Kegel herauf vom Fassatal und blieben über Wochen; Almbesitzer war und ist die Gemeinde Soraga oberhalb von Moena. Zum Auslauf der Straße im inneren Becken bilden die Hütten eine Zeile bis zum Rifugio Fuchiade (1982 m, siehe Bild unten). Das Haus, eine bescheidene Almwirtschaft (Übernachtung, 14 Betten), geführt von jungen Wirtsleuten aus Soraga, ist in Fuchiade ein geschätztes Ziel für Wanderer am Dolomiten-Höhenweg und für Bummler, die nichts weiter wollen, als einen sonnigen Almtag zu genießen.
Valfredda, das »kalte Tal«, ist Fuchiade benachbart. Die Zufahrt zweigt von der Fuchiade-Almstraße ab und läuft zu einem modernen Albergo, dem Rifugio Floralpina (1818 m). Auch dort fühlt man sich wohl, das Tal ist nach oben zu weit und grün und an einem schönen Sommertag gewiß ein ebenso reizvoller Almausflug wie Fuchiade.

42 Vom Pellegrinopaß zum Vallespaß

Der Pellegrinopaß gehört noch zur Provinz Trient; in der Abfahrt nach Osten Richtung Falcade, knapp unter der Paßhöhe, zeigt ein Schild bei einem kleinen, aufgestauten See den Eintritt in die Provinz Belluno an. Zirben und Lärchen, hineingestreut in Wiesen beidseits der Straße, dichter Bergwald, darin vier scharfe Doppelkehren (18% Gefälle), leiten hinab zur Straßengabel Falcade–Vallespaß. Die Straße zum Vallespaß zweigt rechts aufwärts. Nach 2 Kilometern gibt eine Baumlücke den überraschenden Talblick nach Falcade und den Ausblick zu Civetta und Monte Pelmo frei. Nach dem Ristorante Dolomiti windet sich das Asphaltband durch zwei Kehren, in der Weiterfahrt nach Südwesten gleitet die starke Staffelung der Focobon-Gruppe, der Pala-Nordausläufer, ins Blickfeld, wenig später der nordwestlichste Pala-Vorposten, der wuchtige Monte Mulaz. Nach nochmals zwei Kehren bleibt der Wald endgültig zurück, die Straße läuft in einer aus Porphyr gesprengten Trasse hinauf zum Vallespaß – großartige Schau nach Osten über die Malga Valles zu Civetta und Pelmo.

Bild links außen: *Eine Baumlücke in der Ostauffahrt zum Vallespaß öffnet den Blick hinab in den Hochkessel von Falcade, darüber die Civetta, links der Monte Pelmo.*

Bild links: *Auf unserer Dolomitenreise bildet in der Überfahrt vom Pellegrinopaß zum Vallespaß und weiter zum Rollepaß die Pala das nächste große Ziel – ein Wunschtraum der Dolomitenfreunde.*
Dieses Bild, aufgenommen am Rifugio Fuchiade, stimmt uns auf die Pala ein: Das erste frühe Morgenlicht streichelt die Nordausläufer, die Türme der Focobon-Gruppe, und den breiten, wuchtigen Monte Mulaz, den nördlichen Eckpfeiler der Pala, und weckt sie auf für einen neuen Tag.
Im Hintergrund links die im Frühsommer noch schneebedeckte Pala-Hochfläche mit der Cima Fradusta.

Bild unten: *Die Capanna Passo Valles im Dolomiten-Höhenweg ⚠, im Übergang von Fuchiade die nächste wichtige und gute Einkehr.*

Diese Fahrt – vom Pellegrinopaß zum Vallespaß 13 Kilometer – ist im Herbst an einem schönen Nachmittag besonders lohnend. Das südwestliche Licht vereint den Pelmo, die Civetta, die nahen Palaberge und die reichen Lärchenbestände zu einem großen, weiträumigen Dolomitenbild. Das zu bewundern, können wir auf der im Spätherbst fast einsamen Paßstraße anhalten, wo es uns gefällt.
Das Schild »Passo Valles Alt m. 2032« gibt Paß und Höhe bekannt, ein anderes die Provinzgrenze zwischen Belluno und Trento. Auf der Fahrt herüber vom Pellegrinopaß haben wir von Belluno einen nordöstlichen Zipfel geschnitten. Die Capanna Valles auf der Paßhöhe steht schon im Trentino; ein aus Porphyr gehauener Grenzstein mit der Jahreszahl 1837 zeigt die genaue Linie, die am Paß bis 1919 Österreich und Italien trennte. Eine früher kaum bekannte Grenze, über Jahrhunderte gewiß ohne besondere Vorkommnisse, weit abseits politischer Händel.
Der Paß-Albergo stammt aus den dreißiger Jahren unseres Jahrhunderts, ist seit 1982 renoviert und mit dem Angebot von Zimmern mit Dusche und gutem Essen besonders für Dolomiten-Höhenweggeher eine wertvolle Adresse. Die nahe Umgebung ist wenig reizvoll, aber schon die Abfahrt in das Travignolotal weckt Neugierde und Erwartung, die wir nun der Pala entgegenbringen.

Bild links: *Im bewaldeten Hochkessel des Travignolotales, in der Zufahrt zum Rollepaß, berühren wir den Torrente Travignolo.*

Bild oben: *Der Ausblick von der Höhe über der Kapelle am Vallespaß zeigt sehr gut den gestreckten Rücken dunkler, hoher Urgesteinsberge, die Catena (= Kette) dei Lagorai, hinab nach Südwesten in das Etschtal. Dieser Gebirgszug begleitet das Fleimstal.*
Der Geländeaufschluß legt Gesteinsschichten – Grödner Sandstein, Werfener Schichten, Mergel und Tone – bloß, das Fundament der dolomitischen Palaberge.
Der helle Wiesenfleck in Bildmitte gehört der Malga Giuribello, einer herrlich gelegenen Genossenschaftsalm; der Wiesenstreifen zieht hinauf zum Rollepaß.

Bild rechts: *Der Torrente Travignolo entspringt im Val Travignolo noch hinter der Malga Venegiotta (im Bild) und verfrachtet die Schneeschmelze des Venegiottatales und die Gletscherwasser des Ghio di Travignolo, des steilen Eiswinkels zwischen Cimon della Pala und Cima della Vezzana, hinab in das Fleimstal zum Avisio.*
Von der Malga schauen wir auf zum Pala-Nordzug: Vom Cimon della Pala (rechts) über die tiefe Einkerbung des Travignolopasses zur Spitze der Cima della Vezzana und zur hohen Felsflucht der Cima Bureloni, ein Dreitausender-Dreigestirn ungewöhnlich starker Ausstrahlung.

43 Val Travignolo – Val Venegiotta

Am Vallespaß berühren sich neben den von Völkern willkürlich gesetzten und, wie die Geschichte lehrt, änderbaren Ländergrenzen auch geologische Gegensätze, begründet in der Urzeit und seitdem unverrückbar bis in Ewigkeiten. Der Paß ist die Nahtstelle für die mächtige, bis zu 2700 Meter hohe Quarzporphyrbank (Cima Bocche 2745 m) zwischen dem Pellegrino- und Travignolotal und den interessanten, waagrecht geschichteten, auch stark gebogenen, mit Grasbändern durchzogenen dolomitischen Verwerfungen, die zur Pala gehören. Nur wenig vom Paß entfernt, in der Abfahrt zum Travignolotal nah und deutlich sichtbar, liegt ein Geländeaufschluß bloß (siehe Bild Seite 104) und demonstriert die scharfe Trennungslinie der Gesteine: hier heller Grödner Sandstein, Werfener Schichten, gestapelt im Urmeer durch die Kalkablagerung unendlich vieler Meerestiere, dort dunkler roter Quarzporphyr, gekocht in der Glut der Erde und emporgedrückt durch ungeheure vulkanische Kräfte.

In der Aussicht vom Vallespaß nach Westen sehen wir keine Dolomiten, das Auge ruht auf Waldgehügel und Almlichtungen. Darüber erhebt sich der starke, aber wenig gegliederte Rücken der Catena dei Lagorei, ein Porphyrgebirgszug, der vom Rollepaß nach Südwesten zieht in Richtung Trient und zu den Fleimstaler Alpen gehört. Die Abfahrt vorbei an der Malga Vallazza (1935 m) zeigt nach 3 Kilometern bei einer Baumlücke das erste große Motiv, den Pala-Nordzug vom Cimon della Pala bis zur Cima di Focobon. Diese Kette von fantastisch aufgerichteten, 3000 Meter hohen Dolomitengipfeln ist als Herbstbild besonders schön, wenn die Lärchen goldenen Kerzen gleich den dunklen Fichtenwald erhellen und ein dünner erster Schneeschleier dem Fels die allerfeinste Kontur nachzeichnet.

Wenig später mündet zum Travignolotal von Südosten ein Seitental, das Val di Venegiotta. Am Eingang ein großer Parkplatz mit Tisch und Bank, der Travignolobach, der vom Fuß der Berge kommt, die wir soeben bewundert haben, und ein Almsträßchen empfehlen die Wanderung in den Talschluß von Venegiotta; für den öffentlichen Verkehr ist die Zufahrt gesperrt. Das Venegiottatal unter dem Pala-Nordzug, durch Berge, Wald, Almen und Wasser ungewöhnlich reizvoll, war vor der Sperre fast entwertet durch die vielen Autos auf der schmalen Sandstraße zum Passo Costazza (2170 m, siehe Baita Segantini Seite 108) und von dort hinab zum Rollepaß. Das jetzt staubfreie Val Venegiotta bekam den ursprünglichen Reiz zurück, die Wanderung vom Parkplatz hinein zur gleichnamigen Malga im Talinnern ist wieder ein Vergnügen, die Erwartungen dürfen hochgeschraubt sein (siehe Bild unten).

Über den Rollepaß zur Pala

44 Der Rollepaß

Die Straße zum Rollepaß ist die älteste Paßstraße der Dolomiten, der Baubeginn datiert 1870. Durch den Verlust von Venetien an Italien nach dem Krieg von 1866 wurde der Rollepaß für Österreich notwendig als Verbindung zu dem in der Monarchie verbliebenen Primör. Die Zufahrt vom deutschsprachigen Raum läuft durch das Fleimstal nach Predazzo (1008 m), hier beginnt die Auffahrt – 21 Kilometer – zum Paß in 1980 Meter Meereshöhe.
Die Straße ist ab Predazzo teilweise schmal und kurvenreich und zieht in südseitiger Hanglehne, angehoben von einigen Kehren, zuerst auf die Höhe von Bellamonte (1372 m). Welche Berge sind so schön, daß diese beliebte Feriensiedlung »Bellamonte« heißen darf? Die nahen Berge in Nord und Süd gehören zu langgestreckten, fast bis oben begrünten Porphyrzügen (siehe Artikel 42 und 43), dolomitischen Reiz bekommt der Ort von der Pala, die mit dem Cimone und der Vezzana von Osten herübergrüßt. Ab Bellamonte kurvt die Straße, vorbei an einem ehemaligen österreichischen Kriegsfort, durch die Buchten des aufgestauten Lago di Paneveggio und kommt zur gleichnamigen Ortschaft.
Paneveggio (1451 m) – ein Albergo, zwei, drei Häuser in einer Wiesenlichtung, dazu ein gut bestückter Wildpark (Rotwild) – ist seit jeher der Forstwirtschaft verpflichtet. Der »Foresta di Paneveggio«, ein dichter, hochstämmiger Fichtenwald, füllt das Becken des Travignolotales auf mehrere Quadratkilometer hin aus. Sein Wert wird sehr hoch eingeschätzt, und deshalb gibt es in Paneveggio ein »Centro Visitatione«, ein Besucherzentrum, das der Aufklärung über Funktion und Pflege des Bergwaldes dient.
Kurz nach Paneveggio mündet die Straße herab vom Vallespaß ein. Die Auffahrt zum Rollepaß übersetzt den Travignolobach, zieht weite Schleifen durch den Forst, erst die letzte Kehre in etwa 1800 Meter Höhe läuft hinaus in Almmatten und gibt den Blick frei zur Paßhöhe und zum Gebirge darüber: zum Cimon della Pala und zur Cima della Vezzana. Diese bedeutenden Dolomitenberge schenken dem Rollepaß in erster Linie sein großartiges Landschaftsbild.

Bild rechts: *Blick von der Baita Segantini zum Cimon della Pala, zum steilen Eisfluß des Travignologletschers und zur Cima della Vezzana, links des Gletschers.*

Bild unten: *Die Malga Rolle knapp unter dem Rollepaß. Der Pala-Nordzug präsentiert sich mit Cimone, Vezzana, Bureloni und Cima di Val Grande.*

45 Baita Segantini, Cimon della Pala, Cima della Vezzana

Der Mensch gab dem Rollepaß mehr oder weniger häßliche Zweckbauten, die Kapelle, ein Steinbau mit hübschen, bleiverglasten farbigen Fenstern ist die Ausnahme; die Natur war dafür überaus verschwenderisch! Wer zum erstenmal von Predazzo herauf zum Paß kommt und die Berge liebt, wird das Auto abstellen, über die Paßwiesen links und rechts der Straße schlendern und die volle Aufmerksamkeit dem Gebirge zuwenden, das südöstlich vom Paß in nur geringer Entfernung den Zauber der Palaberge verkündet.
Der Nachmittag ist dazu die günstigste Tageszeit, denn Cimon della Pala, Cima Vezzana, der steile, schmale Travignologletscher dazwischen und die Cima Bureloni gewinnen erst mit dem Streiflicht von Südwesten das Höchstmaß an Farbe und Kontur. Der Bergzug vom Rollepaß in die genannte Richtung ist dann im Gegenlicht, aber der dunkle Porphyrkamm Catena dei Lagorai, der vom Paß mit düsteren, hügelartigen Höhen gegen Trient zieht, hat sowieso keine Chance, mit den Palagipfeln zu konkurrieren. Im Ersten Weltkrieg war er aber für Österreich strategisch wichtig, denn von ihm aus konnten die Kaiserjäger den Rollepaß kontrollieren.
Von welchem Standort kann die Aussicht zu den Palabergen noch besser sein als vom Rollepaß? Diese Frage stellen wir uns vielleicht, denn Hangwiesen steigen zu einem untergeordneten Kammzug hoch, der die Felsenfundamente verdeckt. Zu diesem Kamm, hinauf zum Passo Costazza, führt vom Rollepaß eine schmale, knapp 3 Kilometer lange, öffentlich befahrbare Sandstraße, die ab der Baita Segantini (2170 m) gesperrt ist. Zur Hochsaison kann das Parken dort fast unmöglich sein, aber es gibt einen Sessellift ab Rollepaß, und über die Wiesen ist die kleine, malerische Baita auch zu Fuß gut erreichbar.
In Betrachtung der Pala und der ersten Bekanntschaft mit ihr sollten wir einiges von Aufbau und Gliederung dieser Berge wissen. Gustav Euringer beschreibt in dem Werk »Die Erschließung der Ostalpen« (1894) die Pala so: »An der Grenze von Tirol und Venetien, zwischen den Flußgebieten des Cismone und des Cordevole, ist das groteske Dolomitengebirge der Pala-Gruppe oder Primör-Gruppe aufgebaut. Dasselbe bildet ein für sich bestehendes und in sich abgeschlossenes Ganzes, das sich durch eine geologische Merkwürdigkeit, eigenartige landschaftliche Schönheit und touristische Bedeutung auszeichnet und wohl als Perle der Dolomitalpen gelten darf.«
Die Deutung des Wortes Pala ist dazu gewiß interessant. Unter »Pala« versteht man eine kühne, schroff abfallende Felsgestalt; die »Pale«, wie man sie in der Mehrzahl nennt, sind denn auch die besonderen Reize dieser Gruppe, sie formen Landschaftsbilder, die zu den berühmtesten der Alpen zählen. Einem solchen Landschaftsbild stehen wir an der Baita Segantini gegenüber: Wir bewundern den Pala-Nordzug. Unvergleichlich wild und doch harmonisch steigt der Dolomitfels aus der Tiefe des Venegiottatales über 1000 Meter empor zum Cimon della Pala (3184 m) und zur Cima della Vezzana (3192 m). Der Cimone erscheint als schier unerreichbares Horn; die Erstbesteigung gelang im Jahre 1870 dem Engländer Whitwell.

Bild rechts: *Die Baita Segantini am Fuße von Cimone und Vezzana könnte der Traum eines Einsiedlers sein, wenn das Ferienvolk nicht wäre, das im Winter mit dem Lift und im Sommer auf schmaler Sandstraße vom Rollepaß herauf zum Passo Costazza (2170 m) kommt, auf dem die Baita steht.*

Bild links: *Auch dieses Bild zeigt ein Motiv im Ausblick vom Passo Costazza. Unter dem beschneiten Passo Mulaz, links Monte Mulaz, liegt das gleichnamige Rifugio. Der Zugang aus dem Val Venegiotta läuft über die Geröllreiße zum Paß mit kurzem Abstieg zur Hütte auf der nicht sichtbaren Ostseite.*

46 San Martino di Castrozza im Val Cismon

Vom Rollepaß betrachten wir die hochaufgerichtete Westfront: die geschlossene Phalanx 1000 Meter hoher Palawände, die Fundamente in Schotterkaren, zu denen aus dem Val Cismon dichter Bergwald aufschließt. Es gibt keinen Vorgipfel zum Tal und aus dem Val Cismon kein Seitental in das Innere der Pala. Die Westfront der Pala, der Hauptzug vom Cimon della Pala bis zu seinem Auslauf im Becken von Primiero, ist eine einzigartige, 8 Kilometer lange, großartige Mauer – was mag sich dahinter verbergen? Wollen wir dies wissen, müssen wir von San Martino di Castrozza mit der Seilbahn zur Rosetta fahren (siehe Seite 111).

20 Kehren vom Rollepaß hinab nach San Martino dehnen die Paßstraße auf knapp 10 Kilometer Länge aus. Die Abfahrt ist einmalig schön! Wir sehen die Aufschlüsse seltsam gebogener Sandstein- und Felsschichten, rote, gelbe, weiße und graue Sande, Steine und Erden, Blätter der Erdgeschichte, in denen der Geologe zu lesen weiß. Die hohe Pala-Kette darüber begleitet die Fahrt, nach der Alpe Fosse (1936 m) kurven wir auf übereinandergestellten Kehrengalerien hinein in hochstämmigen Lärchenwald, den die Fichte ablöst und uns schließlich in das weite Hochbecken entläßt, in dem uns der Ort San Martino di Castrozza (1466 m) empfängt.

Die Ursprünge von San Martino liegen nicht im dunklen, aber fast 1000 Jahre zurück im 11. Jahrhundert. Damals standen ein Benediktinerkloster und ein Hospiz auf etwa halber Strecke zwischen Primiero und Rollepaß. Über den Paß führte ein Saumweg, daher das Hospiz; auch der heute so berühmte Name war dem Ort damals schon zu eigen. Papst Martin V. ordnete 1420 die Schließung der kleineren Klöster an; San Martino wurde in ein Priorat für Weltgeistliche umgewandelt. Den Prior zu bestimmen, dieses Recht übertrug der Papst auf den Herzog Sigismund von Österreich – Habsburg stand im Primör, wie der Landstrich vom Rollepaß nach Süden bis zum Ende der Donaumonarchie im Friedensschluß von 1919 genannt wurde. In diesem Zeitraum scheinen die aus dem Pustertal stammenden Herren von Welsperg auf, ein Name, der uns begegnet, wenn wir den Süden der Pala-Gruppe besuchen. Bei Ausbruch des Krieges mit Italien im Jahre 1915 räumte Österreich das Primör, auch San Martino di Castrozza, äscherte den Ort aber vorher bis auf die Kirche vollkommen ein.

Der Wiederaufbau richtete sich nach den Erfordernissen des Fremdenverkehrs. Ihm das Notwendige und darüber hinaus auch das Annehmliche zu bieten, darin sah der Ort seine Zukunft. Heute ist San Martino di Castrozza ein Ferienzentrum für Sommer und Winter, ein Dolomitenplatz erster Ordnung.

Bild unten: *Die Abfahrt vom Rollepaß nach San Martino di Castrozza zeigt die zum Tal vorspringende Spitze der Cima Rosetta. Links von ihr die Pala di San Martino, auf dem Schneesattel die Bergstation der Rosettabahn – Talstation Col Verde im Bild Seite 111 unten. Von der Cima Rosetta nach rechts Cima di Ball, Sass Maor und Cima della Madonna.*

Bild rechts: *San Martino di Castrozza, darüber von links Pala di San Martino, Cima Ball, Sass Maor, Cima della Madonna.*

47 Die Seilbahn zur Rosetta

Ein Fremdenort wie San Martino di Castrozza (1466 m) braucht Seilbahnen und Lifte für Sommer und Winter. Jedes dazu geeignete Gelände ist erschlossen, Aufstiegshilfen, die auch den Sommergästen nützen, gibt es nach jeder Richtung.

Wichtig für den Pala-Tourismus ist der Sessellift zum Col Verde (1965 m), und dort, am Sockel der Cimone-Westflanke, steht auf gleicher Höhe die Talstation der Kabinenseilbahn zur Rosetta.

Rosetta? Wir hören den Namen eines berühmten Palagipfels und möchten wissen, was er uns zu bieten hat. Niemand, der in San Martino verweilt, kann die stumpfnasige Cima Rosetta (2743 m) übersehen. Dieser markante Berg ragt im Hauptzug und schaut auf San Martino herab; etwa 100 Meter unter dem Gipfel erkennen wir die Bergstation (2601 m). Die Cima Rosetta ist eine hervorragende Aussichtsloge zur Pala, die Bergstation zugleich auch der Punkt, von dem die zentralen Pala-Wanderwege ausgehen und auch wieder zurückfinden.

Den Col Verde und die Rosetta können wir natürlich auch zu Fuß erreichen, aber warum Kraft vergeuden, die wir droben auf der fast endlosen Hochfläche im weiten Weg von Hütte zu Hütte, auf Kletterrouten oder Klettersteigen viel besser einsetzen können!

Dolomitenliebhaber mit dem Wunsch, die Weite und Großartigkeit der Pala im Wandern, Bergsteigen oder auf Klettersteigen zu erleben, bleiben kaum in San Martino, die Entfernungen, auch mit Seilbahnhilfe, sind für Tagesunternehmungen sehr groß. Die erste und zugleich auch wichtigste Pala-Herberge ist das Rifugio Pedrotti alla Rosetta (2581 m), nur 15 Minuten von der Bergstation entfernt.

Bilder links: *Zwei Häuser, 1100 Höhenmeter über San Martino di Castrozza: Die Bergstation der Rosetta-Seilbahn klebt an der Cima Rosetta, das Rifugio Rosetta erwartet uns nur wenig entfernt am Rande der Pala-Hochfläche. Im Ausblick von der Bergstation überrascht die schier endlose Steinwüste der Pala-Hochfläche, der »Altipiano delle Pale di San Martino«.*

Bild rechts: *Am Passo di Ball, Übergang zwischen der Rosettahütte und der Pradidalihütte; vom Engländer Lesli Stephen benannt nach seinem berühmten Landsmann John Ball, nach dem Mann, der sich als erster aufmachte, die Dolomiten zu erschließen. (Erstbesteiger des Monte Pelmo im Jahre 1857, Gedenktafel für dieses Ereignis am Rifugio Venezia am Fuße des Monte Pelmo.)*

48 Rund um die Pala di San Martino

Von der Cima Rosetta (2743 m) bekommen wir die Pala-Informationen, die uns bisher gefehlt haben. Wir überschauen das Gebirge nach jeder Richtung, erkennen die Ausdehnung und sehr gut auch die Gliederung: Ein Nordzug vom Cimone und Bureloni zur nordöstlichen Cima Focobon, ein Hauptzug vom Cimone über die Rosetta nach Süden zu Sass Maor und Cima della Madonna und ein Südzug im Südosten mit Croda Grande und Monte Agner. Diese starken Bergkämme ziehen die Grenze der Pala-Dolomiten, dazwischen breitet sich in Meereshöhe von durchschnittlich 2500 Meter der »Altipiano delle Pale di San Martino«, eine Steinwüste, so trostlos, daß wir uns kaum vorstellen können, diese Öde je zu betreten.

Von der Rosettahütte zur Pradidalihütte
Die Rosettahütte ist der große Sammelplatz aller Palawege. Auch die Wanderer, unterwegs auf dem Dolomiten-Höhenweg ⚠, treffen von der Mulazhütte, von Nordosten her, ein und müssen, wenn sie ihre Tour weiter verfolgen wollen, den langen Weg nach Süden zum Rifugio Treviso einschlagen. In dieser Richtung liegt, eingebettet im Hauptzug, das Rifugio Pradidali. Wer von den Höhenweg-Fans nicht die kürzeste und einfachste Verbindung Forcella di Miel – Passo Canali – Rifugio Treviso in einem Marsch durchgehen möchte, wählt die anstrengendere, auch weitere, aber dafür landschaftlich ungewöhnlich reizvolle Route über die Pradidalihütte.
Diese Hütte ist mit Rückweg über die Hochfläche (in dieser Richtung vorteilhaft) der Stützpunkt für die großartige Rundtour: Die Wanderung rund um die Pala di San Martino! Spätestens jetzt sollten wir wissen, was für ein Berg damit gemeint ist, der mit seinem Namen gleichzeitig für die Pala und für San Martino wirbt.
Die Pala di San Martino (2982 m) ist ein mächtiger Berg im Hauptzug, sein Gipfel für Kletterer über den Gran Pilaster, den Pilasterpfeiler, ein begehrtes Ziel. Nach dem Abstieg von der Rosettahütte zum wunderlich grünen Hügel des Col delle Fede (2298 m) inmitten eines tollen Felsenzirkus queren wir den Fuß des Pilasterpfeilers im Wiederanstieg zum sichtbaren Passo di Ball (2443 m). Von dem schmalen Paßübergang schauen wir hinab in den Pradidalikessel und zu seinem Rifugio. Nahe vor uns im Süden ragt die Cima Canali, eine ungewöhnlich eindrucksvolle Felsgestalt. Schöner und wilder können wir die Pala nicht erleben als auf dem Weg vom Rifugio Rosetta zum Rifugio Pradidali.

Bild links: *Cima Canali und Pradidalihütte, gesehen vom Passo di Ball.*

Bild links unten: *Am Passo Pradidali mit Blick zur Cima Fradusta, im Übergang von der Pradidali- zur Rosettahütte.*

Großes Bild: *Berühmte Palaberge mal anders: links Cimon della Pala, rechts Cima Vezzana, dazwischen der Travignolopaß, fotografiert von der Pala-Hochfläche aus.*

Von der Pradidalihütte zur Rosettahütte

Jeder Bergsteiger, der in der Pala klettern möchte, jeder Klettersteiggeher, der die berühmten »Vie ferrate« der Pala auf seinem Programm hat, und auch fast jeder Wanderer, sofern er geübt und trittsicher ist, kommt irgendwann zum Rifugio Pradidali (2278 m). Diese Hütte darf niemand auslassen, wenn er sagen möchte: Ich kenne die Pala! Das aus weißem Kalkstein in den Jahren 1958/59 erbaute, gut proportionierte Haus steht an der Rampe zum Pradidalital, das nach Süden zum Canalital mündet; von dort kommt der Talzugang. Die Umgebung, vor allem die Cima Canali, der Sass Maor und die Cima Ball schenken dem Schutzhaus die grandiose Kulisse: senkrechte, viele hundert Meter hohe Pfeiler und Wände, Dolomitfels, für den Wanderer fast ein Schrecken, für den Spitzenkönner der Klettergilde prickelnde Spannung, vielleicht sogar höchste Lebensfreude! Der markierte Steig zum Passo Pradidali (2658 m) führt unsere Rundtour aus dem Kessel steil hinauf zum Hochplateau des Altipiano. Die buckelige Karstwildnis der Hochfläche überrascht uns weniger als das Ghiacciaio di Fradusta, das vom Gipfelkamm der Cima Fradusta abgleitet als Überbleibsel einer Gletscherdecke, die noch in der letzten Eiszeit vor 10000 Jahren den Altipiano bedeckte. Die Schmelzwasser aber versickern, der poröse, rauhe Kalk hält kein Wasser. Markierungen leiten mit wenig Höhendifferenz zurück zum Rifugio Rosetta. Das Haus erscheint uns wie eine Oase, als rettende Insel in der Trostlosigkeit des vegetationslosen, weiten Steinmeeres am Altipiano delle Pale di San Martino, dem weiten Hochplateau zwischen Pala-Nordzug und -Südzug.

49 Die »Zwillinge« Sass Maor und Cima della Madonna

Die Pala ist reich an schönen, wildgezackten Berggestalten, jede Cima für sich eine unverwechselbare Persönlichkeit. Schauen wir vom Rollepaß entlang der Pala-Westfront nach Süden, ragt darin das berühmte Gipfelpaar: Sass Maor und Cima della Madonna. Diese »Zwillinge« dominieren zu San Martino di Castrozza sehr stark, aber die Weiterfahrt nach Primiero zeigt an einem Parkplatz den Sass Maor und die Cima della Madonna noch besser, in fast direkter Aufsicht. Wieder, wie schon so oft auf unserer großen Dolomitenreise, ein glänzendes Motiv, das wir von der Straßentrasse aus bewundern können. Beide Gipfel haben eine gemeinsame Basis, daraus entwickeln sowohl der Sasso als auch die Cima eigene Linien bis zur Spitze. Der Sass Maor (2814 m) wendet die beste Seite zum Pradidalital, dorthin stellt er einen 1000 Meter hohen, edel geformten Turm zur Schau: Aus der Sicht von der Pradidalihütte ist der Sass Maor eine Felsgestalt besonderer Eindringlichkeit.
Die Cima della Madonna (2752 m), vom Sass Maor nach Westen zu versetzt, kann deshalb ihren schönsten Fels, die Schleierkante, zum Cismontal präsentieren. Zu dieser berühmtesten Kante der Dolomiten schauen wir auf: Jeder Bergsteiger spürt die Faszination, die von dem Schwung der 400 Meter hohen Kante ausstrahlt, und versteht den Ehrgeiz der Kletterer, sich an ihr zu versuchen.
Gunther Langes und sein Freund E. Merlet nahmen der Spigolo del Velo, so die klangvolle italienische Anrede, im Jahre 1920 den Zauber des Unnahbaren. Die altvertraute Alpenskala stuft das Kletterkönnen in die Schwierigkeitsgrade I–VI, die Schleierkante rangiert bei IV–V; die heutigen Super-Artisten im Fels klettern über den erst seit den siebziger Jahren eingeführten VII. Grad hinaus! Die Schleierkante wird trotzdem ihren nun seit Jahrzehnten ungebrochenen Nimbus behalten.

50 Primiero: Valle dei Canali – Cant del Gal

In der Straßenrampe vom Rollepaß nach Fiera di Primiero liegt San Martino di Castrozza näher zum Paß. Von San Martino müssen wir im Cismontal 13 kurvenreiche Kilometer fahren, bis wir zum Schluß über den Torrente Cismon das Becken von Primiero in mittlerer Meereshöhe von 700 Meter erreichen. Der Cismonbach scheidet zwei Orte und auch zwei Gemeinden: das Dorf Tonadico und den Hauptort Fiera mit der Beifügung »di Primiero«.
Vom Anfang des 15. bis in das 20. Jahrhundert gehörte der Landstrich zum Rollepaß, hinein in das Canalital, hinauf zum Ceredapaß und hinab zur Felsenschlucht im Valle Schener – genannt Primör – mit Volk, Tal und Gebirge zu Österreich. Im Lehen der Grafen von Welsperg herrschte drei Jahrhunderte Frieden, die Bevölkerung lebte vom Erzbau, bis Napoleon an die Primörer Pforte klopfte, aber abgewiesen wurde. Anschließend nochmals 100 Friedensjahre, bis der Erste Weltkrieg die Donaumonarchie zerbrach und Primör als Primiero italienisch wurde.
Der Cismonbach wird im Talkessel von Primiero vom Wasser aus dem Canalital verstärkt, Wasser, das von der Pala kommt und dem wir entgegenfahren. Die Ruine Castelpietra (siehe Bild Seite 120), einst eine wehrhafte Burg, thront als weithin sichtbarer Wegweiser über dem dunklen Bergwald. Dort zweigt die Straße zum Lago Welsperg und nach Cant del Gal von der Auffahrt zum Ceredapaß ab.
Am Laghetto Welsperg, einem waldumsäumten kleinen Bergsee, wird das Canalital breit und freundlich, eine Landschaft zum Bleiben: ebene Wiesen zum Wald, darin die Villa Welsperg, ein Campingplatz, der Canalibach, im Rahmen darüber hohe Palaberge. Der öffentliche Verkehr hat im Canalital bis Cant del Gal (1160 m) freie Zufahrt, eine Örtlichkeit in einer Waldlichtung mit gleichnamigem Rifugio und einem Ristorante. Von Norden, herab vom Pradidalikessel, mündet das Pradidalital ein (von Cant del Gal Zugang zur Pradidalihütte), nach Nordosten greift das Canalital über 1300 Höhenmeter hinauf zum Passo Canali (2469 m). In dieser Richtung führt auch der Weg zum Rifugio Treviso (1631 m). Cant del Gal ist für die südliche Pala-Touristik ein wichtiger Platz, es hat Busverbindung mit Fiera und San Martino.

Bild links: *Das Cismontal herab von San Martino di Castrozza mündet in das Becken von Primiero; die betriebsame Ortschaft Fiera ist das Zentrum der Talschaft.*
Im Hintergrund die Ausläufer des Pala-Südzuges, der weiße Punkt darunter ist Castelpietra; dort schwenkt das Canalital hinein in die südlichen Palaberge.

Bild rechts: *Aus dem Morgennebel über dem Pradidalikessel, umschmeichelt von zartem Schleier, ragt das Traumpaar der Pala: der Sass Maor und die Cima della Madonna.*
Beim Sasso ist es die sonnige Ostwand, bei der Madonna die dunkle Schleierkante, die das Können der Meister im Fels herausfordern.

Bild oben: *In Cant del Gal mündet das Pradidalital zum Canalital.*
Aus Cant del Gal übersehen wir das Tal hinauf zu der deutlichen Senke, dem Eingang zum Pradidalikessel, dem Standort der gleichnamigen Hütte. Links Sass Maor, rechts Cima Canali.

Großes Bild: *Nur wenig nach der Einfahrt von Castelpietra in das Canalital weichen die Waldhänge zurück, das Canalital hat Platz für einen Wiesenboden und für den Lago Welsperg, einen blanken Spiegel für Wolken und Berge.*
Die Senke im Bergkamm über dem See markiert in etwa die Lage des Passo del Orsa, den Übergang aus dem Canalital in das ostseitige Valle d'Angheraz und des Passo Canali, den Übergang zum Pala-Hochplateau und weiter zum Rifugio Rosetta.

Bild links oben: *Das Rifugio Pradidali im Schutze hoher Palaberge, die es gegen Westen abschirmen: Cima di Ball und Campanile Pradidali. Im Innern der Pala ist diese Hütte ein wichtiger Stützpunkt für die extremen Leute in den Steilwänden, für Klettersteiggeher und auch für Wanderer, unterwegs auf dem Dolomiten-Höhenweg ⚠.*

Bild links unten: *Das Canalital in seinem Verlauf zu den Cime di Marmor (rechts) im Pala-Südzug. Dort hinten, auf 1631 Meter Höhe, steht das Rifugio Treviso.*

Vom Primiero zum Agordino

51 Südseits der Pala: Passo Cereda, Forcella Aurine, Frassenè

Südseits der Pala – über den Ceredapaß, die Forcella Aurine und Frassenè hinab nach Agordo zum Tal des Cordevole – wer weiß von dieser Landschaft zu erzählen, die eigentlich schon außerhalb der klassischen Dolomiten liegt?

Aus dem Talbecken von Primiero (700 m), vorbei an der Burgruine Castelpietra, zieht die gut ausgebaute Straße durch Bergwald, legt einige »Tornanti« in eine breite, offene Wiesenböschung und gewinnt in mäßiger Steigung den Scheitel am Ceredapaß. Das Schild »Passo Cereda m. 1369« verkündet die höchste Stelle in den 32 Straßenkilometern zwischen Fiera di Primiero und Agordo.

Der Ceredapaß, mit dem wir diese Fahrt einleiten, ist ein südwestlicher Außenposten der Dolomiten. Zum Paß gehören der gleichnamige Albergo und einige in dieser erholsamen wald- und wiesenreichen Höhe verstreute Sommerhäuschen. Der Dolomiten-Höhenweg ⚠ herüber vom Rifugio Treviso hat im Albergo und auch im nahen, an der Ostabfahrt gelegenen Rifugio Padreterno

(1316 m) gute Stützpunkte. Die Fahrstrecke entlang der Pala-Südkette überrascht mit reizvoller, ungemein lieblicher Landschaft. Das Gebirge – links der nahe Palazug, rechts, durch ein dicht bewaldetes Tal getrennt, die südlichen Berge der Alpi Bellunesi, trotz dolomitischem Aussehen weithin unbekannt – bleibt mehr oder weniger Staffage. Wir genießen die Reise auf südostseitigen, lichtüberfluteten Hanglehnen, Wiesen, Feldern und Mischwald in durchschnittlich 1100 bis 1300 Meter Meereshöhe, eine Fahrt durch einen in Jahrhunderten geschaffenen, aber abseitig gebliebenen Siedlungsraum. Die Welt scheint im hergebrachten Rhythmus zu verharren, die Weiler, die Dörfer zeigen den in vielen Generationen zusammengetragenen, einfachen und zweckmäßigen Habitus. Die Bevölkerung geht Verpflichtungen in der Land-, Forst- und Almwirtschaft und im Handwerk nach, der bescheidene Fremdenverkehr ist mit dem Albergo zufrieden, der schon immer im Ort war. Neue Pensionen und Hotels sind noch die Ausnahme.

Eine Ausnahme ist die Forcella Aurine, die wir in der Auffahrt aus der Ortschaft Don di Gosaldo (1141 m) in 1300 Meter Meereshöhe erreichen. Der weite Wiesensattel eignet sich für den Skilauf, hat das ganze Jahr über ein ausgezeichnetes Klima, und so ist die Forcella Aurine ein kleines »Centro Vacanze«, ein Ferienort geworden. Die Pala tut dazu ein übriges und stellt die Croda Grande (2849 m), einen mächtig aufgerichteten Felskoloß, den Angelpunkt im Südzug, dekorativ nach Aurine zur Schau. Nach der Forcella verliert die Straße an Höhe, wir fahren durch Bergwald hinaus in die Wiesenhänge von Frassenè, einer kleinen, lieblich gelegenen Ortschaft, schon im Bereich von Agordo.

Bild oben: *Am Passo Cereda schwenken wir hinein in die Südhänge des Pala-Südzuges. Rechts außen die Croda Grande, der Hauptgipfel im Südzug.*

Bild links: *Die Burg Castelpietra, seit 1675 eine ausgebrannte Ruine, steht auf einem gewaltigen erratischen Felsblock und weist den Weg ins Canalital und zum Passo Cereda. Niemand kann ihre Ruhe stören, das Fundament ist fast so steil und glatt wie die Mauern, die irgendwann einmal zerbröckeln werden, lange bevor der Cimerlo, Sass Maor und Cima della Madonna (links) und die Cima Canali (rechts) auch nur einen größeren Felsblock verlieren werden.*

52 Malga Losch, Rifugio Scarpa, Monte Agner

Von Fiera di Primiero nach Agordo (siehe Seite 120/121) ist nach Don di Gosaldo das Dorf Frassenè (1084 m) ein Ort, an dem wir anhalten und vielleicht auch bleiben sollten (Albergo »Belvedere« mit deutscher Wirtin!). Noch vor Don haben wir die frühere österreich-italienische Grenze überschritten, wir befinden uns in der Provinz Belluno.
Der Begriff »Dolomiten«, im klassischen Anspruch betrachtet, besagt, daß die Pala die südwestlichste Dolomiten-Gruppe ist, der Pala-Südzug somit nicht nur für die Pala, sondern auch für die Westlichen Dolomiten die Grenzlinie zu den Alpi Bellunesi zieht. Der Südzug erhebt sich aus dem Cordevoletal oberhalb von Agordo sehr eindrucksvoll, streicht in etwa 12 Kilometer Luftlinie nach Südwesten und sinkt zum Becken von Primiero ab: schöne hohe Dolomitenberge, als Hauptgipfel und in der Mitte plaziert die Croda Grande (2849 m), oben zum Cordevoletal hin als Eckpfeiler für die gesamte Pala der Monte Agner (2872 m). Nach Norden zeigt der Monte Agner gewaltigen, unvergleichlich proportionierten, turmähnlichen Fels, die berühmte Schauseite: Nordwand und Nordkante, 1600 Meter hoch, zugänglich nur für die Kletterelite! Die einladende Seite des Monte Agner wendet sich nach Süden, dort ist er von der Scarpahütte aus ein »Berg zum Anfassen« – nicht für jedermann, aber für den erfahrenen, ausdauernden Berggeher ein hohes Ziel.
Für den Tourismus gibt es im Südzug zwei Stützpunkte: im Innern, im Canalital, das Rifugio Treviso (siehe Cant del Gal Seite 116) und an der Außenfront das Rifugio Scarpa auf der Malga Losch, einer Almweitung zwischen Bergwald und Palafels. Zur Malga kommen wir von Frassenè entweder mit dem Sessellift oder zu Fuß in 1½ Stunden Gehzeit. Hier weidet Vieh, die Almhütte duckt sich in eine grüne Senke, und darüber auf einer Kuppe residiert das Rifugio Scarpa (1742 m), eine Hütte des Club Alpino Italiano (CAI). Allein die Position des Hauses ist das Kommen wert. Das Rifugio Scarpa steht auf einem Balkon ersten Ranges: Moiazza, Passo Duran, Monte Tamer, Monte Talvena, die Schiara – eine herrliche Schau über den Raum der Alpi Bellunesi, die neue Pläne reifen läßt.
Zum Monte Agner gibt es zwei Wege: Die »Via normale« über die markant ausgeprägte schräge Felsrampe in der Südflanke zum sichtbaren Bivacco Biasin und die »Ferrata Stelle Alpina«, ein Klettersteig im senkrechten Felsabbruch des Lastei d'Agner mit anschließender langer Querung zur roten Biwakschachtel, ein wichtiger Stützpunkt vor allem für die Kletterer in den Nordrouten.

Ferrata Stella Alpina
Dieser Klettersteig, der Edelweißsteig, gilt als schwierigster Eisenweg der Dolomiten! »Extreme Routenführung, kraftraubend, in fast senkrechtem, äußerst ausgesetztem Fels, nur Drahtseilsicherung.« (Sepp Schnürer, »Klettersteige Dolomiten ...«) Das atemberaubende Klettersteig-Abenteuer vom Einstieg (ca. 2030 m) bis zum Ausstieg spielt in der Differenz von etwa 250 Höhenmetern – diese im Niveauvergleich Rifugio Scarpa–Monte Agner geringe Höhe wird den leistungsstarken Klettersteig-Fan vielleicht enttäuschen. Im Schlußanstieg vom Bivacco Biasin (2645 m) über 200 Höhenmeter auf schmalen Felsbändern zum Gipfel schlägt das Herz nochmals stark: Der Monte Agner ist auch auf der Südseite eine großartige Dolomitentour! Frassenè und das Rifugio Scarpa weisen den Weg.

Bilder links und oben: *Frassenè ist der Ausgangsort zum Rifugio Scarpa am Südzug der Pala auf der Malga Losch.*
Das Rifugio, das weiße Steinhaus auf dem Hügel, hat eine herrliche Aussichtsposition in östliche und südliche Gebirgsräume. Die Hütten der Malga stehen rechts unterhalb vor hohem, steilem Dolomitfels, dem Lastei d'Agner und dem Monte Agner (kleines Bild).

Bild rechts: *Seitdem es die Ferrata Stella Alpina gibt, kommen die Klettersteig-Spezialisten zum Rifugio Scarpa, um ihr Können in der Super-Diretissima, am fast senkrecht gespannten Drahtseil, hinauf zum Lastei d'Agner zu erproben.*

Bild links: *Agordo im Tal des Cordevole war wohl nie ein Dorf im eigentlichen Sinn. Sehr früh schon konzentrierten sich Gewerbe, Handel und auch sonstige Anliegen auf den Ort, und so ist Agordo ein Gemeinwesen inmitten der Dolomiten mit sympathischem kleinstädtischen Zuschnitt, ein Image, das wir auch dem Stadtplatz anmerken.*

Bilder unten und rechts: *Das Cordevoletal ist eine starke innerdolomitische, von Nord nach Süd gerichtete Verkehrsader.*
Im Becken von Agordo mündet von Westen die Trasse von Primiero über den Ceredapaß hinzu, von Osten kommt die Abfahrt vom Duranpaß nach Agordo.
Das Bild zeigt Agordo, links oben die bewaldete Geländesenke des Passo Duran, rechts die Tamer-Gruppe, der Monte Tamer (Bild rechts) *erhebt sich direkt über der Straße zum Duranpaß.*

53 Agordo im Tal des Cordevole

Ab Frassenè (1084 m) liegt Agordo fast immer in Sicht – über den Ort Voltago noch knapp 13 Kilometer hinab zum Cordevoletal, die Straße mündet direkt in Agordo.
Agordo (611 m), ein sympathisches Städtchen mit etwa 4000 Einwohnern, ist im Tal des Cordevole, in seinem Lauf durch die Dolomiten, der Hauptort. Der Landstrich von Agordo talauf und talab wird Agordino genannt, das Cordevoletal vom Ursprung oben bei Arabba an der Sella bis herab nach Agordo ist die Naht zwischen Westlichen und Östlichen Dolomiten.
Agordo ist ein Ort mit Geschichte. Eine Urkunde dokumentiert Agordo erstmals im Jahre 923 unter der Herrschaft der Belluneser Bischöfe. Streit und die harte Faust verschiedener adeliger Herren quälten das Agordino über Jahrhunderte hinweg bis zum Jahre 1404, als das Agordino, das Cordevoletal bis hinauf nach Caprile, unter die Hoheit der Republik Venedig kam. Venedig gewährte dem Gebiet eine selbständige Verwaltung und lenkte es in das politisch ruhige Fahrwasser der Zeit zum Ausklang des 18. Jahrhunderts. In den Jahren 1430 und 1633 zerstörten Feuersbrünste den Ort.
Die Geschichte – zwei Jahrzehnte Napoleon – löschte auch die Republik Venedig aus, Österreich setzte einen Fuß ans Mittelmeer, nach Venedig. Von 1797 bis 1805 und wieder von 1814 bis 1866 gehörte das Agordino zum österreich-ungarischen Imperium. An die Herrschaft der Dogen von Venedig erinnert in Agordo ein Brunnen aus Marmor mit dem Löwen von San Marco, der statuengeschmückte Palazzo dei Manzoni und vielleicht auch das Ambiente des großzügig angelegten Stadtplatzes mit heiterem, spürbar südländischem Flair.
Agordo war nie ein armer Ort. In zahlreichen Bergwerken das Tal entlang bis hinauf nach Colle Santa Lucia wurde Eisen, Kupfer, Quecksilber und auch Silber geschürft.
»Bis zu 800 Arbeiter waren zeitweise im Kupferbergwerk bei Agordo beschäftigt. Schmelzöfen und Schmieden, in denen das in Colle Santa Lucia und in anderen Orten geförderte Erz verarbeitet wurde, lagen über das ganze Agordino und das Val di Zoldo verstreut. Nägel für Schiffe, Häuser, Schuhe wurden im Zoldano hergestellt, schöne, kostbare Schwerter in Sottoguda am Fuße der Marmolada sowie Scheren, Rasiermesser und chirurgische Präzisionsinstrumente in Alleghe. Doch die Flöze versiegten, wurden gegenüber ausländischer Konkurrenz unrentabel, und waren sie nicht unrentabel, so wurden sie durch Bergrutsche und Bergstürze verschüttet.« (Wolftraud de Concini, »Südtirol, Trentino–Belluno«).
Das heutige Agordo ist das gewerbliche und auch kommunale Zentrum im Agordino, geeignet für Urlaub abseits überfüllter Ferienhochburgen, mit herrlichem Gebirge rundum – Pala, Civetta, Moiazza – und südlich der Linie von Primiero–Passo Cereda–Agordo–Passo Duran–Forno di Zoldo der großartige Bergraum der Belluneser Dolomiten.

Touristik-Informationen

Zwischen Marmolada und Pala

Über den Rollepaß zur Pala

Vom Primiero zum Agordino

Alle Orte, Touristenstützpunkte, offizielle Parkplätze, Hütten, Gast- und Schutzhäuser, Pässe, Scharten und Jöcher werden in der Reihenfolge aufgeführt, wie sie dem Auto- und Wandertouristen in oben genannten Kapiteln und den dazugehörigen Artikeln begegnen.

Talorte

Predazzo 1008 m, im Fleimstal (Val di Fiemme), an der Einmündung des Val Travignolo. Provinz Trento. 4000 Einwohner. Zweitgrößter Ort im Fleimstal. Viel Durchgangsverkehr: aus dem Etschtal zum Fassatal und durch das Travignolotal zum Rollepaß und zur Pala.

Moena 1184 m, (siehe Seite 96); Beginn der Auffahrt zum Pellegrinopaß.

Falcade 1145 m, und **Falcade Alto 1302 m,** im Hochbecken des Val Canale, dorthin münden, herab vom Pellegrinopaß, das Pellegrinotal und herab vom Vallespaß das Valle di Valles. Oberhalb von Falcade Alto Straßengabel zu den beiden Pässen. Provinz Belluno, beliebter Ferienort.

Paneveggio 1451 m, Waldsiedlung zum Zwecke von Forstkultur und Verwaltung, an der Auffahrt von Predazzo zum Rollepaß. Provinz Trento. Die Abfahrt vom Vallespaß mündet bei Paneveggio in die Nordauffahrt zum Rollepaß.

San Martino di Castrozza 1466 m, im Val Cismon, in der Südabfahrt vom Rollepaß nach Fiera di Primiero. Provinz Trento. Hotelsiedlung, zentraler Ort für die Pala-Touristik, großer Fremdenplatz für Sommer und Winter.

Fiera di Primiero 711 m, in einem weiten Talbecken am Südauslauf der Pala. Provinz Trento. Nach Fiera münden die Südabfahrt vom Rollepaß und aus der südlichen Pala das Canalital. Die Straße zum Peredapaß verläßt Fiera nach Osten. Lebhafter Ort mit Handel und Verkehr, beliebt für Sommerferien.

Don di Gosaldo 1141 m, Kirchdorf und Gemeindeort südseits der Pala an der Straße von Fiera nach Agordo. Provinz Belluno.

Frassenè 1084 m, Kirchdorf südseits der Pala an der Straße von Fiera nach Agordo. Provinz Belluno.

Voltago 858 m, Kirchdorf und Gemeindeort südseits der Pala an der Straße von Fiera nach Agordo. Provinz Belluno.

Agordo 611 m, in einer Weitung des Cordevoletales, an der Hauptverkehrsader von Belluno in die Dolomiten. Abzweigung zum Duranpaß. Provinz Belluno. Lebhafter Ort mit Handel, Gewerbe und Verkehr.

Touristenstützpunkte

Für den Sommertourismus wichtige, offizielle Parkplätze, Hütten, Gast- und Schutzhäuser. Allgemeine Öffnungszeiten der Hütten von Ende Juni bis Ende September. (Club Alpino Italiano = CAI).

Rifugio Passo Le Selle 2529 m (Bergvagabundenhütte), privat, am Übergang vom Pellegrinopaß in das Val di San Nicolo. Zugang vom Pellegrinopaß mit Sessellift zur Bergstation Paradiso (2200 m). Stützpunkt für Wander- und Bergtouren im Monzoni- und Costabellakamm (siehe Ferrata Bepi Zac).

Rifugio Fuchiade 1982 m, privat, südseits des Passo Cirelle. Zugang vom Pellegrinopaß. Stützpunkt für Wanderungen auf Fuchiade. Übergänge nach Contrin und zur Malga Ciapela.

Rifugio Floralpina 1818 m, privat, im Valfredda, Fuchiade benachbart.

Rifugio Dolomiti 1545 m, privat, in der Auffahrt von Falcade und vom Pellegrinotal zum Vallespaß.

Capanna Passo Valles 2033 m, privat, Albergo am Vallespaß.

Baita Segantini 2170 m, privat, am Passo Costazza östlich über dem Rollepaß. Bar. Zugang auf Almstraße und mit Lift. Stützpunkt für Wanderung hinab in das Venegiottatal und zum Rifugio Mulaz.

Rifugio Mulaz 2571 m, CAI-Sektion Venezia. Zugang von Falcade, vom Vallespaß, von der Baita Segantini am Passo Costazza. Stützpunkt für Wanderungen und Bergtouren in der nördlichen Pala, Pala-Nordzug. Übergang zur Rosettahütte.

Malga Fosse di sopra 1936 m, privat, an der Südabfahrt vom Rollepaß nach San Martino di Castrozza. Stützpunkt für den »Sentiero dei Finanzieri«, einem Höhenweg zwischen der Malga und dem Col Verde, und für die Ferrata Bolver Lugli.

Rifugio Pedrotti alla Rosetta 2581 m (Rosettahütte), CAI-Sektion SAT Trient, auf dem Pala-Hochplateau. Zugang mit Lift und Seilbahn von San Martino di Castrozza über Col Verde. Zentraler Stützpunkt für Wanderungen und Bergtouren in der Pala. Übergänge zum Rifugio Mulaz, Rifugio Pradidali, Rifugio Treviso, nach Cant del Gal.

Rifugio Pradidali 2278 m, CAI-Sektion Treviso, im Inneren der Pala, am Pala-Hauptzug. Zugänge von der Bergstation Rosetta, von San Martino und Cant del Gal. Stützpunkt für Wanderungen, Bergtouren und Klettersteige in der zentralen Pala. Übergänge zum Rifugio Velo, zum Rifugio Rosetta und zum Rifugio Treviso.

Rifugio Velo della Madonna 2358 m, CAI-SAT Trient, an der Cima della Madonna. Zugang von San Martino di Castrozza. Stützpunkt für Wander- und Bergtouren im Südauslauf des Pala-Hauptzuges. Übergänge zur Pradidalihütte und nach Cant del Gal (siehe Klettersteige).

Cant del Gal 1160 m, in einer Weitung des Canalitales am Südauslauf der Pala. Großparkplatz.

Rifugio Cant del Gal, privat.

Baita La Ritonda, privat. Ausgangsort für Bergtouren und Wanderungen in der südlichen Pala.

Rifugio Treviso 1631 m (Canalihütte), CAI-Sektion Treviso, im Canalital am Pala-Südzug. Zugang von Cant del Gal. Stützpunkt für Wanderungen und Bergtouren im Pala-Südzug. Übergänge zur Rosetta- und zur Pradidalihütte und zum Passo Cereda.

Rifugio Passo Cereda 1369 m, privat, am gleichnamigen Straßenpaß.

Rifugio Pradreterno 1316 m, privat, in der Ostabfahrt vom Ceredapaß.

Rifugio Scarpa 1742 m, CAI-Sektion Agordina, südseits der Pala, am Pala-Südzug. Zugang von Frassenè. Stützpunkt für Monte Agner – Normalroute und Ferrata Stella Alpina.

Pässe, Scharten, Jöcher

Straßenpässe und für den Wandertourismus wichtige Übergänge.

Passo di San Pellegrino 1919 m, Straßenpaß südseitig der Marmolada, zwischen Moena im Fassatal und Falcade im Val Canale.

Passo di Valles 2032 m, Straßenpaß zwischen dem Pellegrinotal und dem Travignolotal.

Passo di Rolle 1980 m, Straßenpaß an der Pala-Westfront, zwischen dem Travignolotal und dem Val Cismon.

Passo Costazza 2170 m, Geländepaß nördlich des Cimon della Pala, Stichstraße herauf vom Rollepaß, Abfahrt in das Val Venegiotta gesperrt.

Passo Cereda 1369 m, Straßenpaß am Auslauf des Pala-Südzuges, zwischen Fiera di Primiero und Agordo.

Forcella Aurine 1297 m, Straßenpaß am Pala-Südzug, zwischen Ceredapaß und Agordo.

Passo Le Selle 2529 m, an der Costabella, Übergang zwischen Pellegrinopaß und Val di San Nicolo.

Passo di Cirelle 2683 m, südseitig der Marmolada, Übergang zwischen Fuchiade und Contrin.

Forca Rossa 2486 m, südseitig der Marmolada, Übergang zwischen Fuchiade und Malga Ciapela.

Passo di Venegiotta 2303 m, nordseits der Pala, Übergang zwischen Vallespaß und Mulazhütte.

Passo delle Farangole 2814 m (Passo di Val Grande), im Pala-Nordzug. Übergang von der Mulazhütte zur Rosettahütte.

Passo Travignolo 2938 m, Firnsattel zwischen Cimon della Pala und Cima della Vezzana.

Passo di Ball 2443 m, im Pala-Hauptzug, Übergang zwischen der Rosetta- und Pradidalihütte.

Passo di Lede 2640 m, an der Cima Fradusta, Übergang zwischen der Pradidali- und der Trevisohütte.

Passo Pradidali 2658 m, auf dem Pala-Hochplateau, Übergang zwischen Pradidalihütte und Rosettahütte und Pradidali- und Trevisohütte.

Passo di Canali 2469 m, am Pala-Südzug, im Übergang von der Treviso- zur Rosettahütte und nach Col de Pra im Valle d'Angheraz.

Passo dell'Orsa 2330 m, am Pala-Südzug, Übergang zwischen der Trevisohütte und dem Valle d'Angheraz.

Forcella d'Oltro 2229 m, im Pala-Südzug, Übergang zwischen Trevisohütte und Ceredapaß.

Wandervorschläge

Einfache Wanderungen:

Vom Pellegrinopaß über die Liftstation Paradiso zum Passo Le Selle.

Vom Pellegrinopaß nach Fuchiade und Valfredda.

Vom Parkplatz zwischen dem Vallespaß und Paneveggio in das Venegiottatal zum Fuße des Pala-Nordzuges.

Aus dem Venegiottatal zur Mulazhütte.

Von der Malga Fosse di sopra auf dem Sentiero Finanzieri zur Liftstation Col Verde oberhalb von San Martino di Castrozza.

Von Cant del Gal zur Trevisohütte oder zur Pradidalihütte.

Anspruchsvolle Wanderungen:

Vom Pellegrinopaß über die Forcella di Pradazzo zum Vallespaß.

Vom Vallespaß über den Passo di Venegiotta zur Mulazhütte.

Von der Mulazhütte über den Passo delle Farangole auf dem Sentiero Farangole zur Rosettahütte.

Rund um die Pala di San Martino: Von der Rosettahütte über Passo di Ball – Pradidalihütte – Passo Pradidali – Pala-Hochplateau zurück zur Rosettahütte (siehe Seite 113).

Von Cant del Gal auf dem Sentiero del Cacciatore zum Rifugio Velo della Madonna.

Empfehlenswerte Gipfeltouren

Monte Mulaz 2906 m, im Norden der Pala, von der Mulazhütte.

Cima Bureloni 3130 m, im Pala-Nordzug, von der Mulazhütte.

Cima Vezzana 3192 m, im Pala-Nordzug, von der Rosettahütte.

Cima della Rosetta 2743 m, im Pala-Hauptzug, von der Rosetta-Bergstation.

Cima di Fradusta 2939 m, im Süden des Pala-Hochplateaus, von der Rosetta- oder Pradidalihütte.

Cima di Val di Roda 2605 m, im Pala-Hauptzug, von der Rosetta- oder von der Pradidalihütte.

Croda Grande 2849 m, Hauptgipfel im Pala-Südzug, von der Trevisohütte (siehe Ferrata Fiamme Gialle).

Monte Agner 2872 m, höchster Gipfel im Pala-Südzug, von der Scarpahütte.

Klettersteige

Achtung! Zum Begehen der Klettersteige ist zur normalen Bergwanderausrüstung die spezielle Klettersteigausrüstung erforderlich: Brust- und Sitzgurt, Reepschnur und Karabiner, Helm und Handschuhe.
Schwierigkeitsbewertung nach Sepp Schnürer »Klettersteige Dolomiten – Mendelkamm – Gardaseeberge – Brenta«.

Via attrezzata Bepi Zac, wenig schwierig, Cima Uomo, im Costabella-Uomokamm. Ausgangsort Pellegrinopaß mit Lift zur Bergstation Paradiso und weiter zum Rifugio Passo Le Selle. Dort Einstieg (2529 m) in die Ferrata Bepi Zac zur Costabella (2759 m). Interessante Kammüberschreitung durch ehemalige Stellungen aus dem Dolomitenkrieg. Durchgehend markiert und mit Drahtseilen gesichert. Die Ferrata Uomo wurde wegen Steinschlag abgebaut. Aus der Forcella Uomo bietet sich der Normalweg an, den jeder geübte Bergsteiger gehen kann.

Ferrata Bolver Lugli, sehr schwierig, Klettersteig in der Westwand des Cimon della Pala. Von der Liftstation Col Verde (1965 m) zum Einstieg (ca. 2300 m). Ab Einstieg in meist ausgesetztem, sehr steilem Fels über 700 Höhenmeter, nur Drahtseilsicherung, zum Ausstieg am Bivacco Fiamme Gialle (3005 m) auf der Südschulter des Cimon della Pala, nahe dem Passo Travignolo.

Ferrata del Porton, schwierig, Ferrata del Velo, schwierig, Ausgangsort Pradidalihütte. Beide Klettersteige verbinden die Pradidalihütte mit der Velohütte an der Cima della Madonna. Ab Pradidalihütte kurzer Zugang zum Einstieg (ca. 2200 m) am Fuße der Cima di Ball. Vom Einstieg senkrecht, mit Hilfe von Klammern etwa 100 Meter höher, drahtseilgesicherte Querung in eine wilde Schlucht mit Ausstieg zur Forcella Porton (2480 m). Von der Forcella Steig hinüber zur Cima della Madonna, auf ihrem Sockel mit der Ferrata del Velo, dem »Schleierweg«, 150 Meter Abstieg zur nahen Velohütte; nur Drahtseilsicherungen.

Attrezzata Dino Buzzati, mäßig schwierig, im Südauslauf des Pala-Hauptzuges. Vorteilhaft im Zuge einer Paladurchquerung im Anschluß an den Velo-Klettersteig. Von der Velohütte zur Cima della Stange (2550 m), Übergang zum Cimerlo (2503 m) und auf drahtseilgesicherter, interessanter Route abwärts zum Auslauf des Klettersteiges in die Geröllkare hinab zum Bergwald, weiter nach Cant del Gal.

Ferrata Fiamme Gialle, schwierig, im Pala-Südzug. Vom Rifugio Treviso zum Einstieg (ca. 2350 m). Sehr steile, mit Drahtseil gesicherte Route zum Ausstieg beim Bivacco Reali (2550 m). Von dort markierte Route zur Croda Grande.

Ferrata Stella Alpina, besonders schwierig, am Monte Agner (siehe Seite 122).

Dolomiten-Höhenwege

Im Bereich von Pellegrinopaß, Vallespaß und Pala.

Dolomiten-Höhenweg ⚠: Rifugio Fuchiade 1982 m – Pellegrinopaß 1919 m – Forc. d. Pradazzo 2220 m – Vallespaß 2032 m – Rifugio Mulaz 2571 m – Rifugio Rosetta 2581 m – Rifugio Pradidali 2278 m – Passo di Lede 2640 m – Rifugio Treviso 1631 m – Forc. d'Oltro 2229 m – Passo Cereda 1369 m.

Seilbahnen und Lifte

Für den Sommertourismus wichtige Bergbahnen und Lifte.

Sessellift Paradiso, Talstation Pellegrinopaß 1919 m – Bergstation Paradiso 2200 m.

Margharita-Seilbahn, Talstation Pellegrinopaß 1919 m – Bergstation Margharita 2500 m.

Col Verde-Sessellift, Talstation San Martino di Castrozza 1466 m – Bergstation Col Verde 1985 m.

Rosetta-Seilbahn, Talstation Col Verde 1985 m – Bergstation Rosetta 2601 m.

Malga Losch-Sessellift, Talstation Frassenè 1084 m – Bergstation Malga Losch 1720 m.

Campingplätze

Camping Bellamonte 1372 m, an der Auffahrt von Predazzo zum Rollepaß.

Camping San Martino di Castrozza 1466 m.

Camping Castelpietra 1038 m, bei Fiera di Primiero im Canalital.

Wanderkarten

Die wichtigsten, im Handel erhältlichen Wanderkarten, auch einschlägige Karten italienischer Verlage in italienisch/deutscher Kartierung.

Kompass Wanderkarte 1 : 50 000, Blatt 59, »Sellagruppe – Marmolada«. Blatt 77, »Alpi Bellunesi«.

Freytag & Berndt Wanderkarte 1 : 50 000, Blatt S 5, »Cortina d'Ampezzo, Marmolada, St. Ulrich/Ortisei«.

Tabacco Wanderkarte 1 : 50 000, Blatt 4, »Belluno – Feltre – San Martino di Castrozza«.

Geografica Wanderkarte 1 : 25 000, Blatt 6, »Marmolada – Sellagruppe«.

Bild nächste Doppelseite:
Der Monte Pelmo, ein gigantischer, freistehender Felsstock im Süden von Cortina d'Ampezzo, gilt als »Götterthron der Dolomiten«.

Östliche Dolomiten

Die Nord-Süd-Linie des Gadertales hinein nach Corvara, in Fortsetzung der Campolongopaß und das Cordevoletal bis zur Mündung in das Piavetal, scheiden die Dolomiten in einen westlichen und östlichen Teil (siehe auch Seite 10). Östlich dieser Trennungslinie bis zum Kamm der Karnischen Alpen gestalten die Östlichen Dolomiten ein Gebirge, das in seiner Ausdehnung, im Zusammenspiel von Berg und Tal, den Westlichen Dolomiten die Waage hält, sie teilweise sogar übertrifft – aber vom breiten deutschsprachigen Publikum weniger besucht wird. Verantwortlich für diese deutliche Zurückstellung ist wohl die Scheu vor der Sprachengrenze, die wir jedoch ignorieren sollten, wenn wir ein vollständiges Dolomitenbild ohne weiße Flecken haben möchten.

Das Herz der Östlichen Dolomiten wie der gesamten Dolomiten überhaupt ist das Ampezzaner Becken, ist Cortina d'Ampezzo. Von Cortina aus wollen wir die berühmten Glanzpunkte wie auch das weniger bekannte Gebirge nachfolgend betrachten.

Den Raum im Norden zwischen dem Gadertal und dem Pustertal füllen die Kreuzkofel-Gruppe mit dem berühmten Heiligkreuzkofel, die Bergwelt von Fanes und Sennes und die Pragser Dolomiten. Hohe Gaisl, Seekofel und Dürrenstein repräsentieren im Umkreis von Pragser Wildsee und Plätzwiese diese in weiten Teilen einsamen Dolomiten. Im Osten, mit dem Sextental, dem Kreuzbergpaß und dem Comelico als Grenze zu den Karnischen Alpen, lockt die Bergwelt von Sexten, die Heimat der allseits bewunderten Drei Zinnen. Den Ampezzaner Kessel selbst schmücken Dolomitenberge mit Rang und Namen: der wuchtige Cristallo, die Felsenburg des Sorapis, die Pyramide des Antelao – genannt das »Dach des Cadore« –, die zierlich gezackte Gipfelreihe der Croda da Lago und das glänzende Dreigestirn der Tofane. Südlich vom Ampezzaner Becken werben das Cadore, Hochzoldano, Fiorentina und das Agordino um neue Freunde. Berühmte Dolomitengipfel erwarten uns auch dort. Der Monte Pelmo, ausgezeichnet mit dem Prädikat »Götterthron der Dolomiten«, und die Civetta, die ihre Schauseite, die mächtige Nordwestwand, über das Cordevoletal hinweg den Westlichen Dolomiten zuwendet.

Nach Agordo im Cordevoletal mündet die Straße von Primiero über den Ceredapaß, die Südgrenze der Westlichen Dolomiten, ein. Die Route von Agordo über den Duranpaß nach Forno di Zoldo und weiter über die Forcella Cibiana hinab zum Boitetal im Cadore schließt die Östlichen Dolomiten zu den Alpi Bellunesi hin ab.

Buchenstein – Livinallongo del Col di Lana

Nach Gröden und Fassa betreten wir in diesem Kapitel wiederum ladinischen Boden, wenn wir entweder vom Pordoipaß oder vom Falzaregopaß herab in die Talschaften zu Füßen des Col di Lana kommen.
Buchenstein ist die Landschaft der weiten, grünen Hochfläche von Cherz und Pralongia. Die Sonnenhänge dieser Hochweiden hinab zum Tal des jungen Cordevole, die steilen, schattigen Waldleiten drüben auf der anderen Bachseite hinauf zum Padonkamm, die Einschicht sehr alter Bergbauerndörfer und -weiler, hingeschmiegt im Hang oder einer Talfalte, und die Kirchdörfer Pieve di Livinallongo, Arabba und Andraz mit der Burgruine Andraz und dem Col di Lana – das alles beinhaltet der Landstrich Buchenstein.
Seit eine Urkunde um das Jahr 1000 erstmals den Namen Buchenstein belegt, wendet sich das Tal dem Norden zu, obwohl es nach Süden offen ist. Es war Besitz der Brixner Fürstbischöfe, der Grafen von Tyrol und schließlich auch vom Hause Habsburg abhängig, in dem es bis zum Frieden von 1919 verblieb. Die Urzelle von Buchenstein, so meint die Geschichte, sei im Schloß Buchenstein, der heutigen Burgruine Andraz, zu suchen. Fahren wir von Andraz hinauf zum Falzaregopaß, sehen wir das weiße Burggemäuer als Zinnenkrone eines aus der Wiese gewachsenen, mächtigen Dolomitenblocks von links durch den Bergwald schimmern. Das Mauerwerk, das seit 1000 Jahren Kontur und Ausmaße bewahrt hat, kann nicht erzählen, wer es erbaute, die Forschung bleibt auf Vermutungen beschränkt. Wir wissen, daß Vögte, eingesetzt von Brixen, vom Schloß aus das Buchensteiner Land beherrschten. Im 15. Jahrhundert nahm Kardinal Nikolaus Cusanus in seinem Streit mit den Nonnen von Sonnenburg das Schloß Buchenstein als sichere Zuflucht. Die Folgezeit blieb für Land und Volk von Buchenstein ruhig bis zum Ersten Weltkrieg. Erst der Dolomitenkrieg, der Kampf um den Col di Lana, drückte Buchenstein den wohl schwersten Stempel seiner Geschichte auf.

Bilder rechts: *Das obere Cordevoletal, Buchenstein, im Schmuck der Sella sowie die Burgruine Andraz, das frühere Schloß Buchenstein.*

Bild unten: *Arabba mit Col di Lana und die Straßenrampe zum Campolongopaß.*

54 Buchenstein – Tal zwischen Pordoi und Falzarego

Buchenstein scheint das Niemandsland zwischen den Dolomiten zu sein, ein Transitland, in dem im Sommer viel mehr Menschen durchfahren als bleiben. Buchenstein ist das deutsche Wort für die politische Gemeinde Livinallongo, zugehörig der Provinz Belluno. Das Gemeindegebiet reicht vom Pordoijoch zum Falzaregopaß, hinauf zum Campolongosattel und aus dem Graben des Cordevoletales hinauf zum Padonkamm.
Buchenstein übersehen wir am besten, wenn wir vom Pordoijoch zur deutschen Soldaten-Gedächtnisstätte fahren und von dieser Höhe (ca. 2230 m) nach Osten schauen. Im frühen Bergsommer, im Juli, ist das Land am schönsten. Grüne, blühende Wiesen auf den Hängen, eben und flach ist Buchenstein nur am Almplateau von Cherz, darüber die dunkle Kuppe des Col di Lana – 2462 Meter –, der höchste Punkt und das Zentrum, das seit jeher das Land ordnete. Der Col di Lana weist dem Cordevole die Richtung nach Süden. Unter dem Col di Lana, geschmiegt in den Südhang, liegt der kommunale Mittelpunkt und Hauptort von Buchenstein, das Dorf Pieve (1465 m). Der Ort leidet schon immer an seinem Platzmangel, kein ebener Fleck, nur Steilhänge hinauf und hinunter. Die Dolomitenstraße zwängt sich zwischen zwei- bis dreistöckigen aneinandergebauten Häusern hindurch, es wäre fast unmöglich, in Pieve anzuhalten, gäbe es nicht am östlichen Ausgang einen Parkplatz. Der Aufenthalt lohnt sich: die Kirche zu besuchen, davor das Denkmal für Katharina Lanz, dem »Mädchen von Spinges«, geschaffen von Josef Parschalk, das zu seiner Zeit offiziell als das »Bildhauerwerk des Jahres 1912« galt.

Bild links: *Pieve di Livinallongo (im Hintergrund die Sella), Hauptort der ladinischen Buchensteiner Talschaft, der Verwaltungsort einer räumlich sehr ausgedehnten Gemeinde, zu der auch Arabba und Andraz gehören.*
Die Große Dolomitenstraße vom Pordoijoch zum Falzaregopaß ist das Rückgrat, die verkehrsmäßige Hauptachse von Buchenstein.

Bild unten: *Zu den von der Dolomitenstraße abgelegenen, aber landschaftlich hervorragend plazierten Einöden und Weilern verirrt sich kaum ein Fremder.*
Von Corte am Osthang des Col di Lana schauen wir hinüber zum benachbarten Weiler Cherz. Oben auf der Sella ist es schon Winter, kaum einer wird, trotz dieses herrlichen Herbsttages, noch hinaufsteigen wollen zum Piz Boè.

55 Campolongopaß und Hochplateau von Cherz

Der Col di Lana ist das landschaftliche, Pieve di Livinallongo das kommunale und Arabba das touristische Zentrum von Buchenstein. Nur dieser Ort am Ostsockel der Sella kann sich etwas ausweiten, hat Platz für moderne Hotels und Pensionen und daher auch Gäste, die länger bleiben.
Arabba (1601 m) liegt verkehrsmäßig recht günstig und landschaftlich sehr schön. Von Norden mündet über den Campolongopaß, auch Sattel genannt, die Zufahrt von Corvara ein: Arabba verteilt den Verkehr nach Osten zum Falzaregopaß, das Cordevoletal hinab in das Agordino und nach Westen hinauf zum Pordoijoch. Im Süden, gleich hinter den letzten Häusern, steht die dunkle Mauer des Padonkammes, darin öffnet eine Kammkerbe, die Porta Vescovo (2478 m), einen großartigen Ausblick zur Marmolada. Dieser Aussichtsbalkon und das skifreundliche Gelände herab nach Arabba waren der Grund für den Bau einer Kabinenseilbahn zur Porta.
Den Eindruck, in den Dolomiten zu sein, vermittelt der Sellastock hinab nach Arabba. Wollen wir die Dolomiten, die Östlichen und die Westlichen, weithin überschauen, ohne Buchenstein zu verlassen, sollten wir das Cherzplateau besuchen. Der bequemste und günstigste Ausgangspunkt zu ihm ist der Straßenscheitel (1875 m) am Campolongopaß, von dem wir auf einer früheren Kriegsstraße in einer Stunde zum Rifugio Cherz gehen. Die Höhe dort, 2100 Meter, zeigt ein Dolomitenpanorama, das kaum zu beschreiben ist – wir müssen es erleben!

Bild oben: *Am Hochplateau von Cherz, im Mittelgrund der Padonkamm, eine schwarze Urgesteinsbarriere vor der weiß glänzenden Marmolada.*

Bild rechts: *Der Padonkamm streicht direkt hinter Arabba vorbei. Aus der Südrampe zum Campolongopaß sehen wir sehr gut die Senke der Porta Vescovo mit der Seilbahn-Bergstation. Links der Bec de Mesdi; dort verläuft ein beliebter Klettersteig: die Ferrata delle Trinceè.*

56 Col di Lana – ein Buchensteiner Berg

Wir wissen: Der Col di Lana – 2462 Meter – ist das Zentrum von Buchenstein. Unter diesem dunkelbraunen, zweigipfeligen Eruptivstock legt das Land nach West, Nord und Ost herrliche Alpwiesen aus, nach Süden stürzt der Berg mit steiler, breiter, aber begrünter Flanke zum Cordevoletal ab. Direkt unter ihm, genau 1000 Meter tiefer – wir sehen den Ort von der Gipfelkapelle aus – liegt Pieve di Livinallongo. Eine Kapelle auf dem Col di Lana! Warum, und was bedeutet sie? Die Erinnerung an den Dolomitenkrieg 1915–1917, eine Gedenkstätte für die am Col di Lana gefallenen Soldaten.

Der Col di Lana war durch die Position zwischen dem Campolongopaß und dem Valparolapaß ein natürlicher österreichischer Sperr-Riegel. Wollten die Italiener nach Norden in das Pustertal vorstoßen, mußten sie zuvor den Col di Lana erobern; es kam zu furchtbaren, erbitterten Kämpfen, ohne daß es den Italienern gelang, den Berg einzunehmen. Die Verluste waren außerordentlich, der Col di Lana wurde für die Alpini-Soldaten zum »Col di Sangue«, zum »Blutberg«.

Für die Italiener gab es schließlich nur ein Mittel: die Sprengung des Gipfels; sie erfolgte am 17. April 1916 um 23.30 Uhr. »Zu dieser Zeit befanden sich die 6. Kompanie des 2. Tiroler Kaiserregiments, eine Maschinengewehrabteilung, 30 Sappeure und eine Anzahl Menageträger auf der Spitze. Sie alle wurden vernichtet oder gefangengenommen. Die bei der Sprengung verwendete Ladung betrug nach italienischen Angaben 5024 kg Dynamit.« (Hermann Delago, »Dolomiten Wanderbuch«). Die großen Opfer waren umsonst. Im November 1917 räumte Italien die Dolomitenfront. – Vom Gipfel des Col di Lana sehen wir unten am Cordevole das »Saccrario Militare pian dei Salisei«, die italienische Gedenkstätte als Pendant zum deutschen Soldatenfriedhof am Pordoijoch.

Seit langem schenkt uns der Col di Lana wieder ein vielseitiges, aus mehreren Richtungen mögliches Wandervergnügen – durch bunten Blumenreichtum zum Gipfel mit der großartigen Aussicht!

Die beiden so unterschiedlichen Fotos auf diesen Seiten stehen in engem Zusammenhang.

Im Bild unten *befinden wir uns bei der Gipfelkapelle auf dem Col di Lana. Im Türmchen der Kapelle hängen zwei Glocken, ihr Klang grüßt die Marmolada.*

Das Bild rechts *zeigt eine große Dolomitenlandschaft, geprägt von einem »Traumberg«: von der zu zwei riesigen Flügeln ausgebreiteten Civetta mit ihrer Nordwestwand. Die gedankliche Verbindung von einem Motiv zum anderen wurzelt in der Kapelle auf dem Col di Lana und in der italienischen Krieger-Ehrenstätte unten am Torrente Cordevole, im »Saccrario Militare pian dei Salisei«.*
Italien hat in diesem Ehrengrab 5404 im Dolomitenkrieg gefallene Alpini-Soldaten, auch die Kämpfer am Col di Lana, beigesetzt. Die Blutopfer damals in der Zeit von Mai 1915 bis Anfang November 1917, der Dauer des Dolomitenkrieges, waren für Italien besonders am Col di Lana ungeheuerlich.

»Ai Gloriosi Caduti per la Patria.«
»Den für das Vaterland glorreich Gefallenen.«
(Inschrift in der Friedhofskapelle)

Das Gadertal

Die Dolomiteneinteilung bestimmt das Gadertal als Grenzlinie zwischen Westlichen und Östlichen Dolomiten. In diesem Buch gehört das Kapitel »Gadertal« deshalb zu den Östlichen Dolomiten, weil es mit dem weitaus größten und wichtigsten Seitental, dem Enneberger Tal, in diesen Dolomitenraum ausgreift. Das Gadertal ist nach Gröden, Fassa und Buchenstein das nun letzte ladinische Dolomitental.

Aus der Sicht von Norden zu den Dolomiten kommt dem Gadertal große Bedeutung zu. Die Bedeutung liegt darin, daß es wie kein anderes nordseitiges Tal die zentrale Dolomitenwelt aufschließt, die Pustertaler Verkehrsschiene über das Grödner Joch mit Gröden und Fassa und über den Campolongo- und Valparolapaß mit den südlichen Dolomiten verbindet. Die Luftlinie, gezogen vom Taleingang bei St. Lorenzen (810 m) im Pustertal, westlich von Bruneck, nach Süden zum Talursprung am Campolongopaß (1875 m) oberhalb von Corvara beträgt 30 Kilometer, die Straßenlänge etwa 36 Kilometer, der Höhenunterschied rund 1000 Meter.

Talbach ist die Gader. Seitentäler tief hinein und hoch hinauf in das Gebirge leiten der Gader die Quellwasser aus der Puez-Gruppe, von der Sella, der Fanes-Kreuzkofel-Gruppe und der Sennes zu. Nach schweren Regenfällen führt die Gader ungestümes Hochwasser auf mehrere Tage! Der Baubeginn der Gadertalstraße erfolgte 1885, die Eröffnung 1892. Vorher wurde die etwa 12 Kilometer lange Schlucht zwischen dem Talanfang und der ersten größeren Talweitung bei Piccolein mit einem Karrenweg von oben über Maria Saalen umgangen. Ausschlaggebend für den Bau waren neben wirtschaftlichen auch militärische Überlegungen, denn eine mögliche Dolomitenfront gegen Italien setzte die Straße durch das Gadertal voraus.

»Den Straßenbau besorgten Pioniere des Heeres, deren Arbeit ja nichts kostete, während die Ausgaben für Werkzeuge, Material zum Sprengen und der Brückenbau zu je einem Drittel vom Staat, dem Land und den interessierten Gemeinden aufgebracht wer-

Bild oben: *Das Gadertal und der Gaderbach bei St. Martin i. Thurn.*

Bild links: *Das alte Stern, die Kirche und der frühere Edelsitz Rubatsch. Der Bergwald dahinter stößt an den Sass Songher (links) und an die Felsentreppe hinauf zur Gardenatscha, zum Hochplateau der Puez-Gruppe.*

Bild rechts: *St. Leonhard, ein hübsches Dorf unter gelbroten Dolomiten, ist auf der Zufahrt von St. Lorenzen durch das Gadertal der erste und unerwartet großzügige Willkommensgruß von Hochabtei.*
Die Landschaft: die gewaltige Steinmauer von der Neunerspitze (links) über den dominierenden Heiligkreuzkofel zur La Varella (rechts), das gepflegte Bergbauernland, öffnet Herz und Sinne für »Alta Badia«, für Hochabtei.

den mußten. Mit 3 ½ Metern hatte die Straße durch die Schlucht die damals übliche Breite einer Fahrstraße.« (Gunther Langes, »Ladinien, Land der Dolomiten«)
Das Jahr 1915 brachte die Dolomitenfront und damit für die Gadertalstraße die erste Bewährungsprobe. Diese mehr oder weniger gut gelungene erste Trasse war mit gelegentlichen Verbesserungen der Verkehrsträger bis in die fünfziger Jahre des 20. Jahrhunderts. Jahrzehnte, in denen die Straße gefährlich und völlig unzureichend blieb, für die Wasser des Gaderbaches des öfteren ein willkommenes Objekt, um die Macht der Natur gegenüber schwachem Menschenwerk zu demonstrieren. Die endliche Generalsanierung erfolgte 1956. Die Unwetter im Jahre 1966 verwüsteten die Straße nochmals; besonders im unteren Abschnitt kann diese Bedrohung bei extremen Wetterverhältnissen auch heute möglich sein, deshalb der Plan, die Straße höher zu legen.

Das erste Seitental, das Enneberger Tal, mündet bei Zwischenwasser zur Gader. Nach Zwischenwasser drücken bewaldete Steilhänge das Gadertal wiederum schluchtartig zusammen, bis wir vor Piccolein (1115 m) in eine freundliche Talweitung hineinrollen und aus der letzten Kurve das erste Dolomitenbild überrascht: Die Nordmauer vor uns ist 1000 Meter hoher, fast senkrechter grauer Fels; er trägt die Neunerspitze (2967 m), die Zehnerspitze (3023 m) und den Heiligkreuzkofel (2908 m), die drei Hauptgipfel der Kreuzkofel-Gruppe. Piccolein, ein kleiner Ort an der Straße, ist weniger wichtig als das Kirchdorf St. Martin in Thurn (1127 m), etwas erhöht rechts am Hang, bewacht vom mittelalterlichen, gut instandgehaltenen Schloß Thurn.
St. Martin empfängt das Campilltal, eine ladinische Enklave unter den Puezbergen, und auch die Straße herab vom Würzjoch am Peitlerkofel (siehe Seite 14). In der Weiterfahrt talein zur Ortschaft Pederoa (dort Abzweigung zum Wengental) zwingt das Gadertal Straße und Bach nochmals zu enger Tuchfühlung, erst die Brücke zur Westseite der Gader befreit sie endgültig aus der Zwangsgemeinschaft zum Wasser. Der Gaderbach bleibt unten, mit einer Doppelschleife überwindet die Straße die bewaldete Steilstufe hinauf in die herrlich lichte Welt von Hochabtei.

57 Hochabtei: Pedratsches – Stern (La Villa)

Die Steilstufe an der Gaderbrücke (siehe Seite 137) trägt die Straße aus dem unteren in das obere Gadertal. In der Fahrt aus der Enge bereitet uns die Holztafel »Alta Badia Benvenutti – Willkommen Hochabtei« auf die neue Landschaft, auf Hochabtei vor, ein neuer Begriff, von dem wir erfahren wollen, was er bedeutet.

»Aptai wird erstmals 1325 im deutschen Urbar des Sonnenburger Klosters erwähnt. Dieses Urbar zählt in Abtei 73 Höfe auf, die fruchtbarsten und ertragsreichsten des Gerichts. Bis in unsere Zeit herauf wurde es sowohl mit dem Namen Abtei als auch mit dem ladinischen Badia bezeichnet. Beide Namen dürften wohl daher kommen, daß das Gebiet im Besitze bzw. unter der Herrschaft des Klosters Sonnenburg stand. Abtei umfaßt also das Gebiet der heutigen gleichnamigen Gemeinde mit den Fraktionen Pedratsches, St. Leonhard, Stern (lad. La Villa) und St. Kassian.« (Gunther Langes, »Ladinien, Land der Dolomiten«)

Pedratsches (1330 m), Sitz der politischen Gemeinde Abtei oder Badia, empfängt uns als erste Ortschaft von Hochabtei, aber interessanter als diese an der Hauptstraße aufgereihte Ansiedlung ist das Dorf links am Hang, St. Leonhard (1371 m, siehe Bild Seite 137), das zur Straße herübergrüßt. Das Dorf, hineingesetzt in sanfte Almwiesen zum Bergwald, im Mittelpunkt die Kirche, verstreute Einzelhöfe der Bergbauern, darüber die mächtige, gelbrot gefärbte, hohe nordwestseitige Felsenmauer der Kreuzkofel-Gruppe: Dieses ungemein harmonische Bild demonstriert so recht »Hochabtei« – uraltes, ladinisches Bergbauernland.

Die Reisewelle nach 1960 hat im Abteital viel Neues entstehen lassen. »Alta Badia« stieg auf zu einer fast internationalen Ferienregion im Sommer und im Winter. Davon profitiert dem Anschein nach auch der Bergbauer. Die gepflegten Höfe geben Zeugnis von gutem Auskommen, begründet in Generationenfleiß für Haus und Vieh, für Feld, Wiese und Wald und heute aufgestockt vom Ertrag aus dem Fremdenverkehr. Pedratsches verwaltet die Gemeinde, aber Stern (1387 m, ital. La Villa), etwa 3 Kilometer talauf, gilt unbestritten als Zentrum.

Zum Kessel von Stern mündet von Südost das Tal von St. Kassian und von Südwest das Corvaratal. Das alte Stern liegt oben am ostseitigen Hang, die Kirche und der frühere Edelsitz Rubatsch, ein wuchtiger Vierkantwürfel aus dem 16. Jahrhundert, bewahren die Vergangenheit. Gegenwart und Zukunft pulsieren ungemein lebhaft im »Neudorf« an der Hauptstraße, darüber der Hausberg, der 2077 Meter hohe Piz La Villa.

58 Der Heiligkreuzkofel, seine Wallfahrt und sein Hospiz

Bild Seite 138: *Wo wir auch in Hochabtei verweilen, überall ist es schön. Der Frühling grünt die Wiesen, der Frühsommer haucht ein zartes Gelb darüber, oben am Heiligkreuzkofel klebt der letzte Winterschnee.*
Vor uns die Ortschaft Stern (La Villa).

Bilder links und unten: *Die Wallfahrt zum »Heilig Kreuz« unter dem Kofel, der es beschützt, ist fast eine Pflicht für die Sommergäste von Hochabtei.*
Der Heiligkreuzkofel steht dem Kirchlein und seinem Hospiz so nah, daß er kein Felsengeheimnis verbergen kann.

Für die Wallfahrt zum Heiligkreuz kehren wir nach St. Leonhard (1371 m) zurück und steigen dort in den Sessellift zur Bergstation in 1840 Meter Höhe. Näher an Heiligkreuz darf die Bergstation nicht sein, denn zu jeder Wallfahrt gehört die vorherige Läuterung, das Gebet auf den Stationen des Kreuzweges zum Gnadenort.
Das Wallfahrtskirchlein Heiligkreuz steht »himmelnah« – 2045 Meter – auf einer Rasenterrasse unter dem gewaltigen, gelbschwarz gestriemten Dolomitfels des Heiligkreuzkofels, mit dem der Berg westseitig nach Hochabtei senkrecht abbricht. Dieser Standort hebt Heiligkreuz weit über jede noch so bußfertige Talwallfahrt hinaus, ob sie deshalb auch gnadenreicher ist – wer mag darauf die Antwort wissen? Der Ursprung von Kirche und Wallfahrt liegt im Dunkel der Jahre 1000 n. Chr. Urkundlich wird Heiligkreuz 1485 erstmals genannt; die heutige Kirche stammt aus der Zeit von 1776 bis 1778.
Ein Spötter, noch dazu ein Geistlicher, sagte einmal: »Zu jeder richtigen Wallfahrt gehören drei Dinge: ein zweifelhaftes Wunder, ein anständiges Wirtshaus und ein laxer Beichtvater!« Wunder? Wunder kann man herbeibeten, wenn man nur fest daran glaubt – Weisheit aus Volksmund –, und Heiligkreuz wird im Laufe der Jahrhunderte gewiß welche aufzuweisen haben. Das Wirtshaus steht nebenan, »Fabricata anno 1718«, so verkündet eine Inschrift an der Giebelfront des soliden, zweistöckig gebauten Hauses. Der laxe (= nachsichtige) Beichtvater war wichtig, damit die Bußgebete die Stärkung des Leibes nicht über Gebühr hinauszögerten, denn »essen und trinken hält Leib und Seele zusammen«! Fürwahr auch heute zu jeder Wallfahrt ein gültiger, auch von der Geistlichkeit verstandener Spruch.
Das Hospiz Heiligkreuz ist aber nicht nur Pilgerherberge, es unterstützt auch die sehr lohnende Tour zum Kreuzkofel. Ein teilweise gesicherter, wenig schwieriger Steig quert diagonal die Westflanke hinauf zur Kreuzkofelscharte (2609 m); der Schlußaufstieg erfolgt über die Hochfläche, die nach Kleinfanes zu absinkt, Wanderzeit etwa 3 Stunden. Vom Gipfel, 2908 Meter, schauen wir senkrecht über 900 Meter tief hinab auf die Dächer von Kirchlein und Hospiz Heiligkreuz, in die Weite der Östlichen und Westlichen Dolomiten und zu den Zentralalpen im Norden.

Bild links: *Die Pfarrkirche zum Hl. Vigilius in Colfuschg am Nordrand des Sella-Massivs. Die Cima Pisciadù dahinter ist 2985 Meter hoch.*

Bild rechts: *Alte ladinische Bauweise am Hang, das Wohnhaus gemauert, mehr hoch als breit, immer separat von Scheune und Stall: der Weiler Costa nahe bei Colfuschg.*

Bild unten: *Wir können uns vorstellen, am Weg zu wandern bis hinein in das Dorf. Realität ist jedoch die Straße, die nur wenige Meter entfernt vom Valparolapaß herabkommt und auf St. Kassian zuläuft. Links die Gardenatscha, der Ostrand der Puezberge, rechts der Peitlerkofel.*

59 Corvara und Colfuschg

Große Landschaften und Täler leben von einem pulsierenden Mittelpunkt, von einem »Herzen«, von dem alles ausgeht und auch zurückflutet: In Corvara (1520 m) schlägt das Herz des Gadertales. Dazu gehört auch Colfuschg, das fast unmittelbar anschließt. In Corvara gabelt sich die Gadertalstraße, die Taläste zum Campolongopaß (1875 m) und zum Grödner Joch (2137 m) umarmen die »Gralsburg Ladiniens«, die Sella.
Corvara – der deutsche, wenig gebrauchte Name Kurfar erinnert an die österreichische Vergangenheit – ist Sitz der Gemeinde Ladinia, die den Kessel hinauf zum Grödner Joch und zum Campolongopaß ausfüllt und an die Talschaften von Gröden und von Livinallongo grenzt.
Im Winter herrscht im Becken von Corvara Hochbetrieb, ein Urlaubsplatz erster Ordnung, ein perfektes Zentrum für den Skisport! Der Sommer, ausgenommen der August, bleibt ruhiger, die Ski-Enthusiasten sind auch in den Dolomiten zahlreicher als die Wanderer. Der 2665 Meter hohe Sass Songher ist noch vor der Sella das dolomitische Wahrzeichen der Talschaft. Als Eckpfeiler der Puez-Gruppe steht er in freier Position auf der nördlichen Talseite: Zum Sass Songher schaut jedermann auf, egal von welcher Seite er nach Corvara kommt.
Colfuschg (1615 m) liegt an der Straße zum Grödner Joch auf südseitigen Hängen herab von den Puezbergen; den Urkunden nach (erste Erwähnung 1153) ist es älter als Corvara. Für Colfuschg gilt die Sella als dolomitisches Aushängeschild, zum Ort mündet das Val de Mesdi, das Mittagstal, und lockt mit dem »Fußweg« hinauf zum Piz Boè. Mit 3152 Meter Höhe ist er der Hauptgipfel, der touristisch wichtigste Punkt in der Sella-Gruppe.

60 St. Kassian – Armentarola – Valparolapaß

Zu Alta Badia, zur Gemeinde Abtei, zählt auch das Seitental von St. Kassian, das herab vom Valparolapaß bei Stern (La Villa) in das Gadertal mündet; knapp 4 Kilometer von Stern entfernt liegt dort drinnen das Dorf St. Kassian (1537 m). Über Jahrhunderte einsam, nur eine bessere Viehalpe mit einigen Schwaigen, wertete erst der Kirchenbau in den Jahren 1762/63 das Tal etwas auf. Im 19. Jahrhundert kamen neugierige Geologen und entdeckten in bestimmten Schichtfolgen, den nachgenannten »Kassianer Schichten«, einen ungewöhnlichen Reichtum an versteinerten Fossilien; zumindest in der Alpen-Geologie war St. Kassian seitdem bekannt. Leben brachte dann der Dolomitenkrieg (1915–1917): St. Kassian wurde Etappe der österreichischen Front am Valparolapaß. Heute ist St. Kassian ein blühender Ferienort für Sommer und Winter, das Kirchlein zum hl. Kassian hat Mühe, sich zu behaupten. Der Skizirkus rotiert auf den Wiesenhängen der Pralongia westlich vom Ort, die Dolomiten rahmen das Tal im Osten. Die gestreckte, geschlossene Felsenmauer von La Varella (3055 m) und Cunturinesspitze (3064 m) schenkt St. Kassian und Armentarola, dem inneren Talgrund, den großartigen dolomitischen Rahmen. Die herrliche Straßentrasse aus Armentarola hinauf zum Valparolapaß (2192 m) unterstreicht: Die Fahrt durch das Tal von St. Kassian – ab Stern 14 Kilometer – hinauf zum Valparolapaß gehört zu jeder großräumig angelegten Dolomitenreise!

Bild links: *Das österreichische Kriegsfort »Tra i Sassi« am Valparolapaß stammt aus dem 19. Jahrhundert und sollte den schmalen Durchlaß zwischen Kleinem Lagazuoi und Hexenstein sperren.*
Rechts der Hexenstein, im Hintergrund der Averau schon jenseits des Falzaregopasses, der vom Fort nur 1,5 Kilometer entfernt ist.

Bild unten: *Der Valparolapaß, ein 2192 Meter hoher Übergang, verbindet das Gadertal mit dem Falzaregopaß.*
Die nördliche Straßenrampe herauf von Armentarola berührt fast die Cunturinesspitze, im Blick von der Paßhöhe beeindruckt die sehr steile, geschlossene Südwand.

Touristik-Informationen

Buchenstein – Livinallongo del Col di Lana

Das Gadertal

Alle Orte, Touristenstützpunkte, offizielle Parkplätze, Hütten, Gast- und Schutzhäuser, Pässe, Scharten und Jöcher werden in der Reihenfolge aufgeführt, wie sie dem Auto- und Wandertouristen in den oben genannten Kapiteln und den dazugehörigen Artikeln begegnen.

Talorte

Arabba 1605 m, im Hochtal des Cordevole, am Südostfuß der Sella-Gruppe. Kirchdorf, verkehrsmäßig sehr günstig gelegen zwischen Pordoijoch und Falzaregopaß und an der Auffahrt zum Campolongopaß. Provinz Belluno. Aufstrebender Ferienort für Sommer und Winter.

Pieve di Livinallongo 1465 m, Kirchdorf und Gemeindesitz, Hauptort von Buchenstein (Livinallongo), am Fuße des Col di Lana, an der Westauffahrt zum Falzaregopaß. Provinz Belluno.

Andraz 1392 m, Kirchdorf, an der Westauffahrt zum Falzaregopaß. Provinz Belluno.

Castello 1747 m, Weiler (Bergbauern) links der Auffahrt von Andraz zum Falzaregopaß. Dort die Ruine von Schloß Buchenstein.

Pedratsches/Pedraces 1330 m, im oberen Gadertal = Hochabtei. Gemeindeort, Provinz Bozen.

St. Leonhard/San Leonardo 1371 m, im oberen Gadertal = Hochabtei, Pedratsches jenseits der Gader benachbart. Provinz Bozen. Beliebter Ort für Sommer- und Winterferien.

Stern/La Villa 1387 m, in einer Weitung des Gadertales, an der Verzweigung nach Corvara und St. Kassian. Touristischer Hauptort von Hochabtei. Provinz Bozen.

Corvara in Badia 1520 m, im Hochbecken des Gadertales, am Nordostfuß der Sella-Gruppe. Kirchdorf und Gemeindesitz. Provinz Bozen. Großes Touristenzentrum für Sommer und Winter. Straßengabel zum Grödner Joch und zum Campolongopaß.

Colfuschg/Colfosco 1615 m, benachbart von Corvara, an der Westauffahrt zum Grödner Joch. Beliebter Ort für Sommer- und Winterferien.

St. Kassian/San Cassiano 1537 m, Mittelpunkt des Kassianer Tales, an der Auffahrt zum Valparolapaß. Provinz Bozen. Beliebter Ort für Sommer- und Winterurlaub.

Armentarola 1630 m, im Tal von St. Kassian, Hotelsiedlung an der Auffahrt zum Valparolapaß.

Touristenstützpunkte

Für den Sommertourismus wichtige offizielle Parkplätze, Hütten, Gast- und Schutzhäuser. Allgemeine Öffnungszeiten der Hütten von Ende Juni bis Ende September. (Club Alpino Italiano = CAI.)

Hospiz Heiligkreuz 2045 m, privat, in Hochabtei, am Westfuß des Heiligkreuzkofel. Zugang mit Sessellift von St. Leonhard. Stützpunkt für den Heiligkreuzkofel.

Gardenacciahütte 2050 m, privat, am Westrand der Gardenatscha-Hochfläche (Puez-Gruppe). Zugang von Stern. Stützpunkt für Wanderungen und Bergtouren in der Puez-Gruppe.

Edelweißhütte 1700 m, privat, oberhalb von Colfuschg. Zugang von Colfuschg. Stützpunkt für Wanderungen in die Puez-Gruppe.

Puezhütte 2475 m, siehe Seite 54.

Pisciadùhütte 2583 m, siehe Seite 54.

Rifugio Cherz 2100 m, am Hochplateau von Cherz. Zugang vom Campolongopaß. Stützpunkt für Wanderungen auf der Cherz- und Pralongia-Hochfläche. Übergang zum Rifugio Pralongia.

Rifugio Pralongia 2139 m, auf der Pralongia-Hochfläche. Zugang von Corvara, vom Campolongopaß, von St. Kassian.

Rifugio Porta Vescovo 2478 m, siehe Seite 96.

Capanna Alpina 1726 m, am Plan d'Ega, Großparkplatz, Zufahrt von Armentarola, aus dem Tal von St. Kassian. Stützpunkt für Wanderungen und Bergtouren nach Großfanes, zu den Fanisspitzen und zum Kleinen Lagazuoi.

Pässe, Scharten, Jöcher

Straßenpässe und für den Wandertourismus wichtige Übergänge.

Campolongopaß 1875 m, Straßenpaß südseits der Sella zwischen Corvara und Arabba.

Passo di Valparola 2192 m, Straßenpaß in der Auffahrt von St. Kassian nordwestlich vor dem Falzaregopaß.

Kreuzkofelscharte 2609 m, am Heiligkreuzkofel, im Aufstieg vom Hospiz Heiligkreuz.

La-Varella-Sattel 2591 m, zwischen Kreuzkofel und La Varella. Übergang zwischen Hochabtei und Fanes-Alpe.

Col Loggia 2069 m, zwischen Cunturinesspitzen und Fanisspitzen. Übergang vom Plan d'Ega nach Großfanes.

Siefsattel 2209 m, nördlich vom Col di Lana. Übergang zwischen Pralongia, Col di Lana, Castello und Valparolapaß.

Ciampaijoch 2388 m, oberhalb von Colfuschg. Übergang von Colfuschg zur Puezhütte.

Forcella Sassongher 2435 m, am Sassongher, im Aufstieg von Colfuschg zum Sassongher.

Wandervorschläge

Einfache Wanderungen:

Von St. Leonhard zu Wallfahrtskirche und Hospiz Heiligkreuz.

Wanderungen zur Pralongia, von Stern, Corvara und St. Kassian.

Vom Campolongopaß zum Rifugio Cherz (siehe Seite 133).

Von Stern zur Gardenacciahütte in der Puez-Gruppe.

Von Colfuschg zur Puezhütte.

Von Plan d'Ega nach Großfanes.

Anspruchsvolle Wanderungen:

Von Stern über den Varellasattel nach Kleinfanes.

Von Stern über die Gardenacciahütte zur Puezhütte.

Empfehlenswerte Gipfeltouren

Col di Lana 2462 m, vom Valparolapaß, von Castello oder von Pieve de Livinallongo.

Heiligkreuzkofel 2908 m, vom Hospiz Heiligkreuz über die Kreuzkofelscharte.

La Varella 3055 m, von Stern über die Varellascharte, Übergang zur Cunturinesspitze, 3064 m, möglich.

Piz Boè 3152 m, vom Campolongopaß.

Sassongher 2665 m, von Colfuschg über die Forc. Sassongher.

Klettersteige

Ferrata delle Trinceè, siehe Seite 96.

Pisciadù-Klettersteig, siehe Seite 54.

Seilbahnen und Lifte

Für den Sommertourismus wichtige Bergbahnen und Lifte.

Belvedere-Seilbahn, Talstation Arabba 1605 m – Bergstation Belvedere 2478 m an der Porta Vescovo.

Heiligkreuzkofel-Sessellift, Talstation St. Leonhard 1371 m – Bergstation Heiligkreuzkofel 1840 m.

Piz La Ila–Seilbahn, Talstation Stern 1387 m – Bergstation Piz La Villa 2077 m.

Boè-Seilbahn, Talstation Corvara 1520 m – Bergstation Boè 2198 m.

Sessellift Col Pradat, Talstation Colfuschg 1615 m – Bergstation Cap. Pradat 2038 m.

Campingplätze

Camping Col di Lana 1526 m, bei Andraz.

Camping Sass Dlacia 1663 m, bei Armentarola im Tal von St. Kassian.

Camping Corvara 1520 m, zwischen Corvara und Colfuschg.

Wanderkarten

Die wichtigsten, im Handel erhältlichen Wanderkarten, auch einschlägige Karten italienischer Verlage in italienisch/deutscher Kartierung.

Kompass Wanderkarte 1 : 50 000, Blatt 59, »Sellagruppe – Marmolada«.

Freytag & Berndt Wanderkarte 1 : 50 000, Blatt S 5, »Cortina d'Ampezzo, Marmolada, St. Ulrich/Ortisei«.

Tabacco Topographische Wanderkarte 1 : 25 000, Blatt 07, »Alta Badia/Hochabtei, Livinallongo«.

Geografica Wanderkarte 1 : 25 000, Blatt 5, »Le Odle, Val Badia/Abtei«. Blatt 6, »Marmolada/Sellagruppe«.

Vom Ursprung her ist die noch unberührte Natur nicht immer auch ein Park. Erst die behutsame Inbesitznahme durch den Menschen – nur auf das zum Leben Notwendige beschränkt – schuf über Generationen hinweg auf Fanes und Sennes das Paradies, das wir heute mit Recht als »Naturpark« schützen, keine weiteren Eingriffe erlauben und so für spätere Generationen bewahren.

Bilder unten und rechts: *Wasser, ob Bach, kleiner See oder auch nur eine Lacke, ist auf Kleinfanes fast überall gegenwärtig.*
Der Bach (kleines Bild) *kommt herab vom Grünsee, hüpft über Steinschwellen und mündet in das flache Wasser, das zu einem kleinen See ausufert* (großes Bild). *Darüber die Antonispitze, rechts die Eisengabelspitze.*

Naturpark Fanes und Sennes

Die Pragser und die Enneberger Dolomiten, die Kreuzkofel-Fanes-Gruppe und zudem die kleine Versammlung der Fanisspitzen füllen den nördlichen Dolomitenraum: das Gebiet vom Tofane-Massiv hinaus zum Pustertal, seitlich begrenzt vom Gadertal im Westen und vom Höhlensteintal im Osten.
Diese ausgedehnte Bergwelt besitzt außer der Hohen Gaisl (3148 m) keinen herausragenden, allseits bekannten Dolomiten-Dreitausender und auch kein spektakuläres Touristenzentrum. Die noch weithin kaum berührte Natur wird aus dem Talbecken von St. Vigil und vom Pragser Tal seit Jahrhunderten nur von der Almwirtschaft genützt. Keine Seilbahn und auch kein Lift spannen ein Drahtseil zu und über die weitläufigen Sommerparadiese für Rind und Roß.
Fanes – Sennes – Plätzwiese, sie bleiben dank dem Naturpark-Status auch ein Paradies für Bergwanderer und für Bergsteiger, die stille Wege und einsame Gipfel zu schätzen wissen.
Im Jahre 1980 hat die »Autonome Provinz Bozen Südtirol« mit dem Dekret vom 4. März den Naturpark Fanes – Sennes – Prags proklamiert. »Er umfaßt ein an Naturschönheiten überaus reiches und noch weitgehend unberührtes Gebiet. Der Park dient dem Naturschutz, der Umwelterziehung, der wissenschaftlichen Forschung und der Erholung« – so heißt es in der Präambel.
Das Enneberger Tal, das wir aufsuchen wollen, führt uns zur Bergwelt von Fanes und Sennes, den Pragser Anteil dieses Naturparks schildert das Kapitel »Pragser Tal« (Seite 154). Die Berge, Wälder, Wiesen und Almen, das Wasser, die Bäche und kleinen Seen, die Überfülle an Naturschönheit im Bereich der Kreuzkofel-Gruppe, von Kleinfanes und Großfanes, der Sennes Alpe mit Monte Sella di Sennes und Seekofel galt es zu schützen, den Gebrauch und Verbrauch der Landschaft mit Geboten und Verboten zu regeln. An den Grenzen des Naturparks weisen anschauliche Tafeln auf die Schutzzone und deren geographische Ausdehnung hin, außerdem teilen sie uns die wichtigsten Regeln der Parkordnung mit, die wir beachten sollten.

61 St. Vigil in Enneberg

Die Gadertalstraße erreicht bei Zwischenwasser nach knapp 10 Kilometern ab St. Lorenzen (nahe Bruneck) die Einfahrt in das Enneberger Tal nach St. Vigil. In der Gaderschlucht fühlen wir uns fast eingesperrt, um so mehr überrascht und erfreut nach nur kurzer Fahrt die herrlich aufbereitete, heitere Berglandschaft von St. Vigil.
Wo kann es für einen erholsamen Sommerurlaub noch schöner sein? So möchten wir meinen, wenn wir die Talschaft in gesunder Meereshöhe von 1200 Metern betrachten. Das stattliche Dorf besitzt mit der dem hl. Vigilius geweihten Kirche ein Barockjuwel unter den sakralen Bauten Ladiniens, würdig der prächtigen Umgebung. Die Bevölkerung ist alteingesessen ladinisch und nennt ihr Dorf Al Plan de Marèo, der italienische Staat Pieve di Marebbe. Enneberg, der deutsche Name, ist sehr alt und bedeutet »jenseits des Berges«. Er gilt nicht nur für St. Vigil, sondern für Berg und Tal im Umkreis bis hinauf zum gleichnamigen Kirchdorf unter dem Furkelsattel, die Urpfarre der ganzen Gegend. Der Name stammt aus jener Zeit in der ersten Hälfte des zweiten Jahrtausends, als das Frauenkloster Sonnenburg draußen im Pustertal die Herrschaft besaß, und aus Sicht dieser sehr streitbaren Frauen waren Tal und Volk »jenseits des Berges«.
St. Vigil hat zweimal Saison, im Sommer und im Winter. Der Ort ist dem Lift- und Seilbahnverbund am Kronplatz angeschlossen, der die Wintergäste anlockt. Die Sommergäste können darauf verzichten, denn gute Straßen führen zu Bergbauern-Einöden weit hinein ins Gebirge, zu Standorten, von denen anspruchsvolle Tageswanderungen möglich sind. Auch der Bergsteiger findet Gipfelziele genug, die seinen Ehrgeiz befriedigen.

Bild rechts oben: *Der Vigilbach kommt heraus von Pederù, verweilt kurz im Kreidesee und legt im Abfluß vom See in einer Gefällstufe etwas an Tempo zu.*

Bild rechts unten: *Das Rautal hat im flachen grünen Boden von Pederù seinen Ursprung. Vom Rifugio Pederù ziehen schmale, steile Sandstraßen (für den öffentlichen Verkehr gesperrt) zur Höhe nach Kleinfanes und Sennes. Links oben der Monte Sella di Sennes, der höchste Punkte der Sennes-Alpe.*

Bild unten: *Von Südwesten bricht in wenigen Minuten ein Gewitter über das Talbecken von St. Vigil herein und löscht für kurze Zeit den Liebreiz der Landschaft aus. Links oben der Monte Sella di Vigil, der Leitgipfel hinein zum Rautal.*

62 Das Rautal und Pederù

Das Rautal ist die natürliche Fortsetzung des Enneberger Tales nach Südwesten zum Talschluß von Pederù. Von St. Vigil fahren wir in das weit offene Tal, der Monte Sella di Vigil, ein spitzer, 2673 Meter hoher Berg und dolomitisches Aushängeschild von Enneberg, zeigt die Richtung. Am Eingang fließt uns der Vigilbach entgegen, in dem mit Nadelgehölz dicht bestandenen Boden verlieren wir ihn kurzzeitig aus den Augen. Die Straße steigt kaum merkbar an und berührt nach 3 Kilometern ab St. Vigil den Kreidesee (1282 m), einen kleinen, waldumstandenen Lago, mit dem Hotel-Ristorante Chalet dla Creda ein bekannter und beliebter Ausflugsort im Rautal. Zum Kreidesee rückt das Gebirge nahe heran, das schmale Krippestal mündet mit

einem Wasserfall schluchtartig ein: Der markierte Steig einige hundert Meter höher in das weite Hochtal zu den Krippes-Almen ist ein vom Tourismus gerne angenommener Vigiler Wandertip.

Ab Kreidesee das Rautal einwärts läuft die Straße auf magerem Schotterboden, aufgeschüttet von Sand und Geröll der beidseitigen Bergflanken, zur Alpe Tamers (1436 m). Auf diesem grünen Wiesenplan soll im Jahre 1487 eine Schlacht zwischen den Ennebergern und venetianischen Eindringlingen aus dem Cadore stattgefunden haben. Nach Tamers bereitet uns das vielarmige Schotterbett des Vigilbaches auf den Talschluß beim Rifugio Pederù vor, ab St. Vigil 11 Kilometer dorthin.

Pederù (1545 m), eine fast ebene Fläche mit dünner Grasnarbe, Krummholz und hohen Bergen rundum, setzt der bequemen Welt eine Schranke: Weiter nach Fanes oder Sennes geht es nur noch zu Fuß oder mit Taxi-Jeep. Im Dolomitenkrieg 1915–1917 war Pederù für die Österreicher ein wichtiger Platz, die Versorgungsstation für die Front oben in den Fanes- und Sennesbergen.

Bild unten und rechts: *Die Sandstraße herauf von Pederù berührt die Kleinfaneshütte und mit einer im Bild deutlichen Abzweigung davor auch das Rifugio La Varella am Grünsee* (Bild rechts). *Diese beiden Hütten bilden den Mittelpunkt von Kleinfanes.*

Wer in dieser herrlichen Bergwelt wandern will, darf viel erwarten: Spazierwege über graue Kalkstufen bis zur Vegetationsgrenze, hinein in die hohe Steinschüssel unter dem Gipfelkranz fast 3000 Meter hoher Berge, Ziele für den Bergsteiger, der aus hoher Warte den Naturpark Fanes überschauen will.

Im Bild unten *die Antonispitze (links) und die Eisengabelspitze.*

Bild rechts unten: *Von Kleinfanes über das Limojoch, vorbei am Limosee, wandern wir hinüber nach Großfanes. Der Name verrät einen noch größeren Spielraum zum Wandern und Bergsteigen, vielleicht hinauf zu Castello, Casale und Cavallo im Hintergrund in Bildmitte.*

63 Kleinfanes und Großfanes

Fanes und Sennes, diese jedem Südtirol- und Dolomitenfreund geläufigen Namen sind von St. Vigil aus die großen Wanderziele. Pederù (1545 m) im Rautal ist Ausgangsort hierhin wie dorthin und deshalb der allgemeine Sammelplatz vor dem Weg zum Gebirge. Die Aufstiegsmühe übernehmen Taxi-Jeeps, und wer den Tag weniger im Aufstieg, vielmehr im Bummeln über die Almen oder auf einem Gipfel voll auskosten möchte, sollte diese Möglichkeit wahrnehmen: Erst oben, 500 Meter höher, rücken die Berge auseinander, fließen blanke Wasser über die Schwelle von grauem Jurakalk in die nächst tiefere Steinwanne. Der sattgrüne Teppich der Almwiesen, waagrechte, mit Zirbelkiefern besetzte Dolomitbänke stapeln das Gelände in schmalen Terrassen behutsam höher zu den Sockeln der Berge rund um Fanes.

Die Alpe Kleinfanes ist ein grüner, an fließendem und ruhendem Wasser reiches Becken in wenig über 2000 Meter Meereshöhe, offen nach Osten, hinab nach Pederù. Die Kreuzkofel-Gruppe schirmt Kleinfanes in einem Halbkreis mit bis zu 3000 Meter hohen Gipfeln gegen Nordwesten ab. Diesem Schutz und auch dem Wasser verdankt Kleinfanes das Blühen seiner Almen, und davon profitieren auch die beiden privaten Schutzhäuser, die Faneshütte (2060 m) und das Rifugio La Varella (2042 m).

Der Jeepverkehr läuft an der Faneshütte aus, ab Pederù 6 Kilometer. Der Tageswanderer findet Ziele in jeder Richtung. Möchte er hinüber nach Großfanes, folgt er der Straße zum Limojoch (2172 m). Über dem blanken Limosee findet er neue, reizvolle Berge, wenig später erreicht er den weiten Kessel von Großfanes, am Rande ein kleines Haus für die Almwirtschaft – das Sträßchen läuft im Bergab darauf zu. Auch auf Großfanes gibt es viel Wasser, viel Grün, viel Weidevieh und dazu eine Schar übermütiger Pferde in überraschend weitem Auslauf.

Bild rechts: *Die Alpe auf Fodara Vedla, 400 Meter über Pederù, ist die Schwelle zum Reich der Sennes.*
Hier ist gut sein! Das glauben wir sofort, wenn wir das Sommergrün und das Almdorf grüßen und gleich darauf auch das stattliche Wirtshaus, das Rifugio Fodara Vedla, inspizieren – wir möchten bleiben.

Bilder links und unten: *Impressionen aus Großfanes: Das Wasser, der Fanesbach, fließt nach Osten hinab in das Travenanzestal und mündet bei Peutelstein in den Torrente Boite, der Cortina d'Ampezzo zueilt.*
Der Baum, Lärche und Zirbe, und auch die blumige Grasnarbe müssen kämpfen mit Stein, Höhe und Klima: der Baum für einen weiteren Jahresring, die Wiese um den Erhalt der nur dünnen Humusschicht.

64 Fodara Vedla und Alpe Sennes

Wir parken in Pederù (1545 m), folgen aber nicht der Straße nach Kleinfanes, sondern den sehr steilen und engen Straßenkehren in dem schmalen Geländeeinschnitt hinauf nach Fodara Vedla. Beide Straßen (Sandstraßen) entstanden 1915/16, erzwungen vom Dolomitenkrieg, gebaut von russischen Kriegsgefangenen, die Österreich damals zu diesem Frondienst mit Schaufel und Pickel ausgerüstet hat.

Ab Pederù nach Fodara Vedla 3 Kilometer mit maximal 35% Steigung – nicht nur der Jeepfahrer, auch der Fußgänger ist froh, wenn die Almwirtschaft im sanften Gefälle zu einem flachen grünen Becken nur noch 500 Meter entfernt ist. Wir sehen eine Versammlung von Almhütten und den ansehnlichen Neubau eines Gasthauses, das private Rifugio Fodara Vedla (1972 m).

Fodara Vedla wird seit dem 15. Jahrhundert urkundlich genannt und war damals wegen der fruchtbaren Almen ein Zankapfel zwischen Enneberg und den Ampezzanern; letztere hatten von Süden aus dem Boitetal einen einfachen, leichten Zugang zur Alm (siehe Seite 158). Die Ampezzaner sollen damals mit dem Teufel im Bunde gewesen sein, das jedenfalls meint die Überlieferung, wenn sie berichtet:

»Vier Ampezzaner Männer sollen einen auf ihrem Grunde liegenden großen Felsblock in den Enneberger Grund tragen und dort, wo sie ihn fallen lassen müßten, wird dann die Weidegrenze zwischen Enneberg und Ampezzo sein. Die Ampezzaner begaben sich zu dem ungeheuren Felsblock, hoben ihn mit unglaublicher Leichtigkeit und trugen ihn weit in das Ennebergische hinein. Das ging nicht mit rechten Dingen zu, und eine Enneberger Sennerin rief voller Schrecken aus: ›Jesus, Maria! Sie nehmen uns die ganze Alm!‹ In diesem Augenblick fiel der Felsblock zu Boden und begrub die vier im Bunde mit dem Satan stehenden unter sich.« (Hermann Delago, »Dolomiten Wanderbuch«)

Der Landschaftscharakter – Almwiesen, krummholzbewachsene Buckel, die hohen Dolomitenberge in gutem Abstand – bleibt auch im Weg nach Sennes – 3 Kilometer Almstraße – erhalten. Das Gelände legt 100 Höhenmeter zu, und von einem Riegel aus sehen wir die Alm, eine weite, ebene Wiese, ein Hüttendorf und das Rifugio Sennes (2122 m) vor uns.

Am schönsten ist es auf Fodara Vedla und auf Sennes Anfang Juli, wenn die Bauern das Vieh aufgetrieben haben, die Almen grünen und blühen: wenn die Alm lebt! Um diese Zeit wandern auf der »Alta via Dolomiti« ⚠, herüber von der Seekofelhütte, die ersten Höhenweggeher, den Blick nach Fanes gerichtet, das sie am gleichen Tag noch erreichen wollen.

Bild oben: *Die Sennes-Alpe liegt etwa 150 Meter höher als Fodara Vedla, aber diese Differenz merken wir der Vegetation an – die Alm kommt zwei Wochen später, im Umkreis kein Baum, nur die Latsche wächst über Stein und Gras hinaus.*

Bild links: *Die grünen Wellen der Sennes-Alpe verebben am steilen Fels, am südwestseitigen Aufbau des Seekofels, der höchste Punkt auf dem langgestreckten Rücken trägt das Gipfelkreuz. Der Aufstieg zu ihm kommt von rechts, von der Seekofelhütte.*

65 Der Furkelsattel

Der Peitlerkofel (2874 m) ist im Raum der Westlichen Dolomiten der nördlichste Dolomitenberg. Im Bereich der Östlichen Dolomiten steht die Nordfront der Pragser Dolomiten, vom Piz da Peres (2507 m) über die Dreifingerspitze (2479 m) zum Hochalpenkopf (2542 m), an vorderster Stelle zum Pustertal. Der Furkelsattel – Meereshöhe 1759 Meter – zwischen Piz da Peres und Kronplatz darf deshalb den Anspruch erheben, der nördlichste Dolomitenpaß zu sein. Wie kommen wir zu ihm, und was hat er für eine Bedeutung?
Der Kronplatz, dieser 2277 Meter hohe Pustertaler Leitgipfel im Süden von Bruneck, aufgerichtet aus kristallinem Schiefer, ist ein idealer Skiberg mit Liften und Seilbahnen nach jeder Richtung, auch hinab zur Furkel. Die Totalerschließung für den Skisport zog den Ausbau der Straße von Enneberg im Westen und von Olang über Geiselsberg im Osten hinauf zum Paßeinschnitt nach sich: Seit den siebziger Jahren ist die Furkelstraße eine herrlich trassierte Ausflugsroute zwischen dem ladinischen Südtirol auf der Enneberger und dem deutschen Südtirol auf der Olanger Seite – von St. Vigil in Enneberg 8 Kilometer, von Olang im Pustertal 10 Kilometer zum Furkelsattel.
Bei den ladinischen Ennebergern heißt der Paß Ju Furcia, gleichnamig dazu der stattliche Alpengasthof am Paß. Der deutsche Name Furkel stammt augenscheinlich daher, weil der Paßscheitel (ital. Passo Furcia) eine Furche zwischen dem Piz da Peres auf der Südseite und dem Kronplatz auf der Nordseite zieht.
Wenn wir am Furkelsattel parken, wandern und Aussichtsfreuden genießen möchten, haben wir die Wahl zwischen dem Kronplatz und dem Piz da Peres. Der Kronplatz ist niedriger, in 1½ Stunden stehen wir auf seiner mit Rasen und Bodenwuchs gedeckten Kuppe, unter uns das Pustertal, am Nordhorizont ein glänzender Firnstreifen, die Kette der Zillertaler Alpen – eine zu Recht vielgerühmte Aussicht! Der Piz da Peres stockt mehr als 200 Meter auf, er ist der vorderste Dolomitengipfel, und deshalb übertrumpft die Aussicht von ihm den Kronplatz. Zum Piz da Peres gehen wir eine Stunde länger, aber dafür überschauen wir die Zentralalpen von den Hohen Tauern über die Zillertaler Alpen bis zu den Ötztaler Firnen. Der Dolomitenblick reicht von den Geislerspitzen über die Puezberge zur Sella, bewundert die Marmolada, grüßt die Pragser, Sextener und Ampezzaner Dolomiten. Der Piz da Peres und mit ihm der Furkelsattel könnten dieser Aussicht wegen der Anfang oder Schluß einer großen Dolomitenreise sein.

Spätherbst am Furkelsattel! Der Bergbauernhof liegt in etwa 1600 Meter Meereshöhe an der Ostrampe hinab nach Olang.

Das Pragser Tal

Zwischen Welsberg (1087 m) und Niederdorf (1154 m), dort, wo das Pustertal sich zum Hochpustertal weitet, zweigt von der Staatsstraße eine Seitenstraße durch eine Bahnunterführung nach rechts hinein in das Pragser Tal zu den Pragser Dolomiten. Prags ist landeskundlich ein sehr alter, für den Südtiroler Fremdenverkehr von heute ein werbeträchtiger Begriff. Zu Prags gehört der berühmte Wildsee, ein blanker Wasserspiegel, eingeschlossen von hohem Dolomitfels, den jeder Südtirolfreund irgendwann einmal sehen möchte.

Pragser Dolomiten heißt die Bergwelt, in deren Mitte der Wildsee ruht. Wir verstehen darunter den Raum zwischen dem Pustertal im Norden, dem Höhlensteintal im Osten und im Süden bis Peutelstein oberhalb von Cortina das Campo-Croce-Tal hinauf nach Fodara Vedla (siehe Seite 151), im Westen das Rautal nach Enneberg und der Furkelsattel. Die Pragser Dolomiten bewahren in weiten Bereichen noch Einsamkeit und Stille, für die benachbarte Prominenz, die Sextener und Ampezzaner Dolomiten, scheinen sie mehr oder weniger nur eine Hofmark zu sein. Die Parkplätze am Wildsee und an der Plätzwiese sind für den passionierten Bergwanderer günstige Ausgangsorte; verläßt er die bekannten Hauptrouten auf steilen Pfaden zu diesem oder jenem abseitigen Gipfel, darf er fast sicher sein, daß ihm niemand begegnet.

Die Einfahrt ab Staatsstraße erreicht nach 3 Kilometern die Straßengabel »An der Sag« (1206 m): Rechts über Schmieden und St. Veit zum Pragser Wildsee, ab Einfahrt 8 Kilometer, geradeaus weiter durch das Haupttal, das Pragser Tal, führt die gut ausgebaute Straße nach Bad Altprags, weiter zum Alpengasthof »Brückele« und schließlich zum Parkplatz vor der Plätzwiese – ab Einfahrt 12 Kilometer. Bei der günstigen Stelle an der Abzweigung steht ein kleines Blockhaus als offizielles Informationszentrum für Berg und Tal innerhalb der Gemeinde Prags. Als Mittelpunkt der Talschaft grüßen die bescheiden gebliebenen Dörfer Schmieden (1345 m, Gemeindesitz) und St. Veit (1342 m).

Der erste Eindruck, herangetragen vom grünen Talboden, von sanften Wiesen und hügeligem Wald, von einschichtigen Bauernhöfen am Hang, wirkt sogleich positiv. Haben wir das Pragser Tal ausgesucht als ruhigen, erholsamen Urlaubsplatz inmitten Südtiroler Bergbauernwelt mit Blick zu den Dolomiten, wird diese Erwartung erfüllt.

Das Wahrzeichen des Pragser Tales hinaus zum Pustertal, zur Gegend von Welsberg (kleines Bild), *ist der Dürrenstein.*
Hinab zum Wiesengrund von Altprags, noch bevor die Straße sich aufschwingt zur Plätzwiese, schickt der Dürrenstein, der von der Plätzwiese aus einfach zu besteigen ist, ganz offensichtlich keine Eintrittskarte. Wir freuen uns am Bild – so wollen wir die Dolomiten sehen!

Bild links: *Die Pfarrkirche St. Veit im Pragser Tal und in der Ausweitung hinein zum Wildsee weithin sichtbar, ist der gläubige Mittelpunkt der Talschaft. Links die Seekofel-Nordabstürze.*

Bilder unten und rechts: *Der Parkplatz vor dem Hotel am Pragser Wildsee hält jeglichen Verkehr auf: Der See gehört einigen Ruderbooten und Spaziergängern, die das klare Wasser auf einem passablen Weg in einer Stunde bequem umrunden können.*
Kräuselt kein Windhauch den See, ist er für den attraktiven Seekofel (Bild rechts) *und für den bescheideneren Hochalpenkopf* (Bild unten) *ein blanker Spiegel.*

66 Der Pragser Wildsee

Ein See in den Dolomiten, noch dazu, wenn das Volk früherer Zeiten für diesen Wasserspiegel den geheimnisvollen Namen Wildsee erfand, erregt Neugierde und schließlich den starken Wunsch, ihn zu besuchen. »Lange Zeit vor unserer Zeitrechnung war die stille Einöde des Grünwaldtales Schauplatz einer urgewaltigen Katastrophe. Gigantische Felstürme gerieten ins Wanken und stürzten in die Tiefe, riesige Steinlammern verlegten das Tal an seiner engsten Stelle. Als sich das Toben der Elemente legte, als sich die Tiere wieder scheu aus den Wäldern wagten, da hatten sich die Bergwasser hinter dem Felsriegel zu einem See gestaut; aus dem Sturz der Felsen war jener reine und tiefe Spiegel geboren, den wir heute den Wildsee von Prags nennen.« (Hanspaul Menara, »Südtiroler Bergseen«)

Das Becken, in dem der Wildsee ruht, liegt in 1496 Meter Meereshöhe, umrahmt von hochstämmigem, dunklem Baumbestand, dahinter die Berge, besonders auffallend die Seekofel-Nordwand; das Grünwaldtal, ein entlegenes Hochtal, mündet von Westen zum See. Die Literatur nennt nüchterne Daten: Länge 1,2 Kilometer, Breite 300 bis 400 Meter, die Tiefenangaben schwanken zwischen 35,7 und 45 Meter. Sie erzählt aber auch die Sage von der blinden Faneskönigin, die in der Sommer-Sonnwendnacht mit ihrer Tochter Luyánta über den See rudert und hofft, die versenkten Trompeten zu hören, die den Wiederaufstieg des Fanesreiches verkünden. Die Brixner Fürstbischöfe, die den See über Jahrhunderte hindurch ausfischen ließen, hatten nie eine Trompete im Netz – sie müssen noch im See liegen. Stehen wir in einer Mondnacht an dem ruhigen Wasser, begreifen wir in seinem Silbergefunkel den Ursprung dieser alten rätischen Sage.

Wenn wir wollen, können wir am See wohnen. Nicht in einem Gasthof oder auf einem Campingplatz, aber im renommierten Seehotel, einem prächtigen, in den Jahren 1897–1899 erbauten Haus aus grauem Naturstein. Den Spaziergang rund um den See (1 Stunde Gehzeit) werden wir dann in die Morgen- und Abendstunden verlegen, wenn die täglichen Besuchermassen noch im Anrollen oder schon bei der Heimfahrt sind und uns der See allein gehört.

67 Der Seekofel und seine Hütte

Am Pragser Wildsee schlägt das Herz der Pragser Dolomiten: Der Motortourismus parkt, der Wanderer nimmt Bergschuh und Rucksack, geht hinein in das Grünwaldtal, steigt hinauf zum Herrstein oder zum Großen Roßkofel, die meisten aber streben zur Seekofelhütte und zum Seekofel.

Der 2810 Meter hohe Seekofel ist nicht der höchste Berg in den Pragser Dolomiten – diesen Vorzug besitzt die Hohe Gaisl (3148 m) – aber er und der benachbarte Dürrenstein (2839 m) drüben an der Plätzwiese stehen seit jeher beim bergsteigenden Volk hoch im Kurs, an erster Stelle aller Gipfelziele innerhalb der Pragser Dolomiten. Der beste Platz, das geographische Zentrum, gehört dem Seekofel. Seine steile, konkav geöffnete Nordflanke ragt unmittelbar hinter dem Wildsee auf, durch diese vorteilhafte Position gewinnen See und Berg ein Mehrfaches an Reiz und Ansehen. Der ausdauernde, trittsichere Bergwanderer fühlt sich angezogen von der waagrecht geschwungenen Gipfellinie, er weiß: Der markierte Steig vom Südufer des Wildsees hinauf zum Nabigen Loch führt ihn zur kleinen Kapelle auf der Porta sora al Forn (2390 m), dort zweigt der teilweise gesicherte, steile Aufstieg zum Seekofel vom kurzen Bergab zur nahen Seekofelhütte ab – nach etwa 3½ bis 4 Stunden Gehzeit kann er auf dem Gipfel sein, rasten und schauen in eine Bergwelt von unvorstellbarer Weite.

»Die Aussicht ist von unvergleichlicher Schönheit«, meint Hermann Delago. Nach ihm sollen wir die Zentralalpen von der Hochalmspitze bis zum Ortler übersehen können! Dazu gehört freilich ein besonderes, im allgemeinen seltenes Wetterglück. Der Spiegel des Pragser Wildsees blinkt 1300 Meter tiefer, neben der großen, nahen Dolomitenschau im Süden schenkt er allen Bergwanderern das eindrucksvollste Erlebnis.

Ein Haus, angesiedelt an einem Berg mit bedeutendem Namen, bekommt natürlich viel Besuch. Zur Seekofelhütte mündet neben der Route herauf vom Wildsee ein Fahrweg von der Sennes-Alpe ein, der Fahrweg aus dem Cortineser Raum von Peutelstein im Campo-Croce-Tal (siehe auch Seite 151) über Ra Stua ist für ihn der Zubringer. Diese von Peutelstein bis zur Seekofelhütte insgesamt 16 Kilometer lange, schmale, holprige Trasse bildet die Versorgungsader für die Hütte.

Die Sektion Eger des damaligen Deutschen und Österreichischen Alpenvereins mußte zuerst diesen mit Karren befahrbaren Weg einrichten, bevor sie an den Hüttenbau denken konnte. Das Engagement der sudetendeutschen Bergfreunde datiert vom Jahr 1905, ein Jahr später war Baubeginn, und 1907 eröffnete die Sektion das in Sichtsteinbauweise ausgeführte, allgemein als mustergültig gelobte Haus und nannte es Egerer Hütte. Die Zeit nach 1918 enteignete die Sektion Eger; heute ist die Seekofelhütte – so wird sie im deutschen Schrifttum genannt – als Rifugio Biella im Besitz der CAI-Sektion Treviso.

Im Dolomiten-Höhenweg ⚠ mit Start am Pragser Wildsee ist die Seekofelhütte die erste Station, der Aufstieg zugleich eine Prüfung für die großen Anforderungen, die erst noch kommen.

Bild links: *Die Seekofelhütte ist etwa 2½ bis 3 Stunden vom Parkplatz am Pragser Wildsee entfernt. Dieses Zeitmaß gilt erfahrungsgemäß als durchschnittliche Aufstiegsleistung, die jeder Tageswanderer gerne auf sich nimmt, wenn er vom Tal genug hat und Bergwind verspüren möchte.*
Reicht der Auftrieb weiter, lockt das Gipfelerlebnis vielleicht übermächtig, steigt er von dem Sattel über der Hütte entlang der Plattenschüsse in einer weiteren guten Stunde hinauf zum Seekofel.

Bild rechts: *Der von Norden so unnahbare Dürrenstein gleitet zur Plätzwiese mit einer sanften, südwestseitigen, begrünten Flanke ab.*
Die Einladung für einen Besuch auch für den ganz normalen Bergwanderer, sofern das Wetter paßt.

68 Die Plätzwiese und der Dürrenstein

Das Pragser Tal herein vom Pustertal öffnet die Pragser Dolomiten bis hinauf zur Plätzwiese. Dadurch entsteht aber auch eine Teilung: Der weitaus größere und touristisch wesentlich attraktivere Raum mit Pragser Wildsee, Seekofel und Hoher Gaisl bleibt im Westen, der schmale, östliche Gebirgsstreifen zum Höhlensteintal trägt nur einen bedeutenden Gipfel, den 2839 Meter hohen Dürrenstein.

Der Dürrenstein zeigt zum Pustertal, zur Gegend zwischen Welsberg und Niederdorf, ein interessantes, gutes Dolomitenprofil, die zerschrundete, stark aufgesplitterte mehrgipfelige Nordflanke. An der Wiesenebene von Bad Altprags (1379 m), in der Auffahrt zur Plätzwiese, betrachten wir die Nordseite des Dürrensteins aus naher Entfernung (siehe Bild Seite 155) und können kaum glauben, daß dieser hochaufgerichtete Steilfels von der Plätzwiese aus fast ein Allerweltsberg ist, den jeder einigermaßen geübte Bergwanderer ohne Gefahr besteigen kann.

Nach dem Pragser Wildsee ist die Plätzwiese das nächste, von allen Autofahrern anvisierte Ausflugsziel; kurz davor der Parkplatz, von dort nur wenige Minuten zur Plätzwiesenhütte (1993 m) und zum Hotel »Hohe Gaisl«. Beide Häuser besitzen auf der Plätzwiese altangestammte, bis 1886 zurückreichende Rechte. Die Hütte, im Ursprung aus einer Alm hervorgegangen, ist heute ein stattliches, modernes Gasthaus. Das Hotel, ein traditioneller, aus Naturstein errichteter Bau, wurde 1896 als Hotel »Dürrenstein« eröffnet, brannte 1955 aus, ist aber seit 1980 wieder die vornehme, zeitgemäß ausgestattete Bleibe, die es von Anfang an war. Das Hotel schaut hinüber zur nahen Hohen Gaisl (3148 m), deshalb der neue, maßgeschneiderte Name. Dieser herrliche, für den Besteiger aber wegen des brüchigen Gesteins abweisende Berg ist das dolomitische Aushängeschild für die Plätzwiese. Der nahe Dürrenstein wirkt auf den ersten Blick enttäuschend. Aber wer einmal bei Idealwetter auf dem Gipfel stand, wird ihn der umfassenden, großartigen Aussicht wegen über alles loben!

Die Plätzwiese ist eine weite, von Nord nach Süd gestreckte Wiesenmulde, ein Almparadies in durchschnittlich 2000 Meter Meereshöhe und mit Krummholz, Zirbe und Lärche inmitten der Naturwiesen ein Terrain, in dem wir gerne einen ganzen Tag verbummeln. Die aufgelassene Plätzwiesenstraße empfiehlt den Spaziergang zum Südrand, dort steht die alte österreichische Festung, das ehemalige Werk »Plätzwiese«, die Dürrensteinhütte (2040 m) ladet zur Einkehr, vor allem aber fasziniert das große Panorama der Cristallo-Gruppe.

Bild unten: *Auf der Plätzwiese, dieser grünen Hochmulde zwischen Dürrenstein und Hoher Gaisl, erwarten uns am Nordrand die Plätzwiesenhütte, eine Kapelle und das Hotel »Hohe Gaisl«.*

Bild links: *Wenn wir auf der alten Straße (gesperrt für Kfz) weitergehen zum nur 1,5 Kilometer entfernten Südrand, kommen wir zur Dürrensteinhütte und zu einem alten Kriegsfort aus kaiserlich-österreichischer längst vergangener Zeit.*
Die Dolomiten verwöhnen die Plätzwiese, wo sonst bewundern wir ein so großartiges Dreitausender-Panorama: von der Plätzwiesenhütte aus die Hohe Gaisl, den Hauptgipfel der Pragser Dolomiten, von der Dürrensteinhütte die Cristallo-Gruppe, ein Gruß von den Ampezzaner Dolomiten.

Touristik-Informationen

Naturpark Fanes und Sennes

Das Pragser Tal

Alle Orte, Touristenstützpunkte, offizielle Parkplätze, Hütten, Gast- und Schutzhäuser, Pässe, Scharten und Jöcher werden in der Reihenfolge aufgeführt, wie sie dem Auto- und Wandertouristen in den oben genannten Kapiteln und den dazugehörigen Artikeln begegnen.

Talorte

St. Lorenzen/Lorenzo di Sebato 810 m, im Pustertal, Ort an der Einfahrt zum Gadertal.

Zwischenwasser/Longega 1015 m, im unteren Gadertal, Abzweigung nach St. Vigil.

St. Vigil in Enneberg/San Vigilio di Marebbe 1193 m, in einem weiten Hochkessel am Nordauslauf des Rautales. Kirchdorf und Gemeindeort, der Mittelpunkt für die Touristik zur Fanes und Sennes. Provinz Bozen. Beliebt für Sommer- und Winterurlaub.

Bruneck/Brunico 865 m, Stadt, Hauptort im Pustertal an der Rienz, 15000 Einwohner. Provinz Bozen. Großer Durchgangsverkehr in der Pustertaler Verkehrsachse zwischen Franzensfeste und Innichen.

Olang/Valdaora im Pustertal mit den Orten Mitterolang 1047 m, Oberolang 1082 m, Niederolang 1024 m, Provinz Bozen. Beliebter Fremdenort für Sommer- und Winterurlaub.

Welsberg/Monguelfo 1087 m, im oberen Pustertal, lebhafter Marktflekken, 2400 Einwohner, an der Einfahrt in das Pragser Tal. Provinz Bozen.

Schmieden 1222 m, in Innerprags, Kirchdorf und Gemeindesitz, Hauptort des Pragser Tales. Beliebte Sommerfrische.

Hotel Pragser Wildsee 1496 m, mit Großparkplatz am Pragser Wildsee.

Parkplatz Plätzwiese 1950 m, Zufahrt aus dem Pustertal – Innerprags – Altpragser Tal auf gut ausgebauter Straße mit Zeitplan.

Touristenstützpunkte

Für den Sommertourismus wichtige offizielle Parkplätze, Hütten, Gast- und Schutzhäuser. Allgemeine Öffnungszeiten der Hütten von Ende Juni bis Ende September. (Club Alpino Italiano = CAI.)

Rifugio Pederù 1545 m, privat, im Hochbecken des Rautales; Großparkplatz in der Zufahrt von St. Vigil. Stützpunkt für Wanderungen und Bergtouren nach Fanes und nach Sennes.

Faneshütte 2060 m, privat, auf Kleinfanes. Zugang von Pederù. Stützpunkt für Wanderungen und Bergtouren im Umkreis von Klein- und Großfanes. Übergänge über das Fanesjoch in das Wengental, über die Varellascharte nach Stern, über das Limojoch in das Travenanzestal.

Rifugio La Varella 2042 m, privat, auf Kleinfanes. Zugang von Pederù. Stützpunkt und Übergänge siehe Faneshütte.

Großfanes-Alpe 2104 m, Almwirtschaft. Zugang von Kleinfanes.

Rifugio Fodara Vedla 1972 m, privat, auf der Alpe Fodara Vedla. Zugang von Pederù. Stützpunkt für Wanderungen und Bergtouren auf Sennes. Übergänge zur Sennes- und Seekofelhütte, nach Peutelstein im Boitetal.

Senneshütte 2122 m, privat, auf der Sennes-Alpe. Zugang von Pederù über Fodara Vedla. Stützpunkt und Übergänge siehe Fodara Vedla.

Seekofelhütte 2350 m, CAI-Sektion Treviso. Zugang vom Parkplatz Pragser Wildsee. Stützpunkt für Wander- und Bergtouren im Umkreis der Sennes- und Fosses-Alpe. Übergänge zur Senneshütte und zur Plätzwiese.

Alpengasthof Brückele 1491 m, im Altpragser Tal, an der Auffahrt zur Plätzwiese.

Gasthaus Plätzwiese 1993 m, am Nordrand der Plätzwiese. Zufahrt aus dem Altpragser Tal bis zum Parkplatz wenig vorher. Stützpunkt für Wander- und Bergtouren im Umkreis der Plätzwiese. Übergänge nach Schluderbach im Höhlensteintal und zur Seekofelhütte.

Hotel Hohe Gaisl 1993 m, auf der Plätzwiese.

Dürrensteinhütte 2040 m, privat, am Südrand der Plätzwiese mit Zugang vom Parkplatz Plätzwiese.

Pässe, Scharten, Jöcher

Furkelsattel 1759 m, Straßenpaß zwischen St. Vigil in Enneberg und Olang im Pustertal.

Fanesjoch 2466 m, auf Kleinfanes. Übergang zwischen Kleinfanes und Wengental.

Limojoch 2172 m, auf Kleinfanes. Übergang nach Großfanes.

Tadegajoch 2153 m, auf Großfanes. Übergang nach Plan d'Ega im Tal von St. Kassian.

Grünwaldjoch 2296 m, Pragser Dolomiten, Übergang zwischen Hotel Kreidesee im Rautal – Grünwaldtal – Pragser Wildsee.

Sennesscharte 2519 m, am Monte Sella di Sennes.

Wandervorschläge

Einfache Wanderungen:

Vom Parkplatz Pederù nach Kleinfanes, oder über Fodara Vedla zur Senneshütte.

Von Kleinfanes über das Limojoch nach Großfanes.

Vom Pragser Wildsee in das Grünwaldtal.

Vom Pragser Wildsee zur Seekofelhütte.

Anspruchsvolle Wanderungen:

Von Kleinfanes nach Großfanes und auf dem »Friedensweg« zum Monte Castello.

Von Pederù über Fodara Vedla – Senneshütte zur Seekofelhütte.

Empfehlenswerte Gipfeltouren

Piz da Peres 2507 m, südlich vom Kronplatz, ab Furkelsattel.

Antonispitze 2654 m, von Kleinfanes über das Fanesjoch.

Col Becchei di Sopra (Pareispitze) 2793 m, von Kleinfanes.

Heiligkreuzkofel 2908 m, von Kleinfanes.

Zehnerspitze 3023 m, von Kleinfanes.

La Varella 3034 m und **Cunturinesspitze 3077 m,** von Kleinfanes über Großfanes.

Monte Vallon Bianco 2688 m, im Furcia-Rossa-Kamm, von Großfanes über den »Friedensweg«.

Südliche Furcia Rossa 2781 m, im Furcia-Rossa-Kamm, von Großfanes auf dem »Friedensweg«.

Monte Sella di Sennes 2787 m, von der Senneshütte und von der Seekofelhütte.

Seekofel 2810 m, über dem Pragser Wildsee, von der Seekofelhütte.

Hochalpenkopf 2542 m, vom Parkplatz Pragser Wildsee.

Herrstein 2447 m, vom Parkplatz Pragser Wildsee.

Großer Roßkofel 2559 m, vom Parkplatz Pragser Wildsee.

Rote Wand 2604 m, Kleine Gaisl 2857 m, von der Seekofelhütte.

Dürrenstein 2839 m, vom Parkplatz Plätzwiese.

Dolomiten-Höhenwege

Im Bereich der Pragser Dolomiten und von Sennes und Fanes.

Dolomiten-Höhenweg ⚠: Pragser Wildsee 1496 m – Seekofelhütte 2350 m – Senneshütte 2116 m – Pederù 1545 m – Faneshütte 2060 m – Großfanes 2104 m – Tadegajoch 2153 m – Rifugio Kleiner Lagazuoi 2750 m – Falzaregopaß 2105 m, oder Variante: Großfanes – Forcella Casale 2707 m – Travenanzestal 2050 m – Rifugio Giussani 2561 m.

Wanderkarten

Die wichtigsten, im Handel erhältlichen Wanderkarten, auch einschlägige Karten italienischer Verlage in italienisch/deutscher Kartierung.

Kompass Wanderkarte 1 : 50000, Blatt 57, »Bruneck – Toblach«. Blatt 55, »Cortina d'Ampezzo«. Blatt 59, »Sellagruppe – Marmolada«.

Freytag & Berndt Wanderkarte 1 : 50000, Blatt S 3, »Pustertal – Bruneck – Drei Zinnen«. Blatt S 10, »Sextener Dolomiten«.

Tabacco Wanderkarte 1 : 50000, Blatt 1, »Cortina d'Ampezzo – Cadore«. Blatt 2, »Val Gardena ... Gadertal – Cortina«.

Tabacco Topographische Wanderkarte 1 : 25000, Blatt 03, »Tofane – Fanes – Sennes«. Blatt 07, »Peitlerkofel – Puez ... Fanes – Kreuzkofel«.

Geografica Wanderkarte 1 : 25000, Blatt 1, »Cortina d'Ampezzo«.

Die Sextener Dolomiten

»Sexten« ist gleicherweise ein Inbegriff für Dolomiten und für Südtirol. Wir wissen, daß es im östlichsten Zipfel von Südtirol liegt, dort, wo die Wasser den Weg im Pustertal nach Osten nehmen und mit der Drau zur Donau fließen.

Im Bereich der Sextener Dolomiten stand die Grenze zwischen Österreich und Italien am Kreuzbergpaß, 7,5 Kilometer südlich von Sexten/St. Veit. Dieser sanfte, 1636 Meter hohe Sattel war und ist Sprachenbarriere und scheidet seit jeher italienische von deutscher Lebensart. Die »gefürstete Grafschaft Tyrol«, mit ihr die Patriarchen und als Nachfolger die Republik Venedig und das Haus Habsburg respektierten über Jahrhunderte hinweg den Kreuzbergpaß als mehr oder weniger friedliche Grenze, auch das 1861 proklamierte Königreich Italien stellte bis 1919 diese mit Österreich gemeinsame »Confine« nicht in Frage. Das neue Recht, beschlossen am 19. 9. 1919 zu St. Germain, hob die Staatengrenze auch am Kreuzbergpaß auf, verschob sie quer über die Drau, und somit waren Innichen und Sexten wohl wieder Grenzgemeinden, aber nun mit italienischen Farben. Die Sprachengrenze, diese von keiner Macht abzuändernde Realität, blieb am Kreuzbergpaß. Das heutige Italien trug dem Rechnung, als es den »Passo Monte Croce« als Schranke zwischen den Regionen Veneto und Alto Adige bestimmte, alte ethnische Gegebenheiten damit bestätigte, um so mehr, als auch die den Regionen untergeordneten Provinzen Belluno und Bolzano sich am Kreuzbergpaß begegnen. (Die heutige politische Provinz Bozen: vom Brenner bis zur Salurner Klause, vom Reschenpaß bis Innichen, ist Südtirol.)

Aber nicht nur Sprache und Lebensart, der Kreuzbergpaß teilt auch die alpine Weltanschauung: Bei ihm berühren die Sextener Dolomiten den Karnischen Hauptkamm. Das Padolatal, vom Paß durch das liebliche Comelico hinab bis St. Stefano im Piavetal, von Auronzo das Ansieital nach Misurina und schließlich das Höhlensteintal hinaus nach Toblach im Pustertal umgrenzen die Sextener Dolomiten von Ost über Süd und West nach Nord.

Diese berühmte Bergwelt möchte wohl jeder Dolomitenfreund irgendwann einmal sehen und erleben, denn zu ihr gehören schließlich die Drei Zinnen. Der Begriff »Sexten« versinnbildlicht aber nicht nur allein dieses steinerne Naturwunder; auch Innichen mit seinem Haunold, das unvergleichliche Innerfeldtal, die Rotwandwiese und ihr Berg, der Naturpark Fischleinboden, die Zsigmondy-Comici-Hütte, das Büllelejoch, die Bödenseen und die Zinnenhütte, der Paternkofel mit Sepp Innerkofler – sie alle verbinden wir mit dem Wort »Sexten«.

Die im Sommer überaus starke touristische Inanspruchnahme der Sextener Dolomiten konzentriert sich auf zwei Hauptzugänge: aus dem Pustertal nach Sexten und von Misurina zum Großparkplatz bei der Auronzohütte.

Bild rechts: *Der Hauptort im Sextental trägt den Namen St. Veit, benannt nach dem ursprünglichen Patrozinium der früheren Kirche. Die heutige Pfarrkirche ist ein Neubau der Jahre 1825/26, geweiht den Apostelfürsten Petrus und Paulus.*
Das Sextental zweigt bei Innichen vom Pustertal in Richtung Kreuzbergpaß ab und besitzt als größere Ortschaft noch das Dorf Moos. Von St. Veit aus gesehen beherrschen die Sextener Rotwand (links) und der anschließende Elfer das Panorama.

Diese mit viel Liebe gemalten Schilder im Talschluß Fischleinboden auf dem Bild links *zeigen die Wege zum »Himmel« der Sextener Dolomiten: im Bacherntal zur Zsigmondy-Comici-Hütte und vom Büllelejoch im Altensteiner Tal zum Toblinger Riedel, dem Standort der Drei-Zinnen-Hütte.*

69 Innichen und der Haunold

Die Ursprünge von Sexten wurzeln im Pustertal, heraußen bei der Hofmark Innichen. Kaiser Otto der Große stattete im Jahre 965 das schon bestehende Kloster Innichen großzügig aus und schenkte ihm unter anderem auch die Alm »Sexta« im Inneren des gleichnamigen Pustertaler Seitentales.
Innichen selbst blickt zurück in die Römerzeit, bis irgendwann in die Jahrhunderte nach Christus. Ein erstes festes Datum ist das Jahr 769, als der bajuwarische Fürst Tassilo III. dem Benediktinerkloster Scharnitz das Hochpustertal überließ und das Kloster Innichen stiftete. Aber nicht nur allein zum frommen Gebet: Tassilo gründete das Kloster als christliches Bollwerk gegen die heidnischen Slawen, die aus dem östlichen Drautal immer wieder den jungen germanischen Siedlungsraum bedrohten. In der Zeit danach, in wechselnder Ablösung zwischen Benediktinern und weltlichen Chorherren, wurde Innichen zu einem geistigen und kulturellen Zentrum, getragen durch die Jahrhunderte auch von seinem Dom, einem bedeutenden romanischen Sakralbau, der heute, im Inneren geschmückt mit einer berühmten Kreuzigungsgruppe aus der Zeit um 1200, als wertvollster Besitz des Ortes gilt. Schon die erste, mit der Klostergründung erbaute Kirche war den Heiligen Petrus und Candidus geweiht; Candidus ist der heutige Hauptpatron, deshalb für das deutsche Innichen der italienische Name »San Candido«, ein Bezug auf das Patronat der Kirche, des »Dom von Innichen«.

Innichen ist das Tor hinein zu den Sextener Dolomiten. Ähnlich günstige und so einladende Zugangstäler wie das Sextental mit seinem Zweig, dem Fischleintal, und das Innerfeldtal gibt es von keiner anderen Seite. Die Urlaubstouristik, auch die italienische, konzentriert sich denn auch hauptsächlich im Norden und strömt aus dem behäbig breiten Pustertal in das Innere. Dieses Tal – man nennt es seit langem das »grüne Tal Südtirols« – ist von Osttirol herüber, für die meisten Reisenden aber von Westen, von Franzensfeste über Bruneck, die Zufahrt nach Innichen (65 Kilometer).
Auch das Südtiroler Bergsteigerlied führt uns nach Innichen, wenn wir singen: »... bis zu des Haunolds Alpenreich, das tausend Blumen deckt.« Der Haunold steht in nur geringer Entfernung genau südlich, in einer Höhendifferenz von 1800 Metern über der Hofmark; ein gutes Auge erkennt das Gipfelkreuz, das die höchste Spitze (2966 m) schmückt. Im Wort »Haunold« schwingen, ganz anders wie bei »Kofel«, auch Romantik und Geheimnis mit. Wie sonst könnte dem Haunold im Südtiroler Bergsteigerlied ein solches Lob erklingen? In Verbindung mit dem Dom zu Innichen erzählt die Sage von einem Riesen namens Haunold. Wirklichkeitsnäher ist aber sicher die Deutung, daß von einem Grundherrn, genannt Hunolt, der die Wälder und Wiesen vom Haunold herab nach Innichen besaß, das vielzackige Dolomitmassiv seinen Namen bekam.
Dieser vielbesungene Berg ist für das Hochpustertal ein geliebtes landschaftliches Wahrzeichen; wer ihn besteigen möchte, sollte den Spuren von Joseph Oberschneider aus Toblach folgen, der am 28. Juli 1878 als erster zum Haunold kam.

Bild links: *Aus dem Sträßchen von Innichen hinauf zu den Höfen am nordseitigen Innichberg schauen wir hinab zur Hofmark Innichen, darüber das Hochpustertaler Wahrzeichen, der vielzackige Haunold, in der Mitte die höchste Spitze.*

Das Bild rechts *führt uns hinein in das herbstliche Innerfeldtal. Im späten Oktober ist es hier auch an einem schönen Tag einsam, die Straße kaum befahren. Seit Jahrhunderten düngen die Lärchennadeln den vom Bauern sorgfältig ausgeholzten Wiesenboden: im milden Herbstlicht ein wundersamer Eintritt zum hohen Gebirge, links Gsellknoten, rechts Dreischusterspitze.*

70 Innerfeldtal – Dreischusterhütte

Mit dem Innerfeldtal besitzen die Sextener Dolomiten ein besonderes Kleinod. Kurz hinter Innichen das Sextental einwärts zweigt es nach rechts, eine schmale, asphaltierte Straße, 4 Kilometer lang über 250 Höhenmeter, erschließt das Innerfeldtal bis zu einem Parkplatz in 1509 Meter Höhe auch für den allgemeinen Verkehr. Ab Parkplatz haben wir die Wahl, entweder die gesperrte, nun geschotterte Straße als Zugang zur Dreischusterhütte zu benützen oder dem Geschlängel eines markierten Fußweges über Stock und Stein bis hinauf in den ebenen Wiesenboden zu folgen, an dessen Rand die Hütte steht.
Die Fahrt und die nur ½stündige Wanderung zeigen die Schönheit dieser etwas versteckten Sextener Seite. Am Eingang lichte Lärchenstände, bald schon mehr oder weniger dichte Fichten, aufgelockert durch kleine Wiesenschläge, Schotterreißen, herabgespült vom Talbach und von Unwettern, Steine, die den Blick hinauf zu den Bergen lenken, die unser Tal begleiten: rechts die kompakten Ostflanken des Haunoldstockes, links die reiche Gliederung von Gsellknoten und Dreischusterspitze, beide getrennt von dem riesigen hellgrauen Schotterstrom des Steinalpenkares.
Die Dreischusterspitze – mit 3152 Meter der höchste Berg in den Sextener Dolomiten – zeigt herab zum Innerfeldtal ihre schönste Seite. Ein Dolomitenberg unserer Vorstellung: hoher, steiler, spitzer Fels! Im Ausblick von der Hütte verdecken die Kulissen der Hochwandspitzen diesen prächtigen Gipfel, aber der ebene grüne Hochboden des Innerfeldtales bietet ein Bild für sich: links die steile Felsstaffelung der Hochwand, im Talschluß der dicke Morgenkopf, rechts die nun offenen südseitigen Geheimnisse des Haunold, die Wildnis der Latschengärten hinauf zum Berg und schließlich auch das hübsche, freundliche Alpenvereinshaus etwas erhöht am Hang, davor eine hölzerne Kapelle.
Stimmgewaltige Sänger loben in zünftiger Hüttenrunde oft und gerne den Haunold und haben, nachdem er herab zum Innerfeldtal seine Eingangstür öffnet, die Gelegenheit, ihn zu besuchen. Doch nur wenige schreiten zur Tat. Der Aufstieg durch steile Latschen- und Schotterflanken – ab Hütte 4 Stunden – kann seine Mühsal und auch die etwas komplizierte Wegesuche nicht verbergen. »Der Haunold ischt ein Tuiflsberg«, sagt in einer Springenschmid-Geschichte ein altes Tiroler Mandl, und so manch anfangs frohgemuter Haunold-Freund wird bei der endlichen Gipfelrast seinen Berg nun vielleicht so einstufen. Neben dieser Tour steht die Wanderung hinauf zur Zinnenhütte hoch im Kurs. Sehr beliebt ist auch der Weg zu den Blumenwiesen von Außergsell und Innergsell (2059 m) mit Abstieg nach Sexten.

71 Die Sextener Sonnenuhr

Bergnamen, die eine Tageszeit festhalten, gibt es im gesamten Alpenraum. Die meist armen Talbewohner konnten sich keine »Uhr im Sack« leisten, zudem waren bei der Lebensweise im Einklang mit der Natur Minuten, oft auch die Stunde nicht so wichtig.

Bild oben: *Die Drei-Schuster-Hütte besitzt zum Vorteil der vielen Bergwanderer, die noch höher hinaufwollen, einen nahen, nur ½ Gehstunde entfernten Parkplatz.*
Diese Gunst beschert dem Haus – ein komfortabler Neubau aus dem Jahre 1973 – einen fast ständigen Besuch, um so mehr, als der ebene, freundliche Hochboden des Innerfeldtales, die Bergwelt ringsum und auch die gastliche Hütte geradezu einladen, einen Tag mit Nichtstun, ohne den Drang zur Höhe, zu verbummeln.

Bild rechts: *Ein Talboden im Gebirge wird erst so richtig schön, wenn wir ihn aus günstiger Entfernung von oben betrachten, wir sehen mehr von Tal und Berg.*
Wir parken oben am Mitterberg über Sexten/St. Veit in der Nähe des gleichnamigen Forts aus der Zeit vor dem Ersten Weltkrieg. Hier zählen wir die Stunden der Sextener Sonnenuhr.
Aus dem Fischleintal fließt der gleichnamige Bach, darüber von links: der Zehner (= Sextener Rotwand), knapp daneben der Elfer, in der Mitte der stolze Zwölfer, anschließend der spitze Einser.

Am häufigsten gibt es den »Zwölferkofel, -kogel oder -spitz«. Um 12 Uhr, gesehen von einem bestimmten Platz, steht genau über dem Gipfel die Sonne; diese Stunde war und ist die wichtigste Tagesteilung, seit eh und je verkündet auch von den Kirchenglocken. Berggipfel, die zueinander so stehen, daß sie im Verein mit der Sonne mehrere Stunden anzeigen, gibt es nur wenige. Sexten besitzt eine Gipfelphalanx, die so gut plaziert ist, daß die Menschen früherer Zeiten davon angeregt wurden, diese Berge nach der Zeit von 9 bis 1 Uhr zu benennen. (Nach Innerebner – siehe Josef Rampold, »Pustertal« – ist zur Zeit der Wintersonnenwende der Standort an der Golserbachbrücke zwischen St. Veit und Moos der Punkt, wo die gesamte Sonnenuhr »stimmt«.) Der ideale Ort, die Sonnenuhr – den Zehner, Elfer, Zwölfer und Einser – zu betrachten, ohne die Zeit kontrollieren zu wollen, ist die Fahrt aus Sexten/St. Veit hinauf zum Parkplatz am ehemaligen Kriegsfort Mitterberg, dort auch informativer Blick zum Sextener Talkessel (siehe Bild).

Die stattlichen Höfe am Mitterberg in den sanften Südwesthängen unter dem Helm und in der Höhenlage von etwa 1500 Meter reichen mit ihren Wurzeln fast 1000 Jahre zurück. Im Ursprung waren sie, wie einst alle Höfe in den inneren Seitentälern der Ostalpen, Schwaighöfe, im Besitz eines Grundherrn und vom Bauern nur als Lehen bewirtschaftet. Die Schwaigen, angesiedelt über dem noch möglichen Getreideanbau, dienten der Viehhaltung und mußten dem Grundherrn Milchprodukte, meist Käse, zinsen.

72 Die Rotwandwiese und ihr Berg

Die Sextener Rotwand ist der »Hausberg« von Sexten; aus dem Talgrund ist dieses hohe, stark gegliederte und doch kompakte Felsmassiv im Blick nach Süden immer gegenwärtig und für jedermann, der von Innichen herein nach Sexten fährt, der erste Willkommensgruß.

Der in seiner Anfangszeit ungemein romantische Alpinismus sah den Zehnerkofel weniger mit seiner Stellung in der Sextener Sonnenuhr als im verklärten Widerschein der Abendsonne und gab ihm daher den heute allgemein geläufigen Namen Sextener Rotwand oder Rotwandspitze (Nordgipfel mit Gipfelkreuz 2936 m, höchster Punkt ist der Vinatzerturm, 2965 m). Für das alte Tirol und für das Königreich Italien war die Sextener Rotwand ein gemeinsamer Grenzberg, denn die »Confine« verlief vom Kreuzbergpaß über Rotwand – Elfer – Hochbrunnerschneid – Giralbajoch – Zwölferkofel – Oberbachernspitze – Paternkofel – Paternsattel und Drei Zinnen zum Monte Piana, also über den Hauptkamm.

Der Traum wohl aller Bergbahn- und Liftgesellschaften ist es, eine Bahn zu besitzen, die zur Sommer- und Winterzeit ausgelastet ist; der Sessellift von Bad Moos (1356 m) hinauf zur Bergstation (1925 m) am Rand der Rotwandwiese erfüllt diese Vorstellung. Die Höhendifferenz von knapp 600 Metern durchläuft im Winter eine beliebte Skipiste, in der Sommersaison schaukelt jeder Urlaubsgast

Bild links oben: *Am Weg zur Rotwand schauen wir hinab zur Rotwandwiese, am Waldrand die Rotwandwiesenhütte, rechts »Zum Rudi«, im Sextental die Ortschaften Moos (Bildmitte) und St. Veit.*

Bild links unten: *Vor uns die sanfte Mulde der Rotwandwiesen, darüber die Sextener Rotwand. Der Aufstieg zu ihr berührt das eingelagerte Ewig-Schneefeld, der Gipfel ist nicht sichtbar.*

Bild rechts: *Kriegsstellungen in der Sextener Rotwand.*
Für geübte, trittsichere Bergwanderer ist die Rotwandspitze ein begehrtes Gipfelziel. Der Rotwandwiesenlift und die markierte, an schwierigen Stellen mit Drahtseilen gesicherte Route, die früheren Soldatensteige, rücken die Rotwandspitze trotz des großen Höhenunterschiedes zum Tal – 1600 Meter – in das Maß einer normalen Tagestour.

wenigstens einmal zu diesem grünen Logenplatz hinauf, um von dort aus zum Kreuzbergpaß zu wandern, zum Fischleinboden abzusteigen, vielleicht sogar die Rotwandspitze zu besuchen oder einfach nur die Höhe, die Sonne, die hübsche Wiesenmulde zu genießen. Für das leibliche Wohl sorgen die Rotwandwiesenhütte und das Gasthaus »Zum Rudi« – in beschaulicher Ruhe betrachten wir die nahe, vielleicht sogar mit Schnee und Eis verbrämte Rotwand und den ihr benachbarten Elfer; nichts deutet aus dieser Sicht darauf hin, daß beide Berge, vor allem aber die Rotwand, im Dolomitenkrieg 1915–1917 der Schauplatz erbitterter Kämpfe waren. Aus Oswald Ebners »Kampf um die Sextner Rotwand« und auch aus dem Gebietsführer »Sexten« erfahren wir die wichtigsten damaligen Ereignisse:

»Am 23. Mai 1915, es war Pfingstmontag, traf um 19 Uhr in Sexten die telefonische Nachricht ein, daß Italien sich mit der österreichisch-ungarischen Monarchie im Kriegszustand befinde ...« Hinter dem Kreuzbergpaß formierte sich eine erdrückende italienische Übermacht, scheinbar bereit zum Angriff. Die Verteidigung von Sexten stützte sich auf zwei längst veraltete, kleine Sperrforts, erbaut 1885, bestückt mit Bronzerohren. Das Werk Haideck stand am Eingang zum Fischleintal, das Werk Mitterberg ist noch erhalten und steht über St. Veit in etwa 1550 Meter Höhe (siehe auch Seite 166/167). Nur oben am Gsellrücken waren eine Batterie und Feldbefestigung aus jüngerer Zeit, deren Geschütze zum Kreuzbergpaß feuern konnten. So dürftig wie diese Befestigungen mit noch in letzter Stunde ausgehobenen Schützengräben waren auch die Verteidiger: meist Freiwillige, die erst der Kriegsbeginn zu Soldaten machte, schlecht ausgerüstet, aber mit einer Kampfmoral ohnegleichen. Warum Italien mit seinen weit überlegenen Kräften in diesen entscheidenden ersten Tagen und Wochen vom Kreuzbergpaß herunter die schwache Sextener Verteidigung nicht überrannte, ist ein Geheimnis der Kriegsgeschichte. Dieses Zaudern kostete Italien den möglichen schnellen Sieg; Österreich, verstärkt durch bayrische Gebirgsregimenter, füllte die Front auf, der Krieg verbiß sich in den steilen Fels des Sextener Hauptkammes, ohne dort bis zur Räumung der italienischen Dolomitenfront im November 1917 zu einer Entscheidung zu kommen. Kein italienischer Soldat setzte seinen Fuß nach Sexten, aber vom Kreuzbergpaß herüber orgelten die Granaten: Am 12. August 1915 brannte St. Veit, das Zentrum, 22 Häuser und die Kirche wurden ein Raub der Flammen.

73 Fischleinboden und Talschluß

Bad Moos (1356 m, Talstation für den Lift zur Rotwandwiese) liegt am Eingang in das Fischleintal. Eine breite Straße entlang des gleichnamigen Baches läuft nach 2 Kilometern am Großparkplatz Fischleinboden (1451 m) aus – ein lauter, gebührenpflichtiger »Bahnhof« – dafür aber auch sogleich eine großartige Landschaft; im übrigen gibt es von Sexten herein durch Wald und Wiesen einen gemütlichen, ruhigen Fußweg.
Die Umgebung ist wahrhaft dolomitisch: Links die fast senkrechten Türme der Sextener Rotwand, die schmale Kerbe der Sentinellascharte verbindet ihre höchste Bastion, den Vinatzerturm, mit der steilen Nordflanke des Elfer, direkt im Süden und im Mittelpunkt ragt der gewaltige Zwölfer, nach rechts schließen der pralle Fels des Einser und die Oberbachernspitze an; ganz nah im Westen wächst aus den hellen Geröllreißen der Weißlahn die zerklüftete Dreischusterspitze. Im Anblick dieser fast vollzähligen Sextener Prominenz ist der »Snob« vielleicht versucht, sich damit zu begnügen – warum sich noch unter das Volk mischen, das in Massen hinein zum Talschluß pilgert?
Gebirgstäler haben das oft an sich: Am Anfang sieht man am meisten, im Inneren engen hohe Kulissen das Blickfeld ein, schenken aber dafür nahe Reize. Im Fischleinboden finden wir dichte Latscheninseln auf grauem Geröll, Fichten in lockeren Gruppen, blumige Graspolster, aber kein Wasser, nach dem vielleicht der Unkundige sucht in dem irrigen Glauben, bei diesem Namen müßte es »im Fischleinboden« auch Bach und See geben. 40 Minuten dauert die fast ebene Wanderung zur Hütte im Talschluß – der Linienbus, der den Fischleinboden durchfahren darf, schafft es in 5 Minuten.

Bild unten: *Die Talschlußhütte im Fischleinboden fängt jeden Spaziergänger auf, wenn er vom Parkplatz draußen am Dolomitenhof diesem berühmten Sextener Talschluß zustrebt.*
Ab Hütte kommt der Bergwanderer zum Zug, entweder im Aufstieg zur Zsigmondy-Comici-Hütte oder zur Drei-Zinnen-Hütte. Über der Talschlußhütte der Hochleist.

Bild rechts oben: *Beim Dolomitenhof, am Eingang zum Fischleinboden, darüber der Zwölfer. Ein freundliches, frühsommerliches Bild, aber das Bächlein ist kein Hinweis auf Wasser im Fischleinboden, der Talschluß ist »trocken«.*

Bild rechts unten: *Die Zsigmondy-Comici-Hütte, dahinter, auf der anderen Seite des Bacherntales, die Westflanke des Elfer.*
Der berühmte Alpiniweg schneidet die Schotterterrasse in Wandmitte, fast waagrecht zieht die »Strada degli Alpini« nach links zur Elferscharte bei der kleinen Spitze über der Hütte.

74 Zsigmondy-Comici-Hütte – Büllelejoch

Nur wenig hinter der Talschlußhütte steigt das Gelände an. Von rechts mündet das Altensteiner Tal (siehe Seite 173) im Gefälle von der Bödenalpe hinzu, in der Geraden vom genau im Süden eingekerbten Giralbajoch kommt das schmale Bacherntal herab zum Fischleinboden. Beide Täler und mit ihnen auch vielbegangene Wanderwege führen hinauf zu Hütten, die wohl jeder gehtüchtige Sextener Urlaubsgast besuchen möchte: das Altensteiner Tal zur Drei-Zinnen-Hütte, das Bacherntal zur Zsigmondy-Comici-Hütte. Jeder findet seine Route, denn große, liebevoll gemalte Schilder (siehe Seite 164) geben die Richtung an. Der Weg zur Zsigmondyhütte ist der kürzere, ab Wegeteilung sind es 1½ bis 2 Stunden, zur Zinnenhütte 2 bis 2½ Stunden.

Am Platz der Zsigmondyhütte stehen wir in 2235 Meter Meereshöhe im Umkreis über 3000 Meter hoher Berge. Schaustück ist die Nordflanke des gewaltigen Zwölfer, eines der schönsten Dolomitenbilder überhaupt; höchster Punkt 3094 Meter. So hoch im Bacherntal, am Wandfuß des Zwölfer, eine Hütte zu bauen, war ein guter Entschluß. Der Österreichische Alpenklub zeichnete 1886 dafür verantwortlich und gab ihr den Namen seines hervorragenden Mitglieds Dr. Emil Zsigmondy (1861–1885), der ein Jahr zuvor an der Meije in den französischen Alpen tödlich verunglückt war.

Wie nun kommt die Hütte zu ihrem Doppelnamen? Das heutige Haus stammt, nachdem der Erstbau im Dolomitenkrieg zerstört wurde, vom Jahr 1929, errichtet von der CAI-Sektion Padua, benannt nach Benito Mussolini, 1946 umgetauft in Rifugio Comici. Emilio Comici (1901–1940) zählte zu den Pionieren des »Sestogrado«, des Extremalpinismus. 1948 bekam die Hütte die heutige Bezeichnung Rifugio Zsigmondy-Comici. Die Bildnisse der beiden Männer, jeder der Exponent einer alpinen Epoche, blicken im Gastraum der Hütte auf Besucher, die unterschiedlicher nicht sein könnten. Leute aus der halben Welt kommen nach Sexten und deshalb auch herauf zum Rifugio Zsigmondy-Comici, zum Schauen, auf einer Tour von Hütte zu Hütte, zum Bergsteigen und Klettern. Wer als geübter, trittsicherer Wanderer sein Bergerlebnis steigern möchte, geht von hier aus den berühmten Alpiniweg oder, nicht ganz so alpin, über das Büllelejoch (Bild Seite 174) hinauf zur Zinnenhütte.

Bild links: *Das Büllelejoch mit seinem Hüttchen, ein Aussichts-Belvedere nach Osten zum Elfer und zur Hochbrunnerschneid.*
Aus dieser Höhe ist der Hochleist (Bildmitte, auffallend durch die senkrechte Schattenlinie) ein bedeutungsloser Rücken unter der mächtigen Hochbrunnerschneid, dem leichtesten Dreitausender der Sextener Dolomiten. Der schattige Schneehang rechts markiert das Giralbajoch, die feine, waagrechte Linie im sonnigen Fels links der Abbruchkante vom Hochleist verrät die Trasse des Alpiniweges.

Bild links unten: *Am Weg zur Zsigmondy-Comici-Hütte. Gleich einem überdimensionalen Schiffsbug ragt der Hochleist herein in das Bacherntal und versucht, dem Zwölfer die Schau zu stehlen.*

Bild rechts oben: *Das Hochplateau der Bödenseen. Die Wanderer gehen von der Zinnenhütte hinab zum Fischleinboden, über dem See das Büllelejoch, rechts der Zwölfer.*

Bild rechts unten: *Das Altensteiner Tal mit dem Steig aus dem Talschluß Fischleinboden hinauf zur Zinnenhütte.*

75 Altensteiner Tal, Bödenseen, Drei-Zinnen-Hütte

Jeder Wanderer und Bergsteiger, unterwegs in den Sextener Dolomiten, kommt auch zur Drei-Zinnen-Hütte, meist nur Zinnenhütte genannt. Der einfachste, weitaus kürzeste Zugang und für schnelle Besucher deshalb von Vorteil, startet bei der Auronzohütte (siehe Seite 178). Wer aber in Sexten Ferien macht, mit Wanderschuh, Auftrieb und Kondition ausgerüstet ist, wird vom Talschluß Fischleinboden an der Abzweigung zur Zsigmondy-Comici-Hütte in das Altensteiner Tal einbiegen und den Toblinger Riedel angehen, auf dem die Hütte steht. Im Talschluß Fischleinboden ist auch der Sattelplatz für die starken Saumtiere, die zur Versorgung der Zinnenhütte sowie der Zsigmondy-Comici-Hütte noch immer gebraucht werden. Je 100 Kilogramm zurrt der Säumer auf dem Rücken seiner Schützlinge fest, tagaus-tagein, den ganzen Sommer lang.

Nur wenig unter der Zinnenhütte, also schon im Endspurt, überraschen die beiden Bödenseen (2335 m), ein kostbarer Schatz in der ansonsten fast wasserlosen Hochgebirgswelt. Aus allen umliegenden Tälern führen Wanderwege zur Zinnenhütte (2405 m), dementsprechend ist der Betrieb – ein Volksauflauf inmitten der Sextener Dolomiten!

Vom alten Grill-Kederbacher stammt der Spruch: »Hauptsach', man weiß, wo der Berg steht!« Bei der Zinnenhütte kommt kein Zweifel auf, sie lebt von »ihrem« Berg, von den Drei Zinnen, die mit der berühmten Nordansicht, in Luftlinie nur 1½ Kilometer entfernt, der Hütte im Süden gegenüberstehen.

Im Hinblick auf die Drei-Zinnen-Hütte einige Daten aus der Chronik. Johannes Emmer schrieb 1894: »Die Hütte wurde 1882 von der Sektion Hochpustertal erbaut, jedoch erst 1883 dem Verkehr übergeben. Der starke Besuch machte eine Erweiterung nothwendig, und diese wurde 1891/92 ausgeführt. Die Hütte enthält Wohnraum mit Herd, Vorratskammer, Schlafzimmer für Herren mit 4, Damenzimmer mit 3 Betten, unter dem Dache Schlafraum mit 5 Strohsacklagern und Führerschlafraum mit 6 Lagerstellen.« Das Jahr 1893 registrierte den Besuch von 486 Personen, eine Zahl, die heute, zur Hauptsaison, ein einziger schöner Tag erreicht, vielleicht sogar übertrifft. Die Zinnenhütte, so, wie sie heute auf dem Toblinger Riedel steht, stammt aus den Jahren 1935/36, errichtet von den CAI-Sektionen Padua und Bozen, und enthält 180 Schlafplätze.

76 Der Paternkofel und Sepp Innerkofler

Das dramatische Ereignis im Dolomitenkrieg vom 4. Juli 1915 verbindet den Paternkofel und den Namen Sepp Innerkofler (1865–1915) zu einer untrennbaren Einheit. Was ist geschehen? Der Paternkofel war im Besitz der Italiener. Die Österreicher wollten diesen strategisch wichtigen Punkt erobern und planten deshalb den Angriff. Eine besonders ausgewählte Patrouille unter dem Oberjäger Sepp Innerkofler sollte das Unternehmen ausführen.

»Bei Sternhimmel um 1 Uhr früh setzte sich der 40-Mann-Trupp in Bewegung und erreichte gegen 3 Uhr den Sattel, wo sich die Patrouille um Sepp Innerkofler löste. Die Patrouille, von Sepp angeführt, stieg in Kletterschuhen zum Gipfel an und erreichte gegen 8 Uhr die Plattform. Zuerst kletterte Sepp aus dem Kamin. Von dem italienischen Posten entdeckt, wurden sie sogleich beschossen und mit Steinen beworfen. Sepp wirft plötzlich die Arme hoch, fällt rücklings um, kollert über die Plattenwand des Gipfels und bleibt am Ausstieg des Opelkamins reglos liegen. Noch mehrere Tage sah man von den österreichischen Stellungen aus den Leichnam in den Felsen liegen, eines Morgens aber war er verschwunden. In der Nacht hatten ihn die Italiener geborgen. Auf dem Paternkofel fand Sepp Innerkofler seine letzte Ruhe. Ein Felsblock deckte das Grab, aus dem ein schlichtes Holzkreuz hervorragte. Die einfache Inschrift: »Sepp Innerkofler, Guida«, verkündete, wer hier sein Leben für die Verteidigung der Heimat gelassen hatte. Nach Kriegsende, am 27. August 1918, wurden auf Bitten der Angehörigen die Überreste geborgen und im Sextener Friedhof feierlich beerdigt.«

Zwei Kreuze stehen heute auf dem Paternkofel. Das große Holzkreuz hält uns die Inschrift entgegen:

»Droben wo das Licht regiert
da springt die Quelle auf,
ich seh ihr Tor aus Eis und Firn
und weiß, ich muß hinauf«

In Betrachtung von der Zinnenhütte aus ist der Paternkofel eine schlanke, von drei steilen Graten aufgerichtete Felsspitze, erschlossen von drei markierten Routen: ab Zinnenhütte der Innerkoflersteig, auch »Ferrata Paterno« genannt, ein abenteuerlicher Aufstieg durch nachtdunkle Kriegsstollen; vom Paternsattel ebenfalls ein Kriegssteig und vom Büllelejoch der »Schartenweg«, der die Bödenknoten schneidet. Alle diese Varianten treffen in der Gamsscharte (2650 m) zusammen, der gemeinsame Schlußanstieg führt über eine drahtseilgesicherte Felsstufe zum 2746 Meter hohen Gipfel, im geographischen Zentrum der Sextener Dolomiten.

Bild links: *Zum Toblinger Riedel und zur Drei-Zinnen-Hütte kommen die Wanderer in einem Sternmarsch von allen Seiten: Von Sexten aus dem Fischleintal, vom Innerfeldtal, vom Dürrensee im Höhlensteintal und vor allem auf dem kürzesten Weg vom Parkplatz an der Auronzohütte über den Paternsattel; den Sattel und die Wegetrasse sehen wir im Bild.*
Der Paternkofel steht, von drei Graten hervorragend aufgerichtet, der Zinnenhütte im Süden gegenüber, nach links sinken die Bödenknoten zum Büllelejoch hin ab.

Bild unten: *Eine Kaverne im Sextenstein, nur 50 Meter über der Zinnenhütte, war Aufnahmestandort für das Bild.*
In der Mitte die Große Zinne, rechts die Westliche Zinne, links die Kleine Zinne, das »Schlußlicht« zum Paternsattel.

77 Die Drei Zinnen

Dieses steinerne Dolomitenwunder ist mehr als berühmt, weiß doch meist auch der bergsteigerische Laie, daß die Nordwände der Drei Zinnen in jeder möglichen und schier unmöglichen Variante – auch im Winter – längst durchstiegen sind. Es gibt keine Steigerung, alles ist getan, was bleibt, ist die Bewunderung für die Tat, wenn wir entweder vom Paternsattel das Profil oder von der Zinnenhütte das Gesicht dieser Berge betrachten.
Die alpine Geschichte verzeichnet als herausragendes Datum den 14. August 1933. An diesem Tag glückte zum erstenmal der Versuch, die überhängende Nordwand der Großen, der mittleren Zinne, zu durchklettern. Von dieser abweisenden Seite haftete der Großen und auch der Westlichen Zinne der Mythos des Unbezwingbaren an. Als der Dolomitenpionier Paul Grohmann mit den Führern Franz Innerkofler und Peter Salcher am 21. August 1869 der Großen Zinne im Aufstieg von Süden die Jungfräulichkeit nahm, war auch dies eine große Tat. Paul Grohmann erzählt bescheiden: »Zwei Stunden, nachdem wir den ersten Absatz verlassen hatten, betraten wir den höchsten Gipfel. Ich kann wirklich nichts Bemerkenswertes berichten, es sei denn, daß man die Überwindung eines überhängenden Steines und den Sprung über eine Felsspalte als Absonderlichkeiten ansehen wollte. Es war 9.13 Uhr. Ich drückte meinen Leuten vergnügt die Hand, war doch wieder die Besteigung einer ›angezweifelten Spitze‹ möglich geworden!«
Grohmann mußte glauben, daß es nie einem Menschen gelingen würde, über die Nordseite den Gipfel zu erreichen. Doch nach erfolglosen Versuchen anderer hervorragender Kletterer glückte ein Menschenalter später, am 13. und 14. August 1933, dem Italiener Emilio Comici der große Wurf. Der Bann war gebrochen. Als hätte die alpine Welt nur auf

Bild links oben: *Die Sprachengrenze zwischen Deutsch und Italienisch verläuft in den Sextener Dolomiten über die Drei Zinnen. Die Nordseite ist die Sextener, die deutsche Seite, die Südseite ist die Auronzo-, also die italienische Seite. Im Bild die Zinnen-Ansicht von Süden. Von links: Westliche, Große und Kleine Zinne, die Zinnenstraße im Auslauf zur Auronzohütte, die Wegetrasse zum Paternsattel schneidet den Schottersockel der Zinnen.*

Bild links unten: *In der Auffahrt von Misurina zur Auronzohütte verlockt der Lago de Antorno zum Halt. Dieser hübsche, romantische See dient der Westlichen und der Großen Zinne als Spiegel.*

Bild rechts: *Das Zinnenprofil und der Paternsattel. Die Nordwand der mittleren, der Großen Zinne ist die dominierende Wand: 550 Meter vom Fuß zur Spitze – die Linie des fallenden Tropfens.*

das Erlöschen des Mythos gewartet, stürmten sogleich die Nachfolger an, bis 1937 verzeichnete die Große Zinne-Nordwand schon 50 Begehungen! In diesem Jahr stellte Emilio Comici jedoch alles bisherige in den Schatten. Allein und in nur 3¾ Stunden wiederholte er seine Route von 1933! Comici war in den ausklingenden Friedensjahren der unbestrittene Meister des VI. Schwierigkeitsgrades, 1961 erst übertroffen von dem belgischen Felsenartisten Claudio Barbier, der allein in nur einem Tag fünf Nordanstiege im Zinnen-Massiv bewältigte. (Emilio Comici stürzte am 19. Oktober 1940 in einem Klettergarten durch das Reißen einer Reepschnur tödlich ab.) Um den Namen Comici in den Sextener Dolomiten lebendig zu erhalten, war es vom Club Alpino Italiano eine glückliche Idee, diesen genialen Alpinisten mit dem Meister einer früheren Epoche zu verbinden, als er die Hütte am Zwölfer in Rifugio Zsigmondy-Comici umbenannte.

An den Wiener Paul Grohmann erinnert das kleine Denkmal am »Promenadenweg« von der Auronzohütte zum Paternsattel bei der Gedächtniskapelle für verunglückte Bergsteiger. Grohmann erkletterte von dort, also von der Südseite, den Gipfel, seine Route ist auch noch heute der »Normalweg« (Schwierigkeitsgrad II–III) zur Großen Zinne.

Die Normalroute hat ihre Tücken und Gefahren und darf nicht unterschätzt werden, Bergausrüstung mit Seil ist unbedingt notwendig! Der durchschnittliche Bergsteiger wird von der Auronzohütte zum Einstieg (ca. 2600 m) 1 Stunde, von der Zinnenhütte 1½ Stunden brauchen, zuzüglich 2½ Stunden für die verwickelte Kletterführe über 400 Höhenmeter zum Gipfel. Schlüsselstelle ist ein etwa 10 Meter hoher Kamin.

78 Zinnenstraße, Auronzohütte, Paternsattel

In der Auffahrt von Schluderbach nach Misurina zweigt 100 Meter vor dem Lago di Misurina, aber noch bevor man ihn sieht, nach rechts die Zinnenstraße ab. Ein sehr großes, farbiges Schild zeigt die Ziele, die uns locken, wenn wir in die Straße einbiegen: die Drei Zinnen und die Auronzohütte. Die hervorragend ausgebaute Straße ist 7 Kilometer lang, 7,5 Meter breit, Höchststeigung 16% – ab Mautstelle Rinbianco (1851 m) noch 6 Kilometer zu den geräumigen Parkebenen am Rifugio Auronzo in 2320 Meter Meereshöhe – der höchste Punkt einer öffentlichen, für den allgemeinen Verkehr zugelassenen Dolomitenstraße.
Der Autofahrer begrüßt dieses Angebot, für jeden Touristenbus, unterwegs auf Dolomitentour, ist die Auffahrt eine Pflicht, für die Motorradfahrer meist ein Vergnügen, während der Radfahrer, nachdem er ja schon bis Misurina (1756 m) kräftezehrende Höhenmeter hinter sich hat, einen unnachsichtigen Härtetest bestehen muß. Weil es diese Straße gibt – entstanden aus einer italienischen Militärstraße –, die bis zum Fuß der Drei Zinnen führt, müssen wir die unschönen Nachteile – Lärm und Auspuffgase –, die sich zwangsläufig daraus ergeben, in Kauf nehmen. Als Hausherren regieren die Gemeinde und die CAI-Sektion Auronzo, der Ort selbst liegt, gut sichtbar, 1500 Meter tiefer im Süden, im Val d'Ansiei.
Die »Hütte« und ihre nähere Umgebung ist, wenn wir von Talorten absehen, wohl der lauteste Platz in den Dolomiten. Die meisten Besucher schwenken sogleich in den »Promenadenweg« ein, wandern vorbei an der kleinen Lavaredohütte hinauf zum Paternsattel. Warum? In erster Linie wohl deswegen, weil die Auronzo-Seite der Drei Zinnen ja nur ein Versprechen ist, einzulösen am Paternsattel in Bewunderung der aus erregender Nähe gesehenen, scheinbar himmelhohen Nordwände. Dieser 2454 Meter hohe Sattel ist als Aussichtsort ein selten schöner Dolomitenplatz, er selber aber – und scheinbar ist dies nicht abzustellen – leider immer noch eine Deponie für den Müll gedankenloser Touristen. Aber wir brauchen ja nicht zu bleiben: Die sichtbare Zinnenhütte ist nur ½ Stunde entfernt, auch die nahen, in den Fels gehauenen Kriegsstellungen von 1915 am Paternkofel lohnen den kurzen Aufstieg – vielleicht der beste Ausweg aus dem Trubel zwischen Auronzohütte und Paternsattel.
Diesen Ausweg können wir, wenn wir geübt und trittsicher sind, bis zur Gamsscharte am Paternkofel ausdehnen, zudem überrascht er uns mit einem besonders günstigen Blickwinkel zu den Drei Zinnen (siehe Bild Seite 177) – ein Abstecher, der sich lohnt.

Bild links: *Am Paternsattel betrachten wir das Wettergeschehen. Vom Tal herauf schleichen nasse Nebel, verdecken Sekunden später die Zinnenhütte rechts unter dem Toblinger Knoten. Über der Hütte die Schusterplatte, links draußen der Haunold.*

Bild rechts: *Der »Promenadenweg« im südseitigen Fundament der Drei Zinnen mit Zielansprache Paternsattel–Zinnenhütte. Im Hintergrund die Westflanke des Zwölfer.*

Bild unten: *Wollen wir möglichst bequem und schnell in nur kurzer Visite die Drei Zinnen besuchen, kann es als Empfehlung nur die Auffahrt zur Auronzohütte geben. Genau das will aber das Gros aller Dolomitenreisenden, und so sind das Rifugio Auronzo und seine nächste Umgebung zu gewissen Zeiten total überlaufen.*
Die Landschaft im Umkreis, links die Cadini-Gruppe, im Hintergrund der Sorapis, verliert aber dadurch nichts an Glanz.

79 Rund um die Sextener Dolomiten

Die allseits bekannten Eingangspforten, das Innerfeldtal, das Fischleintal und die Zinnenstraße von Misurina zur Auronzohütte, genügen im allgemeinen dem Anspruch, den der heutige schnelle Tourismus an die Sextener Dolomiten stellt. Wir folgen den Wegen hinauf zu den Höhen und vielleicht auch manchem Wink zu diesem oder jenem Gipfel, denn erst die Schau von einem zentralen hohen Punkt gewährt den informativen Einblick in Gliederung und Ausdehnung von Bergen und Tälern.

Weniger bekannt und deshalb im Vergleich zum klassischen Sextener Raum viel weniger besucht ist die südliche Umrahmung der Sextener Bergwelt: vom Kreuzbergpaß zum Comelico, die Straßenschleife aus dem Comelico hinüber nach Auronzo und das Ansieital aufwärts nach Misurina.

Bild links: *Der Kreuzbergpaß war, ausgenommen im Dolomitenkrieg, immer eine stille Grenze. Die Zeit nahm von ihm kaum Notiz, ging spurlos darüber hinweg und hinterließ auch nichts Altes, etwa eine Kapelle, ein Hospiz oder sonst eine Baulichkeit. So ist alles am Paß neu, ein Hotel und ein Skilift. Über dem Hotel die Sextener Rotwand.*

Bild links unten: *Aus der Fahrt vom Kreuzbergpaß hinab in das Comelicotal winkt die Ortschaft Padola von der Hauptstraße in die Nebenstraße über den Passo San Antonio nach Auronzo. Im Bild Padola sowie die südöstlichen Ausläufer der Sextener Dolomiten, links oben der Passo San Antonio.*

Bild rechts: *Blumenwiese mit Feuerlilien im Comelico kurz vor der Mahd.*

Bild unten: *Wenn es am Kreuzbergpaß grünt, kommen vom südseitigen welschen Comelico die Hirten herauf. Der Paß und seine Umgebung, vor allem das östliche Vorfeld der Sextener Dolomiten, werden zum Sommerquartier für Schafherden, die bis zum Herbst bleiben. Im Hintergrund der Karnische Hauptkamm.*

In der Abfahrt von Misurina leitet uns das Höhlensteintal nach Norden zum Pustertal. Folgen wir ihm hinaus nach Toblach und kehren von dort nach Sexten zurück, so schließt sich um die Sextener Dolomiten der Kreis, den wir mit Start in Sexten/Moos zum Kreuzbergpaß – 6 Kilometer – nachvollziehen.

Der Kreuzbergpaß (1636 m), ein Wiesensattel, zu dem von Osten dichte Waldleiten und von Westen freie Hänge sanft einfallen, ist ein bedeutungsvoller Ort. Hydrographisch bildet er die Wasserscheide zwischen dem Schwarzen Meer und dem Adriatischen Meer. Geologisch und geographisch markiert er die östliche Grenze der Dolomiten zu den kristallinen Schiefern des Karnischen Hauptkamms. Ethnographisch stellt er die Barriere zwischen zwei Siedlungsräumen, von denen jeder für sich eine andere Entwicklung in Sprache und Kultur nahm. Politisch war der Kreuzberg bis 1919 ein Grenzpaß zwischen Österreich und Italien.

Auf dem langgezogenen Paßscheitel steht, noch zu Sexten gehörig, das Hotel »Kreuzbergpaß«; in der Abfahrt nach Süden hinein in das wald- und wiesenreiche, heitere Comelico verlassen wir Südtirol.

Das Schild »Veneto« bereitet auf andere Menschen, andere Lebensart und neue Landschaften vor, die uns unten im Talkessel von Dosoledo und Padola – ab Kreuzbergpaß 10 Kilometer – spürbar südländisch begegnen. Die nahen, stark gegliederten südöstlichen Felsabstürze der Sextener Dolomiten schauen herein in den geräumigen, zum Geviert ausgerichteten Dorfplatz von Padola. Im Ausmaß, den geraden, geschlossenen Häuserreihen, der ansehnlichen Kirche mit hohem, spitzem Campanile hat er das Image eines größeren Marktplatzes. Noch vor Padola zweigt von der Hauptroute eine Stichstraße in das Val Risena zum Rifugio Lunelli. Padola (1215 m) weist die Richtung über den Passo San Antonio (1489 m, auch Passo del Zovo genannt) nach Südwesten, hinüber nach Auronzo im Val d'Ansiei, eine Fahrt auf gut ausgebauter Straße – 14 Kilometer –, die wir wegen ihrer Naturschönheit, dem harmonischen Dreiklang von Wiesen, Wäldern und Bergen, nicht genug loben können.

Auronzo – Val d'Ansiei – Misurina

Herab vom San-Antonio-Paß schwenken wir am südlichen Ortsende von Auronzo in das Ansieital. Auronzo di Cadore (864 m), früher ein Dorf, heute ein lebhafter Straßenort entlang des aufgestauten Lago di San Catarina, mit dem Ansehen eines aufstrebenden Ferienzentrums für Sommer und Winter, konzentriert fast die gesamte Besiedelung (Auronzo etwa 5000 Einwohner) im Valle d'Ansiei auf sich.

Von Auronzo, vor der ersten Talbiegung, sehen wir in direkter Linie – Entfernung 14 Kilometer – hinauf zu den Drei Zinnen, die Auronzohütte grüßt ihren Talort. Der mächtige Zwölferstock beeindruckt jedoch noch stärker, weil er näher steht. Das Ansieital schwingt zwischen den Sextener Dolomiten und der Marmarole-Gruppe als doppelt gebogener Geländegraben hinauf zum Ursprung am Misurinasee, ab Auronzo bleibt über mehrere Kilometer talaufwärts die Meereshöhe unter 1000 Meter. Die Berge, die Südgipfel der Sextener Dolomiten (Cima Bagni 2983 m) und die Nordabstürze der Marmarole (Cimon del Froppa 2932 m), ragen mit den höchsten Gipfeln 2000 Meter darüber auf: Diese gewaltige Höhendifferenz in Verbindung mit starker Profilierung einzelner Bergstöcke durch Steilfels und schmaler, schluchtartiger Seitentäler ergibt aufregende Landschaftsbilder. Berg und Tal, der pralle Dolomitfels, die grünen Wiesen am Talwasser, dem Fiume Ansiei, die weißen Schotterarme der bis zum Herbst fast versiegten Zuflüsse aus dem Gebirge leuchten am schönsten am Vormittag in der Auffahrt von Auronzo nach Misurina.

Nach dem ersten Talbogen gleiten die Marmaroleberge ins Blickfeld, im Schwung des zweiten Bogens gegen Misurina öffnet der Sorapis seine nach Norden zu offene Felsenarena – ab Auronzo 23 Kilometer nach Misurina. Nach insgesamt 85 Kilometern – wir haben uns auch im Höhlensteintal umgesehen – schließen wir in Sexten den Kreis.

Bild oben: *Im Frühsommer leuchten die Wiesen südlich des Lago Misurina in Grün und Gelb, der Sorapis und die Marmaroleberge tragen den Schmuck weißer Firne, der ihnen mit fortschreitendem Sommer verlorengeht.*

Bild rechts: *Aus dem Comelico kommen wir über den Passo San Antonio, auch Passo del Zovo genannt, nach Auronzo zum Südufer des Lago di San Caterina.*
Wenig unterhalb der Straßeneinmündung staut eine Mauer den See, und dort rücken wir den Standort zurecht für das Bild: Auronzo im Ansieital, darüber links die Drei Zinnen, rechts der Zwölfer, in Auronzo »Tre Cime di Lavaredo« und »Cima Dodici« genannt.

Bild links: *Der Aufenthalt am Lago Misurina ist ein Höhepunkt jeder Fahrt durch die Östlichen Dolomiten, gleicherweise also auch für die Auto-Tour rund um die Sextener Dolomiten.*
Über dem nördlichen Seezipfel das Felsenrund des Sorapis.

Das Höhlensteintal

Das Höhlensteintal ist nach dem Gadertal der zweite große, nordseitige Eingang zu den Dolomiten, präzise gesagt zu den Östlichen Dolomiten, nach Cortina d'Ampezzo. Der Ort Toblach zieht den Pustertaler Zugangsverkehr von Osttirol und vom Brenner auf sich und lenkt ihn aus dem Toblacher Feld fast niveaugleich ohne Höhenstufe in das torartig aufgeschlossene Höhlensteintal.

Das Höhlensteintal zieht als tiefer, mehr oder weniger schmaler Einschnitt direkt gen Süden, die Talstraße erreicht nach 13 Kilometern, vorbei am Dürrensee, die Weitung von Schluderbach (1437 m). Dort erfährt das Höhlensteintal eine Richtungsänderung nach West und führt das Asphaltband über 3 Kilometer sanft höher zum Geländescheitel Cimabanche. Für diese Gegend ist der frühere deutsche Name »Im Gemärk« noch erhalten, das Höhlensteintal, die Gemeinde Toblach und damit auch der deutsche Sprachraum laufen »Im Gemärk« aus. Die kaum als Paß erkennbare Höhe öffnet die Abfahrt nach Cortina, die Ampezzaner Dolomiten grüßen mit zwei prominenten Bergen, der Tofana di Dentro und der Tofana di Mezzo.

Bis 1964 besaß das Höhlensteintal neben der Straße auch eine Schmalspurbahn, die von Toblach über Cortina hinab in das Piavetal nach Colalzo führte. Den Grundstein dazu legte Österreich während des Dolomitenkrieges durch die Planung und Ausführung der Strecke von Toblach bis Cortina (33 km). Die Bahntrasse dient heute als Wanderweg, auch die Stationshäuschen haben eine Wiederverwendung gefunden. Cimabanche war die höchstgelegene Haltestelle: »1530.16 m sul mare« (= über dem Meer), verkündet auf den Zentimeter genau eine kleine Marmortafel an der Station.

Die Höhlensteinstraße blickt in ihren Ursprüngen Jahrhunderte zurück; Säumer, auch Soldatenvolk zogen seit jeher vom Piavetal herauf in das Pustertal und umgekehrt nach Süden zurück. Der zunehmende Handel zwischen Nord und Süd forderte den Ausbau der einzelnen Straßenfragmente zur durchlaufenden Verbindung zwischen Belluno und Toblach. In den Jahren 1828/29 war das Werk vollendet und wird seitdem »Strada d'Alemagna« genannt, ein Name, der die Bedeutung, das Gewicht der Straße in die Süd–Nordrichtung legt. Für Cortina d'Ampezzo ist das Höhlensteintal der wichtigste Zubringer aus deutschsprachigem Raum; durch das Tal rollt Schwerlastverkehr herauf vom Piave und hinab, meist von Osttirol herüber. Die Große Dolomitenstraße Bozen–Cortina (siehe Seite 230) erfährt durch die Weiterführung nach Toblach im Höhlensteintal die landschaftliche Vollendung.

Bild links: *Neu-Toblach, diese vor dem Ersten Weltkrieg pikfeine Hotelsiedlung am Bahnhof Toblach, öffnet das Tor hinein zum Höhlensteintal. Knapp hinter Neu-Toblach, noch bevor die Berge eng zusammenrücken, haben wilde Wasser und Schotterströme früherer Zeiten eine flache Mulde geschaffen, zu der die junge Rienz einfließt und sie hinaus nach Toblach wieder verläßt. Die klare, fischreiche Wasserschüssel, die schon seit undenklichen Zeiten die Mulde auffüllt, bekam irgendwann den Namen Toblacher See.*
Ein Restaurant versorgt die Gäste, ein Campingplatz verlockt zum Bleiben; die Berge gehören zu den nordwestlichen Ausläufern der Sextener Dolomiten.

Bild rechts: *Die Hohe Gaisl, die Croda Rossa, der dominierende Berg des Höhlensteintales, aufgenommen vom Monte Piana im Rot der Morgensonne. Im Tal das Becken von Schluderbach.*

80 Toblach, Dürrensee, Schluderbach

Vom Höhlensteintal wissen wir die Bedeutung, jetzt möchten wir erfahren, welche Landschaft uns erwartet, wenn wir von Toblach aus das Tal erkunden.
Knapp südlich vom Toblacher Feld (dort Bahnhof Toblach, 1209 m, und Neu-Toblach) bewachen hohe Dolomitberge den Taleingang und führen die Straße in wenigen Kilometern zu einem zauberhaften Gebirgswasser, zum Toblacher See (siehe Bild Seite 184). Zufluß ist die junge Rienz, am Nordufer beim Campingplatz verläßt die Rienz den See hinaus zum Pustertal. Hinein in das Höhlensteintal fahren wir dem Fluß entgegen, die Straße passiert den Kriegerfriedhof »Naßwand – Monte Piano 2«, die letzte Ruhestätte für die an der Dolomitenfront 1915 bis 1917 am Monte Piano gefallenen österreichischen Soldaten. Der ebene, mit Nadel- und Buschgehölz bestandene Schotterboden des Tales wird breiter, links erscheint das ehemalige Werk Landro, ein Sperrfort der Österreicher; dahinter lichter Wiesenboden, darüber die Felsenkuppe des Monte Piano (2301 m), Höhendifferenz von Landro zum Gipfel 900 Meter. In der Flur Landro (1406 m) – der Name ist seit jeher gebräuchlich – an der Einmündung des Rienztales, erwartet uns ein besonderer Dolomitenblick: Das Rienztal öffnet eine schmale Sichtschneise zu den Nordwänden der Großen und der Westlichen Zinne (Bild Seite 9), das neue Hotel nützt diese interessante Schau und nennt sich »Drei-Zinnen-Blick«. Landro zeigt nach dem Zinnenblick gleich ein nächstes, ebenso berühmtes Dolomitenbild: Jeder Reisende, der zum erstenmal durch das Höhlensteintal fährt, hält am Dürrensee an und bewundert die Nordfront der Cristallo-Gruppe. Der See füllt eine flache, ungefähr 500 Meter lange und 300 Meter breite, mit Strauch und Nadelbaum gesäumte Mulde. Über dem Südufer glänzt das gletschergeschmückte Cristallo-Massiv mit 3200 Meter hohen Gipfeln (siehe Bild Seite 186). Das schimmernde Wasser, die kahlen, steilen Felsberge, der Waldgürtel dazwischen neigen sich einander zu und gestalten ein Dolomitenmotiv von einmaliger Schönheit. Der Dürrensee hat eine maximale Tiefe von nur etwa 2,2 Metern, ein trockener Sommer nimmt ihm das Wasser, das berühmte Bild »Dürrensee mit Cristallo« verliert an Ausstrahlung.
Kurz nach dem Dürrensee erreicht die Straße die Feriensiedlung Schluderbach (1437 m), einen seit über 100 Jahren wichtigen Platz für die Touristik zwischen Toblach, Cortina und Misurina. Das altvertraute Hotel »Ploner« gibt es nicht mehr – Schluderbach hat ein neues, modernes Image erhalten! Durch Um- und Neubauten, aber mit Berücksichtigung des sympathischen Baukörpers von einst entstand die Anlage »Vellaggio touristico Ploner«. Schluderbach gewinnt sein landschaftliches Ansehen durch die nahe Cristallo-Gruppe und die Hohe Gaisl (3148 m), den Hauptgipfel der Pragser Dolomiten.

Bilder links und unten: *Die Reise durch das Höhlensteintal über Schluderbach nach Misurina ist eine Drei-Seen-Fahrt: Nach dem Toblacher See bezaubert uns – besonders schön im Frühsommer bei höchstem Wasserstand – der* Dürrensee (links) *und oben in Misurina der Lago* Misurina (unten).
An beiden Seen kann es tagsüber, wenn der Autotourismus rotiert, sehr laut sein; wer die Morgenstunde nützt, bekommt vielleicht sein Traumbild: Die Sonne streichelt die Cristallogipfel, weckt aber noch nicht den Dürrensee, oben in Misurina ist lichter Tag, die Dolomitenburg des Sorapis sehen wir zweimal, im See und darüber.

Bild rechts: *Zur Auffahrt zum Monte Piana entfaltet die Cadini-Gruppe das Geheimnis der Hochkare und Gipfel. Der linke Schneesattel trägt das Rifugio Fonda-Savio, rechts darüber die Nordöstliche Cadinspitze.*

81 Der Misurinasee und die Berge darüber

Das Höhlensteintal führt uns in Schluderbach (1437 m, siehe Seite 185) zur Abzweigung nach Misurina. Schluderbach liegt in einem Zipfel der Provinz Bozen zum benachbarten Belluno, eine Grenze von nur provinzieller Bedeutung. Von 1866 bis zum Dolomitenkrieg begegneten sich in Schluderbach die Länder Österreich und Italien und vorher, von 1753 bis 1866, das Haus Habsburg und die Republik Venedig. Diese historische »Confine« ist nur 1 Kilometer entfernt: Richtung Misurina queren wir den Torrente Marogna, rechts der Brücke steht im Schottergeröll der Grenzstein Nr. 1, auf der Ostseite trägt er die Jahreszahl 1753 und den Buchstaben A (= Austria) und dokumentiert damit die unter Maria Theresia bereinigte Grenze zu Venedig.

Mit der Provinz Bozen verlassen wir deutschen Sprachraum: Das Schild »Il salute Cadore« heißt uns in den Dolomitengemeinden des Cadore willkommen – ein Landschaftsbegriff im Raum zwischen dem östlichen Comelico, dem Piave im Süden, dem Val Zoldana im Westen und dem Ampezzo im Norden. In der Auffahrt nach Misurina steht links der Monte Piana; »Piana« deswegen genannt, weil er im Gegensatz zum früher österreichischen Nordgipfel = »Piano« seit Maria Theresia zum italienischen Sprachraum gehört. Das Gipfelkreuz grüßt herab zur Straße, vor uns ein Wiesenplan, nach knapp 7 Kilometern ab Schluderbach fahren wir direkt auf das nördliche Ufer des Misurinasees zu, den wir aber erst im letzten Moment sehen.

Nach Misurina stellen die Dolomiten neue, interessante Kulissen, neue Landschaften zur Schau, die zu bewundern von nur einer Stelle aus fast einer Unterlassungssünde gleichkommt. Um den Lago di Misurina – Länge und Breite 1000 zu 300 Meter, Tiefe 2 bis 3 Meter – führt ein guter Weg; im Spaziergang rundherum staunen wir über Dolomitenbilder in ständig wechselnden Aspekten. Der Seespiegel liegt in 1756 Meter Meereshöhe, die Dolomitberge halten respektvoll Abstand, deswegen der großartige Rundblick: nach Süden zur Felsenarena des Sorapis, zur Kette der Marmarole, im Westen die Cristallo-Gruppe, im Norden die Drei Zinnen, der Monte Piana und im Osten die Cadini-Gruppe.

Was der Mensch am Misurinasee gebaut hat, ist mehr zweckmäßig als schön; Misurina besteht nur aus etlichen Hotels und Gaststätten. Zwischen den Saisonen wirkt Misurina, die Fensterläden geschlossen, fast wie ausgestorben. Im Sommer aber bis in den Herbst hinein parkt wohl jeder Dolomiten-Reisebus aus halb Europa am Misurinasee, im Winter regieren Eislauf und Ski – Misurina gehört unbestritten zur ersten Dolomitenprominenz! Es lebt von seinem Lago und von dem Gebirge, das sich in ihm spiegelt.

82 Bonacossa-Weg: Misurina – Rifugio Fonda-Savio – Rifugio Auronzo

»Wo ist der Bonacossa-Weg zu suchen?« wird der unternehmungslustige Bergwanderer vielleicht fragen, wenn er vorhat, die Östlichen Dolomiten zu durchstreifen. Der Bonacossa-Weg gehört zum Verzeichnis der Höhenrouten, auf die sich zunehmend mehr und mehr Wanderer spezialisieren, weil sie wissen, diese Wege bieten die beste Gelegenheit, die Dolomiten in all ihrem schier unerschöpflichen Reichtum an herrlicher Landschaft kennenzulernen. Die Landschaft, die der Bonacossa-Weg erschließt, liegt östlich von Misurina und südlich der Drei Zinnen in dem ungewöhnlich reizvoll gegliederten, noch zu den Sextener Dolomiten zählenden Gebirge der Cadini-Gruppe.

Den besten Eindruck von dieser relativ kleinen Bergwelt und für die Information nützlich bekommen wir in der Fahrt auf der Zinnenstraße von Misurina zur Auronzohütte und in der Auffahrt zum Rifugio Bosi am Monte Piana. Dorthin öffnet die »Gruppo di Cadini« tief eingeschnittene, schmale Geröllkare, die eng zueinander gestaffelten Gipfel scheinen nadelspitz zu sein, aus dieser Sicht bewundern wir ein fesselndes Dolomitenprofil. Mit freiem Auge sehen wir auf dem Sattel des Passo dei Tocci die weiße Hausfront des Rifugio Fonda-Savio (2367 m), den zentralen Stützpunkt der Gruppe. Die Hütte, 1962 erbaut vom Club Alpino Italiano (CAI), erfreut sich großer Beliebtheit, für alle touristischen Aktivitäten ist sie die Basis; der Talzugang (1½ Std.) beginnt an der Zinnenstraße.

Der Bonacossa-Weg, nach Alberto Bonacossa benannt und in den Jahren 1964 bis 1967 eingerichtet, quert die Cadini-Gruppe diagonal vom Rifugio Col de Varda (2115 m, Sessellift von Misurina) nach Nordosten über die Fonda-Savio-Hütte zur Auronzohütte. Die Fonda-Savio-Hütte markiert nach 2 bis 3 Stunden die Wegehalbzeit, hohe Scharten, die Forcella Misurina (2471 m), die Forcella del Diavolo (2620 m) und auch Schneefelder würzen die Strecke. Der Weiterweg verlangt einen Höhenverlust von fast 200 Metern hinab in ein Kar, das Cadin di Nevaio, und beeindruckt im Wiederanstieg mit abenteuerlicher Felsnähe, bis er durch ehemalige Kriegsstellungen gemächlich zur Auronzohütte mündet. Die Trasse ist, wo es notwendig erscheint, mit Drahtseilen und kleinen Eisenleitern gesichert; als Klettersteig kann sie kaum gelten.

Bilder oben und links: *Am Bonacossa-Weg, nur wenig unterhalb vom Rifugio Fonda-Savio im Aufblick zum Torre Diavolo, links von ihm die Forcella Diavolo.*
Auf dem linken Bild befinden wir uns im westlichen Wegeteil: Von der Fonda-Savio-Hütte zur Auronzohütte, nach der Forcella Rinbianco im steilen, aber mit Drahtseilen gesicherten Aufstieg zur Kammhöhe im Auslauf zur Auronzohütte.

Bild rechts: *Das Rifugio Fonda-Savio auf dem Passo dei Tocci. Links der Torre Wundt, im Hintergrund Westliche, Große und Kleine Zinne.*

83 Monte Piano und Monte Piana

Die Fahrt im Höhlensteintal von Toblach nach Schluderbach läuft vor der Einfahrt nach Landro, bei der ehemaligen Festung, direkt auf den Monte Piano zu. Der Berg scheint das Tal abzuriegeln (siehe Bild Seite 192/193), so beherrschend füllt er den Raum südlich von Landro. Dieser Position wegen waren der Monte Piano (2301 m) – die österreichische Nordkuppe – und der Monte Piana (2324 m) – die italienische Südkuppe des Massivs – im Dolomitenkrieg der Brennpunkt schwerer Kämpfe. Österreich durfte den Monte Piano, den Sperriegel zum Pustertal, nicht verlieren, Italien mußte ihn erobern, wollte es in das Pustertal vorstoßen. Was alles am Monte Piano und Piana geschah, darüber unterrichtet in deutscher und italienischer Sprache ein umfangreiches Schrifttum, wir beschränken uns auf den knappen Bericht von Hermann Delago aus seinem »Dolomiten Wanderbuch«:

»Gleich zu Beginn des Ersten Weltkrieges wurde das langgestreckte Gipfelplateau von den Italienern besetzt. Am 7. Juni 1915 in aller Frühe erstieg dann eine schwache Abteilung von Tiroler Landsturm und Standschützen den Berg von Norden und warf die Italiener auf die Südkuppe zurück. Der felsige Nordteil des Gipfelplateaus wurde sofort zur Verteidigung eingerichtet und die Besatzung verstärkt. Vom 5. Juli 1915 ab lagen die österreichischen Stellungen unter schwerem Artilleriefeuer. Die Italiener versuchten am Westhang des M. Piano vorwärtszukommen, wo die österreichischen Stellungen längs der

Bilder rechts: *Das Toblacher Kreuz auf dem Monte Piano, darunter das Höhlensteintal, darüber die Hohe Gaisl.*
Nahe dem Toblacher Kreuz befindet sich auch das Denkmal für die Soldaten beider Fronten des Dolomitenkrieges.

Bild unten: *Der Monte Piana mit der Südflanke herab nach Misurina – darin die Straßentrasse zum Rifugio Bosi – und der Monte Piano, die linke Höhe, waren im Dolomitenkrieg heiß umkämpft. Österreich und Italien verteidigten dort oben die damalige Staatengrenze. Österreich besaß den Nordgipfel, den Monte Piano, Italien den Südgipfel, den Monte Piana.*

Reichsgrenze verliefen, aber diese Angriffe scheiterten. Spätere Versuche, auf der Gipfelfläche vorzugehen, mißlangen ebenfalls infolge der starken Wirkung der österreichischen Geschütze. Es folgte der furchtbare Winter 1916/17, der mit Lawinen und Schneestürmen unzählige Opfer forderte. Ein am 22. Oktober 1917 groß angelegter Angriff der Österreicher auf den M. Piana, der Südkuppe, der mit gewaltigem Artillerieaufgebot eingeleitet wurde, mißlang infolge Verrats. Am 3. November 1917 nachts räumten die Italiener infolge der Ereignisse an der Isonzofront in aller Stille den Berg und zogen nach Süden ab.« Der Dolomitenkrieg war, ohne daß er für Italien den Erfolg brachte, beendet.
Das Bergmassiv hat zwei völlig verschiedene Seiten: Die Nordkuppe, der Monte Piano, stürzt steil zum Dürrensee ab; die Südkuppe, der Monte Piana, begnügt sich mit sanfterer Böschung direkt vom Gipfelplateau ohne Felsstufe hinab nach Misurina (siehe Bild links). Dieses vorteilhafte Gelände nützte das italienische Militär für eine Straße zum Plateau, heute die öffentlich gehaltene Zufahrt zum Rifugio Bosi. Die Österreicher hatten es weniger bequem, sie mußten ihre Stellungen am Monte Piano über den steilen Pionierweg herauf vom Dürrensee versorgen.

Rifugio Monte Piana Angelo Bosi (2225 m)
Eine Straße zum Monte Piana, zum Rifugio Bosi! Die Auffahrt beginnt in Misurina. Mutige Leute durchfahren ohne Scheu die langgezogenen, ausgesetzten Schleifen und spitzen Kehren – im oberen Teil eine sandige, schmale Straße – und rollen nach 5 Kilometern am Rifugio aus.
Das Rifugio Bosi, ein gepflegtes, schmuckes Haus, fast ganzjährig geöffnet und privat geführt, ist eine gute Adresse für frühe und späte Dolomitentage im Jahr, wenn andere Hütten noch oder schon geschlossen sind. Am Platz der heutigen Piana-Hütte, einer geebneten Terrasse, war das italienische Bataillons-Kommando. In den Nachkriegsjahren verfielen die Bauten; der italienische Tourismus, der sehr bald auf den Monte Piana zukam, wünschte sich einen passablen Stützpunkt. Ein früherer italienischer Monte-Piana-Kämpfer nahm es auf sich, dem Berg ein Schutzhaus zu geben: 1932 wurde das Rifugio feierlich eröffnet und nach dem auf der Südkuppe gefallenen Kommandanten »Maggiore Angelo Bosi« benannt. Das »Haus-Museum«, die Gegenstände, Waffen, Ausrüstungsstücke, Dokumente, stimmen uns ein zum »Historischen Rundweg« durch die ehemaligen Kriegsstellungen.

84 Der »Historische Rundweg«

Dem unaufhaltsamen Verfall der Kriegsstellungen am Monte Piano und Piana setzten die »Dolomitenfreunde« unter dem österreichischen Oberstleutnant Walther Schaumann ein Ende. Die Idee, sämtliche Kriegsstellungen, die Frontwege, Schützengräben und Unterstände, soweit sinnvoll, in einem »Freilicht-Museum« wieder sichtbar und mit dem »Historischen Rundweg« zugänglich zu machen, fand Anerkennung, Zustimmung und Mithelfer.

»1977 begannen die ›Dolomitenfreunde‹ in Zusammenarbeit mit der Piano-Stiftung und der Gemeinde Toblach mit der Aktion. Das 4. Alpini Corps Kommando Bozen unterstützte mit seinem Bataillon ›Bassano‹ in Innichen die Arbeiten mit Tragtieren und der Beistellung einer logistischen Basis auf der Südkuppe. Freiwillige Helfer aus mehreren Nationen, von Sizilien bis Norddeutschland, stellten sich in ihrem Urlaub unentgeltlich, nur gegen Unterkunft und Verpflegung, zur Verfügung. Neben den sehr umfangreichen Wegeausbesserungen mit Neuanlage von Seilversicherungen wurden gezielt jene historischen Objekte ausgesucht, die eine große Aussagekraft besitzen. Die Rekonstruktionen wurden nur in jenem Ausmaß vorgenommen, das einem weiteren Verfall Einhalt gebot. Aus der Kombination zwischen Frontwegen und Stellungsanlagen entstand so im

Zuge der Aktionen 1977–1979 das erste Freilicht-Museum des Gebirgskrieges« (Walther Schauman, »Monte Piano«).

Die Wanderung auf dem »Historischen Rundweg«, dem Sentiero Storico, zeigt die italienischen Stellungen auf der freundlichen, sonnigen Südkuppe (2324 m) und führt über die Forcella dei Castrati (2272 m), einer schwachen Geländesenke, zu den österreichischen Verteidigungsanlagen auf der rauhen, felsigen Nordkuppe (2301 m). Dort, im schattigen Steilfels hinab zum Dürrensee, erkennen wir das gegenüber den Italienern wesentlich schlechtere Los der Österreicher. Die Gedächtniskapelle am Rifugio Bosi ehrt die Gefallenen beider Nationen.

Bild oben: *Der Monte Piano von Norden aus dem Höhlensteintal.*

Bild links oben: *Das Rifugio Bosi auf dem Monte Piana, im Hintergrund die Cristallo-Gruppe.*

Bild links: *Ehemalige Kriegsstellungen, wieder instandgesetzt von den »Dolomitenfreunden«, mit Blick zu den Drei Zinnen.*

Bild rechts oben: *Italienisches Gebirgsgeschütz, aufgestellt bei der Gedächtniskapelle am Rifugio Bosi, und die noch verschneite Cadini-Gruppe.*

Bild rechts: *Gedenkkreuz bei aufgelassenen Soldatengräbern auf der Nordseite des Monte Piano im Pionierweg vom Dürrensee zum Gipfel.*

Touristik-Informationen

Die Sextener Dolomiten

Das Höhlensteintal

Alle Orte, Touristenstützpunkte, offizielle Parkplätze, Hütten, Gast- und Schutzhäuser, Pässe, Scharten und Jöcher werden in der Reihenfolge aufgeführt, wie sie dem Auto- und Wandertouristen in den oben genannten Kapiteln und den dazugehörigen Artikeln begegnen.

Talorte

Rund um die Sextener Dolomiten.

Toblach/Dobbiaco 1250 m, im Hochpustertal, auf dem Toblacher Feld, an der Wasserscheide: Rienz – Adriatisches Meer, Drau – Schwarzes Meer. Kirchdorf und Gemeindesitz mit den Ortsteilen Alt-Toblach (1250 m) nördlich der Pustertal-Straße, und Neu-Toblach (1209 m) südlich davon am Bahnhof. Provinz Bozen. Abzweigung der Strada d'Alemagna in das Höhlensteintal nach Cortina d'Ampezzo.

Innichen/San Candido 1174 m, Marktgemeinde im Hochpustertal an der Drau, an der Einfahrt in das Sextental. Provinz Bozen. Viel besucht, Hauptort im oberen Pustertal.

Sexten/St. Veit/Sesto 1317 m, im Sextental. Hauptort und Gemeindesitz. Provinz Bozen. Zentrum der allgemeinen Touristik zu den Sextener Dolomiten.

Sexten/Moos 1339 m, im Sextental. Kirchdorf, St. Veit taleinwärts benachbart, an der Einfahrt zum Fischleintal.

Großparkplatz Fischleinboden 1451 m, im Fischleintal. Zufahrt von Sexten/Moos.

Padola 1215 m, an der Südabfahrt vom Kreuzbergpaß in das Val Comelico. Kirchdorf an der Abzweigung über den Passo Zovo nach Auronzo. Provinz Belluno.

Auronzo di Cadore 864 m, großer, langgezogener Straßenort an der Südauffahrt aus dem Piavetal durch das Val de Ansiei nach Misurina. Provinz Belluno. Aufstrebendes Fremdenzentrum für Sommer und Winter.

Misurina 1756 m, am Lago Misurina, südwestlich der Drei Zinnen. Hotelsiedlung. Fraktion der Gemeinde Auronzo. Ausgangsort der Zinnenstraße zur Auronzohütte.

Großparkplatz Auronzohütte 2320 m, südseits der Drei Zinnen, Endpunkt der Zinnenstraße.

Schluderbach/Carbonin 1437 m, im Höhlensteintal. Feriensiedlung an der Straße Toblach – Cortina. Abzweigung nach Misurina.

Touristenstützpunkte

Für den Sommertourismus wichtige offizielle Parkplätze, Hütten, Gast- und Schutzhäuser. Allgemeine Öffnungszeiten der Hütten von Ende Juni bis Ende September. (Club Alpino Italiano = CAI, Alpenverein Südtirol = AVS.)

Dreischusterhütte 1617 m, AVS-Sektion »Drei Zinnen«, im Innerfeldtal. Zugang von Innichen durch das Innerfeldtal. Stützpunkt für Wander- und Bergtouren in den nördlichen Sextener Dolomiten. Übergänge zum Höhlensteintal, zum Sextental, zur Drei-Zinnen-Hütte.

Rotwandwiesenhütte 1925 m, privat, an der Sextener Rotwand. Zugang von Sexten/Bad Moos mit Lift. Stützpunkt für die Sextener Rotwand. Übergänge zum Kreuzbergpaß und zum Fischleintal.

Berggasthaus »Zum Rudi« 1925 m, privat, auf der Rotwandwiese.

Talschlußhütte 1540 m, privat, im Fischleinboden, dort Wegeteilung: im Altensteiner Tal zur Drei-Zinnen-Hütte, im Bacherntal zur Zsigmondy-Comici-Hütte.

Zsigmondy-Comici-Hütte 2235 m, CAI-Sektion Padua, im Bacherntal, am Zwölferkofel. Zugang von der Talschlußhütte. Stützpunkt für Wanderungen und Bergtouren in den zentralen Sextener Dolomiten. Übergänge zum Büllelejoch – Zinnenhütte, Giralbajoch – Carduccihütte.

Rifugio Carducci 2297 m, CAI-Sektion Auronzo, südlich vom Giralbajoch. Zugang von der Zsigmondyhütte. Stützpunkt für Wander- und Bergtouren im südöstlichen Sextener Bergraum. Übergang zum Rifugio Berti (siehe Klettersteige).

Büllelejochhütte 2528 m, privat, am Büllelejoch, im Übergang von der Zsigmondyhütte zur Zinnenhütte.

Drei-Zinnen-Hütte 2405 m, CAI-Sektion Padua, am Toblinger Riedel, im Nahbereich von Paternkofel und Drei Zinnen. Stützpunkt für Wanderungen und Bergtouren in den zentralen Sextener Dolomiten. Übergänge zum Innerfeldtal, zum Höhlensteintal, zur Auronzohütte, zur Zsigmondyhütte.

Rifugio Auronzo 2320 m, CAI-Sektion Auronzo, südseits der Drei Zinnen. Zufahrt auf der Zinnenstraße. Stützpunkt für Wanderungen und Bergtouren rund um die Drei Zinnen. Übergänge zur Zinnenhütte, zum Büllelejoch und zur Zsigmondyhütte, zur Fonda-Savio-Hütte.

Rifugio Lavaredo 2344 m, privat, am Weg von der Auronzo- zur Zinnenhütte.

Rifugio Lunelli 1568 m, privat, im Osten der Sextener Dolomiten, südlich des Kreuzbergpasses. Zufahrt aus dem Val Comelico.

Rifugio Berti 1950 m, CAI-Sektion Padua, in den nordöstlichen Sextener Dolomiten. Zugang vom Rifugio Lunelli und vom Kreuzbergpaß. Stützpunkt für Wander- und Bergtouren im östlichen Sextener Bergraum. Übergänge zur Carduccihütte und zur Zsigmondyhütte.

Rifugio Col de Varda 2115 m, privat, im Südwesten der Cadini-Gruppe. Zugang mit Sessellift von Misurina. Stützpunkt für Wanderungen in der Cadini-Gruppe. Übergang auf dem Bonacossaweg zum Rifugio Fonda-Savio und zur Zinnenhütte.

Rifugio Fonda-Savio 2367 m, CAI-Sektion Triest, im Zentrum der Cadini-Gruppe, am Passo dei Tocci. Zugang von der Zinnenstraße. Stützpunkt für Wander- und Bergtouren in der Cadini-Gruppe. Übergänge zur Auronzohütte, zum Rifugio Col de Varda, zum Rifugio Citta di Carpi.

Rifugio Citta di Carpi 2110 m, CAI-Sektion Auronzo, südseits der Cadini-Gruppe. Zugang von Misurina.

Rifugio Bosi 2225 m, privat, auf dem Monte Piana. Zufahrt von Misurina.

Pässe, Scharten, Jöcher

Straßenpässe und für den Wandertourismus wichtige Übergänge.

Kreuzbergpaß 1636 m, Straßenpaß im Osten der Sextener Dolomiten, zwischen Sexten und Val Comelico.

Passo Zovo (San Antonio) 1489 m, Straßenpaß im Südosten der Sextener Dolomiten, zwischen dem Val Comelico und Auronzo.

LückeleScharte 2530 m, in den nordwestlichen Sextener Dolomiten. Übergang zwischen Innerfeldtal und Höhlensteintal.

Giralbajoch 2431 m, am Zwölferkofel. Übergang zwischen Zsigmondyhütte und Rifugio Carducci.

Elferscharte 2610 m, am Elferkofel. Übergang im Alpiniweg.

Sentinellascharte 2717 m, zwischen Elferkofel und Sextener Rotwand. Übergang im Alpiniweg zwischen Zsigmondyhütte und Bertihütte.

Büllelejoch 2522 m, zwischen Paternkofel und Zwölferkofel. Übergang Zsigmondyhütte – Zinnenhütte.

Paternsattel 2457 m, zwischen Paternkofel und Drei Zinnen. Übergang Auronzohütte – Zinnenhütte.

Großes Wildgrabenjoch 2290 m, am Schwalbenkofel. Übergang zwischen Drei-Schuster-Hütte und Zinnenhütte.

Gwengalpenjoch 2446 m, am Toblinger Knoten. Übergang Zinnenhütte – Drei-Schuster-Hütte.

Wandervorschläge

Einfache Wanderungen:

Von Innichen im Innerfeldtal zur Drei-Schuster-Hütte.

Von der Rotwandwiese zum Kreuzbergpaß.

Von der Talschlußhütte zur Zinnenhütte oder zur Zsigmondyhütte.

Von der Auronzohütte zur Zinnenhütte.

Von der Zinnenstraße zur Fonda-Savio-Hütte.

Vom Rifugio Bosi über den Monte Piana zum Monte Piano (siehe Seite 190).

Anspruchsvolle Wanderungen:

Von der Drei-Schuster-Hütte über Außergsell und Innergsell nach Sexten.

Von der Drei-Schuster-Hütte über die Lückelescharte zum Höhlensteintal.

Von der Drei-Schuster-Hütte über das Gwengalpenjoch zur Zinnenhütte.

Vom Parkplatz Fischleinboden über Talschlußhütte – Zsigmondyhütte – Büllelejoch – Zinnenhütte zurück zum Fischleinboden.

Vom Rifugio Col de Varda auf dem Bonacossaweg durch die Cadini-Gruppe zur Auronzohütte (siehe Seite 118).

Empfehlenswerte Gipfeltouren

Haunold 2996 m, aus dem Innerfeldtal, von der Drei-Schuster-Hütte.

Hochebenkofel 2904 m, aus dem Innerfeldtal von der Drei-Schuster-Hütte.

Sextener Rotwand 2936 m, von der Rotwandwiese (siehe Klettersteige).

Hochbrunnerschneid 3045 m, im oberen Bacherntal, von der Zsigmondyhütte.

Schusterplatte 2957 m, im Nahbereich der Zinnenhütte.

Toblinger Knoten 2617 m, im Nahbereich der Zinnenhütte (siehe Klettersteige).

Paternkofel 2746 m, im Nahbereich der Zinnenhütte (siehe Klettersteige).

Nordöstliche Cadinspitze 2790 m, von der Fonda-Savio-Hütte (siehe Klettersteige).

Klettersteige

Achtung! Zum Begehen der Klettersteige ist zur normalen Bergwanderausrüstung die spezielle Klettersteigausrüstung erforderlich: Brust- und Sitzgurt, Reepschnur und Karabiner, Helm und Handschuhe. Schwierigkeitsbewertung nach Sepp Schnürer »Klettersteige Dolomiten – Mendelkamm – Gardaseeberge – Brenta«.

Klettersteig Rotwandspitze, wenig schwierig, an der Sextener Rotwand. Von der Liftstation Rotwandwiese über die Rotwandköpfe zum Einstieg (ca. 2200 m) am nordwestseitigen Vorbau der Rotwand. Teilweise steile, ausgesetzte, mit Drahtseilen gesicherte Route durch ehemalige Kriegsstellungen. Ab Rotwandwiese 1000 Höhenmeter zum Gipfel (2936 m).

Ferrata Zandonella, schwierig, Südanstieg zur Sextener Rotwand, mit Ausgangsort Bertihütte. Einstieg nahe der Sentinellascharte. Vom Einstieg (ca. 2650 m) sehr steile, mit Drahtseil und zwei kurzen Leitern gesicherte Route über 300 Höhenmeter zum Gipfel.

Alpiniweg, mäßig schwierig, an der Westflanke des Elferkofel. Zugang von der Zsigmondyhütte, vorbei am Giralbajoch zum Einstieg am Inneren Loch (ca. 2400 m). Diagonale, mit Drahtseil gesicherte Wandquerung zur Elferscharte (2610 m). Von dort in der Nordwestwand des Elfer – Achtung, bis in den Sommer hinein Schnee und Eis – ausgesetzt hinüber zum Ausstieg an der Sentinellascharte. Abstieg entweder zur Bertihütte oder zum Fischleinboden.

Ferrata Roghel – Cengia Gabriella, schwierig, in den östlichen Sextener Dolomiten, von der Bertihütte zur Carduccihütte. Von der Bertihütte zum Einstieg (ca. 2350 m). Sehr steile, mit Leitern und Drahtseilen gesicherte Route über 200 Höhenmeter zur Forcella dei Campanile; in einer Steilschlucht – Achtung, Eis und Schnee! – Abstieg bis zu ihrem Auslauf und oberhalb des Bivacco Battaglione Cadore (2251 m) auf Steig zum Anschluß in das Cengia Gabriella, einer mit Drahtseil gesicherten, fast horizontalen Route über Felsbänder zur Ausstiegsschlucht (Achtung, Eis!) nahe dem Rifugio Carducci.

Kriegssteig »De Luca – Innerkofler«, wenig schwierig, am Paternkofel. Einstieg nahe der Zinnenhütte und durch frühere Kriegsstollen (Achtung, Taschenlampe!) mit Hilfe von Drahtseilsicherung steil höher zur Gamsscharte (2650 m). Von dort kurzer, steiler Felsanstieg, gesichert, zum Paternkofel (2746 m). Hierher auch vom Paternsattel.

»Leiternsteig« am Toblinger Knoten, schwierig. Von der Zinnenhütte kurzer Zugang zum Einstieg. Durch die Nordkamine mit Leitern und Drahtseilen gesicherter, fast senkrechter Aufstieg zum Gipfel (2617 m).

Hauptmann Bilgeri-Gedächtnissteig, mäßig schwierig, am Monte Piano. Nordroute mit Ausgang am Dürrensee auf dem »Pionierweg« zum Einstieg (ca. 2180 m). Sehr steil, mit Drahtseilsicherung über etwa 200 Höhenmeter zum Ausstieg am Toblacher Kreuz auf der Nordkuppe, dem Monte Piano (2301 m).

Ferrata Merlone, schwierig, an der nordöstlichen Cadinspitze (2790 m). Vom Rifugio Fonda-Savio zum Einstieg an der Nordwestwand. Sehr steile, mit langen Leitern und Drahtseilen gesicherte Route über 300 Höhenmeter zum Gipfel.

Dolomiten-Höhenwege

Im Bereich Sextener Dolomiten und Höhlensteintal.

Dolomiten-Höhenweg ⚠: Neu-Toblach 1209 m – Sarlsattel 2229 m – Kirchlerscharte 2280 m – Plätzwiesenhütte 1993 m – Dürrensteinhütte 2040 m – Dürrensee 1406 m – Monte Piano 2301 m – Monte Piana 2324 m – Rifugio Bosi 2225 m – Misurina 1756 m.

Dolomiten-Höhenweg ⚠: Innichen 1173 m – Drei-Schuster-Hütte 1617 m – Gwengalpenjoch 2446 m – Drei-Zinnen-Hütte 2405 m – Paternsattel 2457 m – Auronzohütte 2320 m – Rifugio Fonda-Savio 2367 m – Forcella Cadin de Serto 2467 m – Rifugio Citta di Carpi 2110 m – Rifugio Cristallo 1383 m, an der Straße im Val d'Ansiei.

Dolomiten-Höhenweg ⚠: Sexten 1317 m – Fischleintal – Talschlußhütte 1540 m – Zsigmondy-Comici-Hütte 2235 m – Giralbajoch 2431 m – Rifugio Carducci 2297 m – Giralba 951 m im Val d'Ansiei.

Seilbahnen und Lifte

Für den Sommertourismus wichtige Bergbahnen und Lifte.

Helm-Seilbahn, Talstation Sexten 1317 m – Bergstation Hasenköpfl 2110 m.

Rotwandwiesen-Lift, Talstation Sexten/Bad Moos 1356 m – Bergstation Rotwandwiesen 1925 m.

Col de Varda-Lift, Talstation Misurinasee 1756 m – Bergstation Rifugio Col de Varda 2115 m.

Campingplätze

Camping Olympia 1170 m im Pustertal, westlich von Toblach.

Camping Toblacher See 1251 m im Höhlensteintal.

Camping Sexten 1527 m an der Auffahrt von Sexten zum Kreuzbergpaß.

Camping Misurina 1756 m an der Zinnenstraße zur Auronzohütte.

Wanderkarten

Die wichtigsten, im Handel erhältlichen Wanderkarten, auch einschlägige Karten italienischer Verlage in italienisch/deutscher Kartierung.

Kompass Wanderkarte 1 : 50000, Blatt 58, »Sextener Dolomiten«.

Freytag & Berndt Wanderkarte 1 : 50000, Blatt S 10, »Sextener Dolomiten«. Blatt S 3, »Pustertal, Bruneck, Drei Zinnen«.

Tabacco Wanderkarte 1 : 50000, Blatt 1, »Cortina d'Ampezzo – Sextener Dolomiten«.

Tabacco Topographische Wanderkarte 1 : 25000, Blatt 010, »Sextener Dolomiten«.

Geografica Wanderkarte 1 : 25000, Blatt 2, »Misurina – Drei Zinnen«.

Cortina d'Ampezzo und seine Dolomiten

Cortina und seine Geschichte

Cortina d'Ampezzo ist seit den VII. Olympischen Winterspielen von 1956 ein fast weltberühmter Name, eine Talschaft in der erholsamen Meereshöhe von 1211 Metern, laut Dolomiteneinteilung zwar nicht das geographische Zentrum, aber unbestritten das Herz, die »Hauptstadt« der Dolomiten (8000 Einwohner). Betrachten wir Tal, Ort und Berge, erkennen wir sehr bald: Kein anderer Dolomitenraum erreicht die wirtschaftliche und touristische Bedeutung von Cortina d'Ampezzo. Das milde Gebirgsklima mit trockener Luft und wenig Wind, 7 Stunden Sonnenschein auch in den kürzesten Tagen des Jahres und absolute Nebelfreiheit zeichnen Cortina klimatisch aus. Der Cortineser Standard für Sommer- und Winteraufenthalt ist sehr hoch: 53 Bergbahnen und Lifte, davon 24 für die Sommersaison in Betrieb, erfüllen die Beförderungswünsche.

Ampezzo, so heißt die ausgedehnte, von prächtigen Dolomiten gerahmte Talweitung im Oberlauf des Boite, in deren Mitte Cortina liegt. Die möglichen vier Zufahrten in das Ampezzaner Becken münden zum Ort: die nördliche von Toblach im Pustertal auf der Strada d'Alemagna durch das Höhlensteintal, die östliche von Misurina über den Tre-Croci-Paß, die südliche herauf vom Piavetal entlang des Torrente Boite durch das Cadore und die westliche auf der Großen Dolomitenstraße herab vom Falzaregopaß. Diese im Sommer, zur Hochsaison, überaus starken Verkehrsströme muß Cortina hinnehmen, es gibt keine großzügige Umfahrung. Cortina teilt auch das Schicksal anderer hochentwickelter Fremdenverkehrs-Metropolen: Zwischen den Saisonen scheint der Ort fast zu schlafen, im Sommer und Winter aber lebt Cortina auf zum internationalen Stelldichein der großen Welt. Die »Schönen und Reichen« finden innerhalb der Dolomiten nur in Cortina das Ambiente, das zum sportlichen »high life« nun einmal gehört. Die Hauptstraße, der Corso Italia, ist dann als Fußgängerzone ein überaus belebter Boulevard zum Flanieren und Schauen, man will sehen und gesehen werden.

In welchen Zeiten aber liegt der Ursprung von Cortina d'Ampezzo verborgen? Streifte jemals der große Atem europäischer Geschichte auch das Ampezzaner Becken? Nach dem Grafen Albert von Görz im 13. Jahrhundert legten die Patriarchen von Aquilèia und nach ihnen – 1420 – die Republik Venedig die Hand auf Land und Leute. Im Cadore, wie der Landstrich unterhalb von Cortina dem Piave zu heißt, nahm der italienische Einfluß zu, von Cortina den Boite aufwärts nach Norden besaßen die Tyroler Landesfürsten am Eingang zum Gemärk die Feste Peutelstein. Wegen der Unsicherheit über die tatsächlichen Hoheitsrechte kam es im Jahre 1508 zum Krieg zwischen dem deutschen Kaiser Maximilian I. und Venedig und zur

Schlacht auf dem Feld bei Rusecco vor Pieve di Cadore. Der Kaiser wurde schwer geschlagen; 1511 gelang jedoch die Wiedereroberung von Peutelstein und dem Ampezzo, dem damals Haiden genannten Talkessel. Im gleichen Jahr entschied sich die Ampezzaner Bevölkerung in einer Volksabstimmung freiwillig für Tyrol, eine Zugehörigkeit, an der sich bis zur Abtrennung von Südtirol an das Königreich Italien im Jahre 1919, mit Ausnahme des Napoleonisch-Bayrischen Zwischenspiels von 1809 bis 1813, nichts änderte.

Bei Beginn des Dolomitenkrieges im Mai 1915 räumte Österreich freiwillig den Ampezzaner Raum und legte die Front in die Berge nördlich von Cortina. Nach dem Friedensschluß von Versailles (19. 9. 1919) trennte der italienische Staat Cortina d'Ampezzo vom angestammten Südtiroler Raum, der zur Provinz Bozen wurde, und teilte das Ampezzo der Provinz Belluno zu.

Großes Bild: *Cortina d'Ampezzo im Schmuck und Glanz des Monte Cristallo, dem Wahrzeichen der Talschaft. Die Waldsenke rechts markiert den Passo Tre Croci.*

Bild links unten: *Cortina von Süden, links Col Rosà, im Hintergrund der Seekofel, rechts der Pomagagnon.*

Bilder unten: *Der Kirchturm von Cortina, 76 Meter hoch, im Jahre 1853 aus weißem Kalkstein erbaut.*
Das Denkmal für Angelo Dibona, dem großen Cortineser Bergführer, aufgestellt nahe dem Kirchturm.

Die Ampezzaner Dolomiten
Im Ampezzaner Gebiet feiert der gebankte Hauptdolomit in Gestalt großer, geschlossener Felswände und mächtiger Einzelberge wahre Triumphe. Wo stellen sich die Dolomiten noch eindrucksvoller vor als im Gipfelkranz rund um Cortina? Die Schönheit der Ampezzaner Bergwelt war bis in die zweite Hälfte des 19. Jahrhunderts kaum bekannt, es mußten die ersten Alpenreisenden kommen, die Erschließer, ein Protagonist wie Paul Grohmann, um das unbekannte Dorf Cortina zu einem Stern im Dolomiten-Alpinismus zu erheben. Der Begriff »Ampezzaner Dolomiten« umfaßt all die Berge, die wir aus dem Talbecken bewundern.
Im Norden, aus dem Boitetal heraus, baut der Pomagagnon eine starke Felsenmauer auf. Der Monte Cristallo, ein mächtiges Dolomitmassiv, überhöht diese Gipfelkette nach Osten zu um fast 1000 Meter und gibt seine Dreitausender-Dimension über den Tre-Croci-Paß im Ost-Süd-Bogen weiter zur gewaltigen Felsenburg des Sorapis. Die stolze Pyramide des Antelao markiert den Ampezzaner Süden unten im Tal des Boiteflusses bei San Vito di Cadore. Aus dem Boitetal hebt der Rocchettakamm die Berglinie hinauf zum originellen »Schnabel« des Becco di Mezzodì. Den südwestlichen, über 2500 Meter hohen Bergrahmen tragen die zierlichen Croda da Lago, die »Felsen am See«, und der gestreckte Rücken des Nuvolau und der Averau – an deren Fuß die Natur die Felswürfel der Cinque Torri in grüne Wiesenmatten streute – zum Falzaregopaß im Westen. Das klassisch-schöne Dreitausender-Trio der Tofane vollendet hinab zum Boitetal nördlich von Cortina mit Anschluß über den Col Rosà zum Pomagagnon den Ampezzaner Rundblick. Voller Erwartung schicken wir uns an, die Ampezzaner Bergwelt näher zu ergründen.

85 Monte Cristallo, Rifugio Lorenzi

Der beste Ausblick nach Cortina ergibt sich bei dem kleinen Tunnel, der die Dolomitenstraße in der Auffahrt zum Falzaregopaß durch den Pocol-Felsen führt (Parkplatz wenig vorher links). Dieses für Cortina d'Ampezzo ungemein werbeträchtige Motiv besitzt drei Merkmale, die ausgezeichnet zueinander harmonieren: Cortina mit seinem baulichen Wahrzeichen, dem hohen, auffallenden Kirchturm, die weichen, gepflegten Wiesenmatten zum Bergwald und der Monte Cristallo (siehe Bild Seite 196/197). Aus dieser Sicht im gebührenden Abstand von 8 Kilometer Luftlinie zum Hauptgipfel erkennen wir am besten die Bedeutung dieses Dolomitenkolosses: Der Monte Cristallo ist ein »Monte«, ein Berg im wahrsten Sinn des Wortes! Ein Dolomitenmassiv in diesem Ausmaß – vom südlichen Passo Tre Croci zum nördlichen Schluderbach im Höhlensteintal und vom westlichen Ospitale an der Strada d'Alemagna nach Misurina im Osten – ist von der Natur stark aufgegliedert, besitzt tief eingeschnittene, schmale steile Schottertäler, hohe, starke Einzelgipfel und eine dominierende Cima Principale, einen Hauptgipfel, dem sich die anderen Höhen unterordnen. Der Monte Cristallo plaziert seine 3216 Meter hohe Principale – von den italienischen Bergsteigern so genannt – direkt über dem Tre-Croci-Paß (1809 m, siehe Bild Seite 229). Wir sehen deutlich die Gliederung in Hauptgipfel, Piz Popena (3152 m) und die 3154 Meter hohe Cima di Mezzo, den Cristallo-Mittelgipfel. Er sendet einen steilen, schmalen Nordwestgrat hinab zur Forcella Staunies,

daraus erhebt sich der Cristallino d'Ampezzo (3036 m), auch er gehört noch zum Kern des Cristallo-Massivs.

Die Cima Principale ist wegen ihres langen, mühsamen, auch etwas komplizierten und von keiner technischen Hilfe unterstützten Anstiegs im Vergleich zum Mittelgipfel ein einsamer Berg. Zur Forcella Staunies dagegen führt ein Gondellift, auf der Scharte steht das einladende Rifugio Lorenzi, und den Mittelgipfel erschließt ein hervorragend installierter Klettersteig, die Ferrata Marino Bianchi. Der Tourismus genießt in vollem Zugriff das Angebot dieser großartigen Dolomitenstation: Die Höhe – fast 3000 Meter –, die weite Schau in nördliche und südliche Gebirgsräume, den intimen Einblick in die von unten unsichtbaren nordseitigen Geheimnisse des Monte Cristallo und neben der nahen und kurzen Tour zum Mittelgipfel auch die längeren Routen, den mittlerweile berühmten Dibona-Weg und die Ferrata Renato de Pol hinab nach Ospitale.

Die Auffahrt zum Rifugio Lorenzi beginnt bei der Talstation Rio Gere (1680 m) an der Straße Cortina – Tre-Croci-Paß mit dem Sessellift zur Mittelstation Som Forca (2215 m). Dort kurzer Zugang zum Gondellift: Das Drahtseil – Entfernung zur Bergstation fast 2 Kilometer – trägt 110 Stehgondeln über das fast zum Fürchten steile Schotterkar der Grava Staunies hinauf zur Forcella Staunies (2918 m). Auf schmaler Felsenkanzel erwartet uns dort die schmucke, privat geführte Lorenzihütte (2932 m).

Die Klettersteige am Monte Cristallo

Die Holzterrasse vor dem Rifugio Lorenzi ist bei gutem, warmem Wetter immer voll besetzt. Stellt der Lift gegen Abend den Betrieb ein, bleiben nur wenig Übernachtungsgäste übrig – die Bergwanderer und Klettersteiggeher. Der Tourenvorschlag:

1. Tag: Forcella Staunies–Ferrata Bianchi
2. Tag: Sentiero Dibona–Col dei Stombi–Ospitale verbindet zwei hervorragende und dennoch gänzlich unterschiedliche Steige zur wohl schönsten Tour in der Cristallo-Gruppe.

Ferrata Bianchi: 800 Meter Drahtseil, 140 Haken sowie zwei Leitern führen direkt vom Rifugio Lorenzi über den Nordwestgrat – Höhendifferenz 200 Meter – zum Cristallo-Mittelgipfel, ein Steig nur für Geübte, kein Spaziergang in der Dreitausender-Region!

Sentiero Dibona: Der Dibona-Weg erschließt im westlichen Cristallokamm die früheren Soldatensteige aus dem Dolomitenkrieg. Infolge Routenführung und Gebirgspanorama gilt er als Dolomitenweg der Extraklasse!

Ferrata Renato de Pol: Dieser »Eisenweg« öffnet, herauf von Ospitale, die einstige Front der Österreicher am Monte Cristallo. Im Vergleich zum Dibona-Weg ist dieser Klettersteig steiler, vom Gelände her anspruchsvoller – ein interessanter Unterschied zwischen den beiden Frontlinien. (Siehe Sepp Schnürer, »Klettersteige Dolomiten – Mendelkamm – Gardaseeberge – Brenta«)

Bild links unten: *Das Rifugio Lorenzi am Monte Cristallo. Die Höhe, fast 3000 Meter über dem Meer, und die Position in der Forcella Staunies zwischen dem Cristallo-Mittelgipfel und dem Cristallino d'Ampezzo, dazu der bequeme »Aufstieg« per Lift, erheben die Lorenzihütte zu einem außergewöhnlichen Belvedere, zu einer Aussichtsplattform erster Klasse im Cortineser Raum.*

Bild links: *Die Lorenzihütte ist der Startplatz zu zwei interessanten, vielbegangenen Klettersteigen im Cristallo-Massiv.*
Bei der Plattform vor der Hütte greifen wir sofort die Drahtseilsicherung der Ferrata Bianchi – Höhendifferenz zum Gipfel nur 200 Meter. Aber die Route ist steil, ausgesetzt, anspruchsvoll und bei Schnee und Eis – in dieser Höhe auch im Sommer möglich – gefährlich!

Bild unten: *Die Hängebrücke am Cristallino d'Ampezzo, nur wenige Minuten von der Liftstation in der Forcella Staunies entfernt, ist der »Knüller« im Dibona-Weg.*
Der schmale, schwankende Steg, fest verankert und mit Seilgeländer versehen, überbrückt einen sehr tiefen, etwa 30 Meter breiten Spalt – ein Nervenkitzel auch für den an schwindelnde Höhen gewöhnten Klettersteig-Fan.

86 Tre-Croci-Paß, Rifugio Vandelli, Lago Sorapis

Jede große Dolomitenreise berührt Cortina und den Misurinasee und rollt deshalb aus dieser oder jener Richtung über den Passo Tre Croci. Stehen wir am Paß – ein 1809 Meter hoher, waldgesäumter, weiter Geländescheitel – haben wir das Cristallo-Massiv im Norden und die Sorapis-Gruppe im Süden vor uns. Wie an jedem Paß, so demonstrieren auch hier die Dolomiten ihr Baumuster, das geräumige Senken braucht, um die Gebirgsstöcke voneinander abzugrenzen. Als Schwelle zwischen Misurina, Auronzo und Cortina bekommt der Paß seit jeher von beiden Seiten viel Verkehr, deshalb das obligatorische große Hotel (seit 1985 modernisiert) und die mit drei Kreuzen auffällig hervorgehobene Kapelle. Auf diese Besonderheit nimmt der Paßname direkten Bezug. Die Kreuze, ein großes und zwei kleinere links und rechts, erinnern an das Unglück einer Ampezzanerin, die mit ihren zwei Kindern im Jahre 1709 auf der Paßhöhe erfror. Noch bis zum Ausklang des 19. Jahrhunderts war der Weg über die Gebirgspässe, ohne Straße und Auto, immer mühsam, auch voller Gefahren für Leib und Leben.

Der Tre-Croci-Paß ist ein gern und viel benützter Ausgangsort für Unternehmungen am Cristallo und am Sorapis. Dolomiten-Höhenweggeher auf der Route ⚠ kommen herauf von Schluderbach und marschieren zum Rifugio Vandelli am Lago Sorapis weiter. Das größte Kontingent stellen jedoch die vielen Tagesausflügler, denn die Wanderung zu einem »Lago« im Rahmen hoher, steiler Felsberge, dazu eine Hütte am See zur Einkehr und Labung ist der Wunschtraum wohl aller gehfreudigen Dolomiten-Urlauber.

Der Weg, zwar gut ausgeschildert und markiert, erweist sich für manch einen frohgemuten Gelegenheitswanderer länger und auch beschwerlicher, als er vielleicht glaubt. Einen Dolomitenweg ohne Auf und Ab gibt es nicht, auch Felsberührung, in diesem Fall zwar durch Holztreppen und Drahtseilsicherung gemildert, sollte mit einkalkuliert sein. Nach gut 2 Stunden Gehzeit grüßt die Hütte.

Die Bilder dieser Seiten vermitteln einen guten Eindruck vom Rifugio Vandelli (1928 m) und seiner Umgebung. Der Lago Sorapis, nur wenige Minuten entfernt, leuchtet in einem unwahrscheinlichen, malachitgrünen Farbenspiel, die nordseitige Felsenfront des Sorapis überragt den See um 1000 Meter, der nahe Dito di Dio, der »Finger Gottes«, zeigt mit seiner senkrechten, mehrere hundert Meter hohen Felskante direkt gen Himmel – ein Stern im Dolomiten-Baedeker.

Bilder links unten und rechts: *Der Lago Sorapis, ohne sichtbaren Zufluß, in herrlicher Sauberkeit und Frische – nur im Hochgebirge gibt es noch solche Wunder!*
Die weite Entfernung von der nächsten Straße, der Jahreslauf, Schnee vom Spätherbst bis Ende Juni, schützen das Wasser vor allzu aufdringlichem Zugriff durch den Menschen.
Die Vandellihütte, geöffnet von Ende Juni bis Ende September, regelt Kommen und Gehen; verschließt der Hüttenpächter Tür und Fenster, verschließt er fast auch den See.

Bild unten: *Das Rifugio Vandelli am Lago Sorapis, vom Tre-Croci-Paß, dem bevorzugten Ausgangsort, etwa 2 Stunden entfernt, ist ein beliebtes Wanderziel.*
Hütte, See und Berge versprechen einen besonders schönen Aufenthalt. Im Hintergrund die Cadini-Gruppe.

Die Klettersteige am Sorapis
Innerhalb der Dolomiten ist der Sorapis eine Welt für sich, ein gewaltiges Massiv mit Gipfelhöhen über 3000 Meter: Punta Sorapis 3205 m, Croda Marcora 3154 m, Fopa di Mattia 3141 m. Es gibt zwei Schutzhütten, das Rifugio Vandelli, plaziert in dem nach Nordosten geöffneten Felsenrund hinab zum Ansieital, und das Rifugio San Marco am Südrand der Sorapis-Gruppe (siehe Seite 202). Das touristisch hervorstechende Merkmal am Sorapis sind weniger die relativ schwierigen Normalanstiege zu den genannten Gipfeln als vielmehr ein Klettersteige-Ring: Die Ferrata Vandelli, der Sentiero Minazio und die Attrezzata Berti umschlingen das Massiv in einem einzigartigen Verbund; zwei Biwakschachteln, das Bivacco Comici (2020 m) im Sentiero Minazio und das Bivacco Slataper (2620 m) am Berti-Steig dienen als Stützpunkte. Für den erfahrenen, konditionsstarken Klettersteige-Spezialisten ist der »Sorapis-Ring« innerhalb einer Tagestour die große Herausforderung und Bewährungsprobe – Gesamtgehzeit bei besten Verhältnissen 10 bis 12 Stunden –, ein Biwak sollte man einplanen.
Jeder Anwärter wird zuerst die Frage stellen: In welcher Richtung läuft die Tour am besten? Für und Wider gibt es für Ost und West; der Vandelli-Steig leitet die Ost-Süd-Schleife ein, der Sentiero Minazio führt sie ab Bivacco Comici in Richtung Forcella Grande – Bivacco Slataper fort. Beide Steige zusammen bilden den weitaus längsten und auch anspruchsvollsten Abschnitt, damit sollte man beginnen. Die Attrezzata Berti eröffnet ab Rifugio Vandelli als anfangs leichte Wandertrasse die Nordwestschleife hinauf in das Schotterkar Tonde de Sorapis. Daraus höher zum Cengia del Banco und weiter zum Bivacco Slataper wird der Steig zunehmend schwieriger und klettert auf 2620 Meter. Hinab zur Forcella Grande trifft er oberhalb der Scharte den Sentiero Minazio und schließt den Ring. Die eine wie die andere Trasse erfordert je nach den Verhältnissen und persönlicher Leistungsfähigkeit eine Gehzeit von 6 bis 8 Stunden. (Siehe Sepp Schnürer, »Klettersteige Dolomiten …«)
Der Klettersteige-Ring am Sorapis wird auch in die Dolomiten-Höhenwege ③ und ④ einbezogen: ab Rifugio Vandelli entweder über die Ost-Süd-Schleife = Route ③ oder mit der Nordwestschleife = Route ④ in einer Tagesetappe über die Forcella Grande (2255 m) zum Rifugio San Marco (1840 m). Die Klettersteige bedeuten für den Höhenwegegeher eine ernste Herausforderung. Die in jeder Richtung fast zu lange und vom Gelände her schwierige Tagesetappe fordert vom geübten Bergwanderer gediegene Kondition und Bergerfahrung.

87 Das Rifugio San Marco am Sorapis

Die mächtige westseitige Felsenmauer des Sorapis mit den hochaufgerichteten Wänden der Fopa di Mattia (3141 m) und der Croda Marcora (3154 m) überragt das Boitetal unterhalb von Cortina um 2000 Meter. Dieser großartige Anblick verlockt zur Fahrt nach Süden, hinab nach San Vito di Cadore (1011 m), um so mehr, als auch der berühmte Antelao (siehe Bild Seite 203) diesen Besuch geradezu fordert. Bei San Vito grenzt das gewaltige Felsenrund des Sorapis mit einem Südausläufer zur Forcella Grande (2255 m) an die Bergwelt des Antelao. Herab zum Tal läuft die Forcella schluchtartig zu einem bewaldeten Geländebalkon aus, und auf dieser Aussichtskanzel (1840 m) steht das Rifugio San Marco.

Für die Dolomiten-Höhenwege 3 und 4 ist diese CAI-Hütte ein wichtiger Ruheplatz, der Bergsteiger benützt sie als Stützpunkt für Touren zur Punta Sorapis (3205 m), dem höchsten Gipfel der Gruppe, zur Croda Marcora und Fopa di Mattia und auch als Ausgangsort zum Antelao. Der Tageswanderer herauf von San Vito di Cadore freut sich vor allem an der nahen Schau zum Antelao und am Monte Pelmo auf der anderen Talseite.

Von San Vito gibt es eine Straße (größtenteils nur geschottert) vorbei am Rifugio Scotter (1561 m) zu einem kleinen Parkplatz (ca. 1640 m) etwa ½ Stunde unterhalb der Hütte. Mit dem Aufstieg zur San-Marco-Hütte, auf reizvollem Steig zum Rifugio Galassi am Antelao und zurück zum Auto, ergibt sich ein herrlicher Rundwanderweg (3–4 Std.).

Bilder Seite 202: *Am Rifugio San Marco hat seit der ersten Hüttenöffnung im September 1895 niemand Entscheidendes geändert. So ist also dieses Rifugio, im Besitz der CAI-Sektion Venezia, eine fast ehrwürdige Alpenvereinshütte. Wer zu ihr kommt, ist mit dem zufrieden, was er vorfindet: eine freundliche Wirtin, einfache Speise und ein sauberes Nachtquartier, wenn er bleiben möchte.*
Die San-Marco-Hütte steht über dem Boitetal mit freier Aussicht nach Westen. Diese Schau bewundert den »Götterthron der Dolomiten«, den Monte Pelmo auf der anderen Talseite.

Bilder Seite 203: *Der Geländebalkon, auf dem das Rifugio San Marco steht, gibt neben dem Pelmo-Blick noch einen nächsten, prominenten Dolomiten-Dreitausender zur allgemeinen Besichtigung preis.*
Nur wenige Schritte auf dem Weg zur Galassihütte genügen, dann stehen wir dem Antelao nahe gegenüber (kleines Bild).
Über die schneebedeckten Plattenschüsse, die »Laste«, von links zum Gipfel, läuft ab Forcella Piccola der Normalanstieg.
Das große Bild *zeigt den Antelao aus der Sicht von Cortina. Aus dem Boitetal schwingt er sich auf zu einsamer Höhe, zum höchsten Gipfel der Östlichen Dolomiten, genannt das »Dach des Cadore«.*

88 Der Antelao – das »Dach des Cadore«

Der 3263 Meter hohe Monte Antelao erhielt von den Bewohnern des Boitetales rund um San Vito di Cadore das Attribut »Dach des Cadore«. Wenig vor San Vito haben wir Ampezzo verlassen, Cadore nennt sich die Landschaft über Berg und Tal bis hinab zum Piavefluß (siehe auch Seite 187).

Von Cortina gesehen ähnelt der Antelao einer mächtigen Pyramide, wie sie in den Dolomiten sonst nirgends im Raum steht. Dem Boitetal von Cortina bis San Vito zeigt der Antelao seine beste und für den Bergsteiger wichtige Seite, den steilen Nordrücken, dem die geschwungenen Linien der »Laste« das unvergleichliche Profil geben. Über die konkav gelegten, nach oben verjüngten Felsplatten der »Laste« führt der Normalaufstieg zum Gipfel, als aufgesetzte kleine Spitze schaut er in der Höhendifferenz von 2200 Metern herab zum Boitetal.

Diesen verführerischen Anblick ständig vor Augen, mag den einheimischen Gemsjäger Matteo Ossi dazu angespornt haben, den Antelao zu besteigen. Die Bevölkerung war, als Paul Grohmann im September 1863 nach San Vito kam, um den Antelao zu versuchen, davon überzeugt, daß Ossi schon auf dem Antelao war. »Derselbe wurde von Grohmann angeworben, damit er den Zugang zu den Gipfelfelsen zeige, von dem er behauptete, dass er schwer zu finden sei« – berichtet die alpine Chronik und erzählt den weiteren Ablauf wie folgt:

»Am 18. September 1863 um 4 U. morgens verliessen Grohmann und seine Begleiter, der Gemsjäger Ossi und die beiden Ampezzaner Führer Lacedelli, San Vito. Ohne besonderes Hindernis gelangte die Partie bis an den Fuss des letzten Aufbaues des Berges, welcher als steiles Horn den obersten Theil des Grates krönt. Ossi zögerte hier und wusste nicht, wo der Weg zum Gipfel führe, hatte denselben offenbar nicht betreten, denn der Zugang ist so charakteristisch, dass derjenige, der ihn einmal passiert hat, ihn nicht mehr vergessen kann. Die Ampezzaner übernahmen nun die Führung und erkletterten einen mehrere Meter hohen, steilen Kamin, der zur Linken hinzog, und um 11 U. 45 war die höchste Kuppe des Antelao erstiegen, wohl zum ersten Male.«

Diese Route ist auch heute noch der Normalweg: Der Aufstieg beginnt an der Forcella Piccola (2120 m) oberhalb der Galassihütte, nach etwa 3½ bis 4 Stunden sollte ein trainierter und erfahrener Bergsteiger am Gipfel sein. Vor dem Gipfelkamin steht etwas versteckt als Notunterkunft das Bivacco Cosi (3163 m). Auf dem Antelao sitzt ein stählerner Dreikant mit der Jahreszahl 1934. Er markiert den höchsten Punkt der Östlichen Dolomiten mit einer Aussicht, die bis zur Adria reichen soll!

Das Rifugio Galassi (2018 m), eine Hütte des Club Alpino Italiano, steht hoch im Valle d'Oten (= Talzugang von Calalzo), ostseitig etwas unterhalb der Forcella Piccola. Bergsteiger herauf von San Vito di Cadore brauchen die Hütte nicht unbedingt; durch den hohen Parkplatz am Rifugio Scotter (siehe Artikel 87) kann der Antelao eine Tagestour sein. Höhenwegegeher auf den Routen ⚠4 und ⚠5 kehren jedoch gerne in diesem großen, aus Stein errichteten Schutzhaus zu, denn die nachfolgende Etappe ist anstrengend.

89 Lago Federa und Croda da Lago

Im Umkreis von Cortina gehört der Weg zum Rifugio Palmieri am Lago Federa zu den Standardtouren, die jeder Dolomiten-Bergwanderer gemacht haben will. Wieder wirkt die Vorstellung: Hütte, See und Dolomitfels, die Höhe, fast 1000 Meter über Cortina, und der schmale Streifen der Steinkare zwischen Bergwald und Steilfels ungemein verheißungsvoll.
In der Auffahrt zum Falzaregopaß biegen wir bei Pocol von der Dolomitenstraße ab zum Giaupaß. Nach einigen Kehren halten wir am Straßenrand, wo von rechts der Weg herab von der Cinque-Torri-Hütte mündet und nach links der Aufstieg zur Palmierihütte anfängt. Beide Richtungen sind ausgeschildert, viel begangen im Dolomiten-Höhenweg ⚠, niemand kann den Parkplatz (ca. 1700 m) an der Ponte di Rocurto verfehlen. Wir steigen hinab zur Brücke am Rio Costeana und auf der drüberen Seite im Bergwald höher zum Rande einer größeren Wiese. Dort Wegeteilung: Die Hauptroute (Nr. 437) zweigt nach links, überwindet die etwa 200 Meter hohe Steilstufe hinauf zu lärchengesäumten Wiesenterrassen mit großer Schau nach Norden zu den Tofanen und nach Südosten zu Sorapis und Antelao. Nach 15 bis 20 Minuten in schwachem Bergab durch lichten Lärchenhain blinkt vor uns ein Wasserspiegel, und die Palmierihütte (2046 m), ein weißes, in anheimelndem Stil erbautes Haus, heißt uns am Lago Federa nach nur etwa 1 ½ bis 2 Stunden Gehzeit willkommen.
Wir rasten in wundervoller Dolomitenwelt am stillen, romantischen Wasser, über uns die Croda da Lago, die »Felsen am See«, vor uns der Becco di Mezzodi, der Mittagsgipfel von Cortina. Die Hausrechte am Rifugio Palmieri, auch Rifugio Croda da Lago genannt, besaß bis zur Enteignung nach dem Ersten Weltkrieg die Sektion Reichenberg des damaligen Deutschen und Österreichischen Alpenvereins; der Name Reichenberger Hütte ist noch nicht vergessen.

Bild rechts: *An solch einem Rastplatz vergessen wir Zeit und Welt. Im Moment brauchen wir nichts anderes als das Bild vor uns: den Lago Federa am Fuße der Croda da Lago, der »Felsen am See«, mit dem Berg darüber, dem Becco di Mezzodi.*

Bild unten: *Die Gipfelkette der Croda da Lago, nach rechts die Lastoni di Formin.*

90 Nuvolau, Averau, Cinque Torri

Den südwestlichen Ampezzaner Bergrahmen, der aus dem Boitetal mit dem Rocchettakamm beginnt und sich über den Becco di Mezzodi und die Croda da Lago fortsetzt, vollendet die kleine, in einer Linie gestaffelte Berggruppe des Nuvolau zum Falzaregopaß. Aus der Dolomitenstraße zwischen Cortina und Falzarego, im Abschnitt oberhalb von Pocol, sehen wir in wechselnden Bildern je nach Fahrtrichtung und Höhenniveau der Straße den Nuvolau-Stock mit seinen Gipfeln und darunter die Steinwürfel der Cinque Torri, der »Fünf Türme«. Vom Nuvolau grüßt weithin sichtbar ein Gipfelhaus, zu den Cinque Torri führt eine schmale, asphaltierte, vielfach geschlungene Stichstraße mit beschilderter Abzweigung in etwa 1700 Meter Höhe von der Dolomitenstraße. Die Zufahrt ist öffentlich, nach 4 Kilometern parken wir am Rifugio Cinque Torri (2137 m). Die Hütte steht so nah am Grande Torre, dem berühmten Kletterturm, daß jegliche Aufmerksamkeit zuerst diesem überdimensionalen Felsbrocken und weniger dem Nuvolau zukommt.

Der Nuvolau erscheint als gestreckter, hoher Rücken; die mittlere Erhebung trägt die Gipfelhütte – das Rifugio Nuvolau, Meereshöhe 2575 Meter –, die Spitze links außen, La Gusela (2593 m), fällt abrupt zum Giaupaß ab, rechts ragt als separate Einzelgestalt der klotzige Averau (2648 m). Unweit der Cinque-Torri-Hütte, nur etwas höher und auf einem Rasensattel mit sehr günstigem Platz, fungiert das Rifugio Scoiattoli (2225 m) als Bergstation eines Sessellifts herauf von der Dolomitenstraße, eingeklemmt in die Scharte zwischen Nuvolau und Averau hockt das Rifugio Averau (2413 m): Vier Hütten, dazu Straße und Lift, belasten einen relativ kleinen

Bild links: *»Des Dolomitenhimmels hohe Wolkenstufen« schweben über dem Nuvolau und seiner Gipfelhütte, der Monte Pelmo aber erreicht das Niveau der unteren Stufe. Das Straßenband im Mittelgrund umschlingt den Giaupaß, darüber die Cernera-Berge.*

Bild rechts: Irgendwann, so scheint es, hat eine Urgewalt einen Dolomitenberg gebrochen zu den fünf ungleichen Steinen, die wir Cinque Torri, Fünf Türme, nennen. Wahrscheinlich waren es aber die Jahreszeiten, das unaufhörliche Wirken von Wetter, Regen, Schnee und unsäglich hartem Frost über 100 000 Jahre hinweg, die den Fels spalteten und ihn irgendwann einmal gänzlich zermalmen werden.

Raum. Der bequeme Tourist bleibt freilich im Umkreis der Cinque Torri sitzen, beobachtet die Kletterer am Grande Torre, genießt einfach nur die Höhe, ohne sich viel zu bewegen. Wanderfreudige Leute setzen sich die verlockende Hütte am Nuvolau zum Ziel, nach einer Stunde Gehzeit lassen auch wir uns an Tisch und Bank vor der Hütte nieder.
Das Rifugio Nuvolau hat allen Grund, auf seinen Standort stolz zu sein, nur wenige Schutzhäuser in den Dolomiten können mit ihm konkurrieren. Der Aufenthalt am Nuvolau hat den sächsischen Oberst Richard v. Merheimb einst so bewegt, daß ihm Herz und Seele überquollen in dem Spruch:

»Von Nuvolau's hohen Wolkenstufen
laß mich Natur durch deine Himmel rufen:
an deiner Brust gesunde wer da krank!
So wird zum Völkerdank mein Sachsendank.«

Der dolomitenbegeisterte Oberst stiftete das Gipfelhaus, das bei der Einweihung im Jahre 1883 »Sachsendank-Hütte« genannt wurde.
Alle Vorzüge, die den Nuvolau auszeichnen, kommen auch dem etwas höheren Averau zu, allerdings ohne Gipfelhütte und »Spazierweg« zu ihm. Drahtseile in der steilen Ostschlucht sichern den Aufstieg bis zu einer Geröllterrasse, darüber steht das Gipfelkreuz. Wie der italienische König Victor Emanuel III. im Dolomitenkrieg, in der Nacht vom 10. auf den 11. Juli 1916, diese Schwierigkeit gemeistert hat, ist nicht überliefert. Vom Gipfel des Averau beobachtete er die für 3.30 Uhr angesetzte Sprengung des Castelletto an der Tofana di Rozes. 35 000 kg Sprengstoff wurden damals gezündet, um die österreichischen Stellungen am Castelletto zu vernichten, die den Italienern den Zugang in das Travenanzestal versperrten.

Das skurrile Würfelspiel der Cinque Torri liegt dem Averau in den Wiesen hinab zum Bergwald zu Füßen. Die Natur, so scheint es, hat entweder vergessen, die zerborstenen Felsbrocken gänzlich zu zermalmen oder sie wieder zusammenzusetzen zu einem richtigen Dolomitberg. Auch ein halbwegs geologisch interessierter Laie erkennt: Irgendwann müssen diese »Steine« ein einziger großer Block aus Hauptdolomit gewesen sein. Urgewalten spalteten und zertrümmerten den Fels und hinterließen die Cinque Torri, die »Fünf Türme«, als Naturruine, an der weiterhin wie im Gebirge überall der Zahn der Zeit nagen wird. Von den nahen Hütten beobachten wir das prickelnde Spiel der Kletterer am etwa 160 Meter hohen Grande Torre. Der senkrechte, teils überhängende Fels scheint eisenfest zu sein – ein Klettergerüst für ewige Zeiten?

91 Der Falzaregopaß

Am Scheitelpunkt des 2105 Meter hohen Passo Falzarego steht ein vierkantiges Steindenkmal mit den Inschriften: Falzarego, Livinallongo, Valparola, Ampezzo. Die drei letzten Namen nennen die Talschaften, die der Paß trennt, wiederum aber auch zusammenführt: Livinallongo, das Buchensteiner Tal, im Westen, Valparola, das Tal von St. Kassian und das Gadertal im Norden und Cortina d'Ampezzo im Osten. Aus diesen Richtungen rollt der Verkehr zum Paß, hält an und betrachtet zuerst die nahe Landschaft: die weichen, grasigen Hanglagen zum Fels der Punta Gallina, die schräge Steinebene zwischen den Cinque Torri und dem markanten Averau (siehe Bild unten), die steile Spitze des Sasso di Stria, des Hexensteins, und den Kleinen Lagazuoi, der seine blanke Südflanke vorstellt. An Baulichkeiten besitzt der Paß ein Ristorante (keine Übernachtung) mit Kiosk, eine Gedenkkapelle und die Talstation der Seilbahn zum Kleinen Lagazuoi. Die Fernsicht beschränkt sich auf Südosten und Südwesten, zu Sorapis und Antelao, zum Col di Lana und zur Marmolada (siehe Bild Seite 232). Wer mehr und weiter sehen möchte, fährt oder geht hinauf zum Kleinen Lagazuoi und genießt den »Super-Dolomitenblick« der Gipfelstation.

Die Wandermöglichkeiten vom Falzaregopaß: Averau, Nuvolau, Cinque Torri, Hexenstein, Col di Lana, Kleiner Lagazuoi, Fanisspitzen, Forcella Travenanzes, Castelletto an der Tofana di Rozes; diese Ziele liegen alle im Bereich einer Tagestour.

Im Dolomitenkrieg war der Falzaregopaß von den Alpini-Soldaten besetzt. Aber die österreichischen Gebirgstruppen saßen über ihren Köpfen auf dem Hexenstein und dem Kleinen Lagazuoi, ein für das italienische Militär unerträglicher Zustand (näheres im Artikel 92). Das Kriegsgeschehen, aber auch uralter rätischer Glaube ist eng mit dem Lagazuoi verknüpft. In der Südwand des Berges, so erzählt die Sage, soll Falzarego, der versteinerte König des untergegangenen Fanesvolkes, stehen. Aus Hochmut, Macht- und Habgier habe er Fanes verraten, weshalb ihn das Volk als »falschen« König, als »el fausto rego« brandmarkte.

92 Die Seilbahn zum Kleinen Lagazuoi

Die Höhendifferenz von über 600 Metern, von der Talstation (2105 m) am Falzaregopaß zur Bergstation in 2728 Meter Höhe am Kleinen Lagazuoi, durcheilt seit 1965 eine Kabinenseilbahn in nur 3 Minuten. Diese Bahn beförderte seitdem ungezählte Menschen zum Berg, der Bekanntheitsgrad vom Kleinen Lagazuoi ist so verbreitet, daß ihn fast jede Dolomitenreise mit einplant.

Was am Lagazuoi kann so besonders sein, daß sich eine Seilbahn lohnt? Herrliche Skipisten nach Nord und Süd, wobei natürlich die Abfahrt über die Forcella Lagazuoi zum Falzaregopaß die wichtigste ist, locken die Wintersportler an. Im Sommer bis Mitte Oktober lebt die Gondelbahn von der bevorzugten Position des Kleinen Lagazuoi, die den Berg zu einer erstklassigen Dolomitenstation erhebt. Die Aussicht zu beschreiben, fehlt der Platz – sie muß erlebt werden –; das Gipfelhaus, das Rifugio Lagazuoi (2752 m), bietet gutes Quartier für Tag und Nacht.

Der heute wegen der Aussichtsfreuden so berühmte Kleine Lagazuoi war im Dolomitenkrieg ein kaum geliebter, ein von den Österreichern und Italienern gleichermaßen gefürchteter Berg, der beiden Parteien ungeheure Opfer abverlangte. Durch seine Lage sperrte er den Zugang in das nördliche Gadertal und mußte daher von Österreich unter allen Umständen gehalten werden.

Österreicher wie Italiener sprengten aus der Südwand rund 130000 m^3 Fels. Die beiden Schotterkegel am Wandfuß, herab zum Falzaregopaß, bewahren diesen gewaltsamen Felssturz bis in jüngste Zeiten.

Bild oben: *Der Kleine Lagazuoi in der Auffahrt von Cortina zum Falzaregopaß, deutlich zu erkennen die Bergstation auf dem Gipfel.*

Bild links: *Die Gipfelhütte, das Rifugio Lagazuoi auf dem Kleinen Lagazuoi, mit Blick zu Croda da Lago (links) und Monte Pelmo (rechts).*

Bilder Seite 208: *Das Gedenkkreuz für die Gefallenen im Dolomitenkrieg am Kleinen Lagazuoi.*
Der Falzaregopaß: Die linke Straßenrampe kommt vom Valparolapaß, die rechte führt hinab nach Livinallongo. Über dem Paß der Averau, links Cinque Torri, rechts Punta Gallina.

93 Die Tofane und ihre Hütten: Dibona, Giussani, Pomedes

Das Ampezzaner Becken verdankt nicht zuletzt dem klassischen Dreigestirn der Tofane seine landschaftliche Schönheit. Der Sammelname »Tofane« bezeichnet den gewaltigen Gebirgsstock zwischen dem Falzaregopaß im Westen und Peutelstein im Norden von Cortina. Von drei fast gleich hohen, prächtigen Gipfeln ungewöhnlich interessant gegliedert, schließt dieses Dreitausender-Trio außerordentlich eindrucksvoll den nordwestlichen Ampezzaner Bergrahmen.

Tofana di Rozes 3225 m: Betrachten wir die drei Tofane-Schwestern einzeln, bekommt die Tofana di Rozes, die »Vordere« Tofana, den Apfel des Paris. Ihre Gestalt erregt Aufsehen und Bewunderung, wenn wir auf der Dolomitenstraße zwischen Cortina und Falzaregopaß auf- oder abfahren. Wir staunen über die von acht mächtigen Pfeilern gegliederte Südwand, vom Sockelfels 800 vertikale Höhenmeter zum Gipfel! Der Hauptdolomit schwelgt in einem Formenreichtum, den nur eisenharter Fels über Jahrtausende hinweg so konservieren konnte. Dazu die Farben, ineinanderfließend von rot zu gelb, von grau zu schwarz, im Licht- und Schattenspiel von Sonne und Wolken in strahlender Leuchtkraft oder mehr oder weniger geheimnisvoll verdüstert.

Tofana di Mezzo 3244 m: Der Mittelgipfel der Tofane zeigt herab zur Dolomitenstraße ein gänzlich anderes Bild. Ein »Vallone«, ein tief eingeschnittener, aber dennoch breiter Geröllgraben, trennt die Mezzo von der Rozes. Diese riesige Schotterreiße, von festem Fels unterbrochen, zieht vom Standort der Dibonahütte 500 Höhenmeter hinauf zur Forcella Fontananegra, zum Rifugio Giussani. Von der Dolomitenstraße aus sehen wir die Westfront der Mezzo, eine in Türme und Wände gegliederte starke Felsenmauer.

Tofana di Dentro 3237 m: Das »Aschenputtel« der Tofane-Geschwister können wir aus der Trasse zwischen Cortina und Falzarego nicht einsehen. Der Gipfelkamm sinkt von der Mezzo zur Tofanascharte (3084 m) nur wenig ab und erhebt nördlich die Tofana die Dentro, die »Hintere« oder »Innere« Tofana. In der Nordzufahrt nach Cortina steht sie mit dem Nordgrat zum Travenanzestal hervorragend im Blickfeld.

Bild oben: *Spätherbst in Cortina d'Ampezzo! Diesen Ausblick zum Gipfel-Trio der Tofane verdanken wir dem Tre-Croci-Paß. Von links: Tofana di Rozes, Tofana di Mezzo, Tofana di Dentro. Die »Dreieinigkeit« der Tofane gestaltet ein Bergbild einzigartiger Ausstrahlung.*

Bilder links oben: *Das Rifugio Dibona unter der Punta Anna und die sogenannte »Grotta«, eine Felsenhöhle in der Südwand der Tofana di Rozes; markierter, mit Drahtseil gesicherter kurzer Zugang aus dem Weg am Wandsockel.*

Bild links: *Diese herrliche Wand, die zum Gipfel 800 Meter hohe Südwand der Tofana die Rozes, ist aus der Dolomitenstraße ein vielbewundertes und fotografiertes Motiv.*

Dem Berg- und Wandertourismus dienen im wesentlichen drei Hütten:

Rifugio Dibona 2050 m: Privathütte am Auslauf des Vallone zwischen der Tofana di Rozes und der Tofana di Mezzo, benannt nach Angelo Dibona (1879–1956), dem großen Cortineser Bergführer, an den auch ein Denkmal in Cortina erinnert (siehe Seite 197).
Die Hütte liegt außerordentlich günstig für alle Tourenmöglichkeiten im Tofane-Massiv und ist geöffnet vom frühen Sommer bis in den späten Herbst. Zu diesen Vorteilen kommt die öffentliche Zufahrt mit Kfz. Ab Dolomitenstraße (beschildert) auf schmaler, kurvenreicher Bergstraße zur Gabelung: links zum Rifugio Dibona, rechts zum Rifugio Duca d'Aosta. Insgesamt etwa 4 Kilometer zum großen, ebenen Hüttenstandort mit viel Parkmöglichkeit. Das beliebte Schutzhaus, 1984 renoviert und erweitert, ist im Besitz der Familie Dibona und wird von ihr bewirtschaftet.

Rifugio Giussani 2561 m: Dieses stattliche Haus gehört der CAI-Sektion Cortina. Die Hütte steht auf der Forcella Fontananegra im Gipfelbereich aller drei Tofane mit Zugang auf einem guten Wanderweg, ab Dibonahütte 500 Höhenmeter (1½ Stunden).

Rifugio Pomedes 2340 m: Das private Schutzhaus an der Punta Anna unter den Pomedestürmen nimmt im Hinblick auf die Aussicht zur Ampezzaner Bergwelt den besten Platz ein. Die freundliche Hütte sitzt in herrlich freier Position auf einem Geländesporn rechts oberhalb der Dibonahütte und hat mit ihr bis zur genannten Straßenteilung eine gemeinsame Zufahrt. Vom Rifugio Duca d'Aosta (2098 m), der Mittelstation eines Sessellifts, ist die Pomedeshütte nur etwa ½ Stunde entfernt, außerdem pendelt der Lift in der Hauptsaison bis zu ihr hinauf. Das skifreundliche Gelände hinab nach Osten macht die Pomedeshütte auch zu einer hervorragenden Cortineser Skistation.

Bild links: *Ein aufkommendes Gewitter, beobachtet von den Cinque Torri, löscht in Minutenschnelle jeglichen Dolomitenglanz in der Tofana di Rozes und der Tofana di Mezzo aus.*

Bild rechts: *Das Rifugio Giussani steht zwischen Tofana di Mezzo und Tofana di Rozes. Der Normalaufstieg zur Rozes beginnt an der Hütte, desgleichen sind Tofana di Mezzo und Tofana di Dentro (im Hintergrund) gut zu erreichen. Im Dolomiten-Höhenweg ⚠ ist die Hütte ein wichtiger Stützpunkt.*

Bild unten: *Die »Via Astaldi« im Fundament der Punta Anna an der Tofana di Mezzo ist eine Verbindung zwischen der Dibonahütte und der Pomedeshütte.*
Der Weg, eine fast horizontale Route, erschließt geologische Wunder im Aufbau der Dolomiten: Der Fels, die Tone, Mergel und Erden schimmern in allen Farben des Spektrums, im »Spaziergang« von Hütte zu Hütte (Drahtseilsicherung) ein großes, leicht erreichbares Dolomitenerlebnis.

Die Klettersteige der Tofane
Die Ära der Dolomiten-Eisenwege, begonnen nach 1960, entdeckte natürlich auch die Tofane. Im Dolomitenkrieg (1915–1917) war die Tofana di Rozes ein Brennpunkt des Geschehens. Als stumme Zeugen dieser Zeit blieben nachtdunkle Stollen, Soldatensteige, waghalsige Stellungswege.

Ferrata Lipella an der Tofana di Rozes: Die Cortineser befestigten im Jahre 1967 in der West- und Nordwestwand dieser Tofana 1400 Meter Drahtseil, und diese Sicherung verbindet die früheren Soldatensteige zu einer landschaftlich außerordentlich schönen und klettertechnisch genußreichen »Via ferrata« mittlerer Schwierigkeit. Der Zugang beginnt an der Dibonahütte und zieht als aussichtsreicher Wanderweg über die Schotterterrasse am Südwandsockel zur Galleria del Castelletto (2470 m). Dieser in den Fels geschlagene Kriegsstollen ist der Auftakt für den Klettersteig, der ab hier »nur« 600 Höhenmeter überwindet, jedoch sehr lang ist, Klettererfahrung, Kraft und Ausdauer verlangt!

Ferrata Olivieri: Die Tour zur Tofana di Mezzo in Kombination mit der Ferrata Olivieri zur Punta Anna und dem Gipfelsteig zur Mezzo gilt als Herausforderung für den erfahrenen, leistungsstarken Klettersteige-Fan. Dieses anspruchsvolle Unternehmen startet vorteilhaft beim Rifugio Pomedes. Mit der Seilbahn von der Tofana-Gipfelstation (3195 m) hinab zur Bergstation Ra Valles (2470 m) und Rückkehr auf dem Sentiero Olivieri zur Pomedeshütte gelingt eine über alle Erwartungen große Rundtour. Der steile, exponierte Südgrat der Punta Anna trägt den Olivieri-Klettersteig (nur Drahtseilsicherungen) in die Höhe von 2731 Meter. Die Punta Anna ist aber nur ein untergeordneter Vorgipfel, darüber baut der mächtige Südsporn der Tofana di Mezzo noch den Dritten Pomedesturm auf, ehe er den Schlußanstieg freigibt. Über eine Riesentreppe hoher, schwarzer Felsstufen, teils mit Hilfe von langen Leitern, steigen wir dem Gipfelkreuz entgegen. (*Sentiero* Olivieri: Einfacher, teils gesicherter Steig.)

Ferrata Formenton: Dieser teils mit Drahtseilen gesicherte Klettersteig verbindet die Tofana di Mezzo mit der Tofana di Dentro, er berührt im Bergab den kleinen Gletscher am Dentro-Nordgrat und im Rückweg nach Ra Valles die früheren Kriegsstellungen. Für den erfahrenen, trittsicheren Berggeher ist diese Ferrata nach vorheriger Auffahrt zur Mezzo-Gipfelstation nur wenig schwierig. Mit Hilfe der Seilbahn vermittelt auch diese Wegeanlage ein großes Bergerlebnis in der Dreitausender-Region der Tofane. (Siehe Sepp Schnürer, »Klettersteige Dolomiten ...«)

94 »Himmelspfeil« zur Tofana di Mezzo

Auch Berge haben ein Schicksal, es beginnt spätestens bei ihrem Eintritt in die alpine Geschichte. Am 29. August 1863 eröffnete der Wiener Paul Grohmann mit der Besteigung der Tofana di Mezzo seinen Siegeszug in den Ampezzaner Dolomiten. In Begleitung des 60jährigen Francesco Lacedelli kam der 25 Jahre alte Paul Grohmann auf der Westseite, der Cortina abgewandten Seite, aus dem Vallone zwischen der Rozes und der Mezzo zum Gipfel. Über 100 Jahre blieb die Mittlere Tofana nur ein Ziel für Bergsteiger. Die Winterolympiade 1956 und der nachfolgende Aufschwung des allgemeinen Reiseverkehrs weckten Cortina aus der Ruhe der Nachkriegszeit. Geweckt wurde damit aber auch der Drang zur technischen Erschließung der Ampezzaner Bergwelt.

Ein Ort wie Cortina mußte eine Seilbahn vorweisen, möglichst hoch hinauf, ein Seil in Dreitausender-Höhen! Seit 1971, nach 6 Jahren Bauzeit, schnellt die Kabinenseilbahn Freccia nel Cielo, der »Himmelspfeil«, von Cortina in drei Sektionen zur Tofana di Mezzo. Im Aufblick von Ra Valles (2470 m), der heutigen Bergstation, war die geplante Gipfelstation knapp unter dem höchsten Punkt der Mezzo eine gewaltige Herausforderung. Am 5. Juli 1969 schleppten 50 Männer das erste, 8 mm starke Seil ab Ra Valles über die Höhendifferenz von 700 Metern zur Verankerung in 3195 Meter Höhe über steilen Fels, den die Gondel fast zu berühren scheint, wenn sie zur Gipfelstation einschwebt – »dorthin, wo sich gewaltige Horizonte auftun, wo die Natur ihr höchstes tönendstes Lied singt« – verspricht der Werbeprospekt.

Die Seilbahn erschließt eine hochalpine Plattform mit allen Vorteilen an Aussicht und Höhensonne, aber auch mit den Tücken, die zwangsläufig im Hinblick auf das Klima daraus resultieren. Cortina liegt 2000 Meter tiefer! Dort herrscht bei Sonnenschein angenehme Wärme; nach dem überall gültigen physikalischen Gesetz zeigt das Thermometer auf der Gipfelstation etwa 15 Grad weniger als im Tal – bei Windstille! Entsprechende Kleidung ist also angezeigt, damit der Aussichtsgenuß beliebig lange ausgedehnt werden kann. Die Gondel zur Tofana di Mezzo läuft im Sommerbetrieb von Anfang Juli bis Ende September. Ein Tag im Herbst war für das Bild nebenan das große Glück des Fotografen, nach Norden reichte die Sicht bis zu den Zentralalpen!

Bilder oben und rechts: *Die Seilbahn zur Tofana di Mezzo. Blick von der Gipfelstation aus 3195 Meter Höhe hinab in das Becken von Cortina, zur Mauer des Pomagagnon (links), überragt vom Monte Cristallo.*

Touristik-Informationen

Cortina d'Ampezzo und seine Dolomiten

Passo Giau – Fiorentina

Vom Agordino ins Cadore

Alle Orte, Touristenstützpunkte, offizielle Parkplätze, Hütten, Gast- und Schutzhäuser, Pässe, Scharten und Jöcher werden in der Reihenfolge aufgeführt, wie sie dem Auto- und Wandertouristen in den oben genannten Kapiteln und den dazugehörigen Artikeln begegnen.

Talorte

Cortina d'Ampezzo 1211 m, im Ampezzaner Becken, einem weiten Hochkessel, die »Hauptstadt der Dolomiten«. 8000 Einwohner. Provinz Belluno. Vier Zufahrten nach Cortina: Von Norden, von Toblach, durch das Höhlensteintal; von Osten, von Misurina und Auronzo, über den Passo Tre Croci; von Süden, aus dem Piavetal, auf der Strada d'Alemagna durch das Boitetal; von Westen, aus Buchenstein, über den Falzaregopaß. Größtes und perfektes Touristenzentrum der Dolomiten für Sommer und Winter.

San Vito di Cadore 1011 m, im Boitetal südlich von Cortina. An der Hauptverkehrsader der Östlichen Dolomiten, der Strada d'Alemagna, über Cortina durch das Höhlensteintal nach Toblach. Beliebter Ferienort.

Borca di Cadore 909 m, im Boitetal südlich von San Vito di Cadore.

Selva di Cadore 1335 m, an der Südabfahrt vom Passo Giau, an der Einfahrt in das Fiorentinatal zum Passo Staulanza. Provinz Belluno. Hauptort im Fiorentinatal.

Palafavera 1540 m, im Zoldo Alto, zwischen Pelmo und Civetta. Provinz Belluno. Wichtiger Ort für die Touristik zu Pelmo und Civetta.

Pecol 1388 m, im Hochzoldano. Aufstrebender Ferienort für Sommer und Winter.

Mareson 1338 m, Kirchdorf im Hochzoldano.

Dont 931 m, Kirchdorf im Hochzoldano, an der Abzweigung über den Duranpaß nach Agordo.

Forno di Zoldo 840 m, Hauptort im Hochzoldano, an der Abzweigung zur Forcella Cibiana.

Zoppe di Cadore 1461 m, Kirchdorf am Südfuß des Monte Pelmo. Stichstraße herauf von Forno di Zoldo.

Cibiana di Cadore 1034 m, Kirchdorf in der Abfahrt von der Forcella Cibiana in das Boitetal, zur Hauptstraße nach Cortina d'Ampezzo.

Touristenstützpunkte

Für den Sommertourismus wichtige, offizielle Parkplätze, Hütten, Gast- und Schutzhäuser. Allgemeine Öffnungszeiten der Hütten von Ende Juni bis Ende September. (Club Alpino Italiano = CAI.)

Rifugio Lorenzi 2932 m, privat, in der Forcella Staunies im Cristallo-Massiv zwischen Cristallo-Mittelgipfel und Cristallino d'Ampezzo. Zugang mit Lift von Rio Gere über Som Forca. Stützpunkt für die Klettersteige Bianchi und Dibona.

Rifugio Vandelli 1928 m, CAI-Sektion Venezia, am Sorapis. Zugang vom Passo Tre Croci und vom Val d'Ansiei. Stützpunkt für Wanderungen am Sorapis und für den Klettersteigering am Sorapis.

Rifugio San Marco 1840 m, CAI-Sektion Venezia, am Sorapis. Zugang von San Vito di Cadore, in Zufahrt zum Rifugio Scotter. Stützpunkt für Wanderungen und Bergtouren am Sorapis und am Antelao. Übergänge zum Rifugio Vandelli, zum Val d'Ansiei und zum Rifugio Galassi.

Rifugio Galassi 2018 m, CAI-Sektion Mestre, am Antelao. Zugang von San Vito und in Zufahrt bis zum Rifugio Scotter, und aus dem Valle d'Oten. Stützpunkt für den Antelao. Übergang zum Rifugio San Marco.

Rifugio Scotter 1561 m, privat, am Sorapis. Zufahrt von San Vito di Cadore. Stützpunkt für Wanderungen und Bergtouren am Sorapis und am Antelao. Übergang zum Rifugio San Marco und Rifugio Galassi.

Rifugio Croda da Lago 2046 m (Rifugio Palmieri/Reichenberger Hütte), CAI-Sektion Cortina, am Lago Federa. Zugang aus der Straße Pocol – Giaupaß und vom Hotel Tiziano am Campo di sotto (Cortina). Stützpunkt für Wander- und Bergtouren rund um die Croda da Lago. Übergang zum Rifugio Citta di Fiume.

Rifugio Cinque Torri 2137 m, privat, an den Cinque Torri. Zufahrt von der Falzarego-Paßstraße. Stützpunkt für Wander- und Bergtouren im Umkreis von Cinque Torri, Nuvolau und Averau. Übergang zum Falzaregopaß.

Rifugio Scoiattoli 2225 m, privat, an den Cinque Torri. Bergstation eines Sessellifts an der Falzaregostraße.

Rifugio Nuvolau 2575 m, CAI-Sektion Cortina, Gipfelhütte auf dem Nuvolau. Zugang von der Cinque-Torri-Hütte, vom Falzaregopaß und vom Giaupaß.

Rifugio Lagazuoi 2752 m, privat, Gipfelhaus auf dem Kleinen Lagazuoi. Zugang mit Seilbahn vom Falzaregopaß und aus Armentarola über Plan d'Ega. Stützpunkt für Wander- und Bergtouren zu den Fanisspitzen und zur Tofana di Rozes.

Rifugio Dibona 2050 m, privat, südseits der Tofana di Rozes und Tofana di Mezzo. Zufahrt von der Falzarego-Paßstraße. Stützpunkt für Wander- und Bergtouren im Tofana-Massiv.

Rifugio Giussani 2561 m, CAI-Sektion Cortina, zwischen Tofana di Rozes und Tofana di Mezzo. Zugang vom Rifugio Dibona. Übergang in das Travenanzestal.

Rifugio Pomedes 2340 m, privat, südseits der Tofana di Mezzo. Zugang vom Rifugio Dibona und von der Duca d'Aosta. Stützpunkt für die Klettersteige zur Tofana di Mezzo.

Rifugio Duca d'Aosta 2089 m, privat, an der Tofana di Mezzo. Zufahrt von der Falzarego-Paßstraße.

Rifugio Passo Giau 2236 m, privat, am Giaupaß.

Rifugio Passo Staulanza 1766 m, privat, am Staulanzapaß. Stützpunkt für Pelmo und Civetta.

Rifugio Monte Pelmo 1540 m, privat, Palafavera, an der Südabfahrt vom Staulanzapaß. Stützpunkt für Pelmo und Civetta.

Rifugio Venezia 1947 m, CAI-Sektion Venezia, am Monte Pelmo. Zugang vom Staulanzapaß, von Palafavera, Zoppe di Cadore und Borca di Cadore. Stützpunkt zum Pelmo.

Rifugio Coldai 2135 m, CAI-Sektion Venezia, am Monte Civetta. Zugang vom Staulanzapaß, von Palafavera, Pecol, und Alleghe. Stützpunkt für Trans-Civetta und Civetta-Klettersteige. Übergang Rifugio Tissi – Vazzoler.

Rifugio Torrani 2884 m, CAI-Sektion Conegliano, Gipfelnähe Civetta.

Rifugio Tissi 2250 m, CAI-Sektion Belluno, am Col Rean/Civetta. Zugang vom Rifugio Coldai und von Alleghe.

Rifugio Vazzoler 1714 m, CAI-Sektion Conegliano, südseits der Civetta. Zugang von Listolade im Cordevoletal, in der Trans-Civetta. Stützpunkt für Ferrata Tissi. Übergang zum Rifugio Carestiato.

Rifugio Carestiato 1834 m, CAI-Sektion Agordina, an der Moiazza. Zugang vom Passo Duran.

Rifugio Tomé 1601 m, CAI-Sektion Agordina, am Passo Duran.

Rifugio San Sebastiano 1601 m, privat, am Passo Duran.

Rifugio Remauro 1530 m, privat, an der Forcella Cibiana (Straßenpaß).

Pässe, Scharten, Jöcher

Straßenpässe und für den Wandertourismus wichtige Übergänge.

Passo Tre Croci 1809 m, Straßenpaß am Monte Cristallo zwischen Cortina und Misurina.

Passo Falzarego 2105 m, Straßenpaß am Kleinen Lagazuoi zwischen Cortina und Buchenstein.

Passo Giau 2236 m, Straßenpaß am Nuvolau, zwischen Cortina und Fiorentina.

Passo Staulanza 1773 m, Straßenpaß am Monte Pelmo, zwischen Fiorentina und Hochzoldano.

Passo Duran 1601 m, Straßenpaß an der Moiazza, zwischen Val di Zoldo und Agordo.

Forcella Cibiana 1530 m, Straßenpaß am Monte Rite, zwischen Forno di Zoldo und Boitetal.

Forcella Staunies 2918 m, am Cristallo-Mittelgipfel.

Passo del Cristallo 2812 m, zwischen Cristallo-Hauptgipfel und Piz Popena.

Forcella Grande 2255 m, am Sorapis, Übergang Rifugio San Marco – Rifugio Vandelli.

Forcella Piccola 2120 m, am Antelao, Übergang Rifugio San Marco – Rifugio Galassi.

Forcella Ambrizzola 2277 m, an den Croda da Lago, Übergang Rifugio Palmieri – Giaupaß und Rifugio Citta di Fiume.

Wandervorschläge

Einfache Wanderungen:

Vom Passo Tre Croci zur Vandellihütte (siehe Seite 200).

Vom Passo Tre Croci nach Som Forca.

Vom Rifugio Scotter zum Rifugio San Marco – Rifugio Galassi – Rifugio Scotter (siehe Seite 202).

Zum Rifugio Croda da Lago von der Straße zum Giaupaß (siehe Seite 204).

Vom Rifugio Cinque Torri zur Gipfelhütte am Nuvolau.

Vom Rifugio Cinque Torri zum Falzaregopaß.

Vom Rifugio Dibona zum Rifugio Giussani oder zum Rifugio Pomedes.

Von Palafavera zum Rifugio Venezia am Monte Pelmo und zum Rifugio Coldai an der Civetta.

Von der Forcella Cibiana zum Monte Rite (siehe Seite 227).

Anspruchsvolle Wanderungen:

Rund um die Croda da Lago: Palmierihütte – Forcella Ambrizzola – Straße zum Giaupaß.

Überschreitung des Nuvolau von der Cinque-Torri-Hütte zum Passo Giau. Rifugio Pomedes – Sentiero Olivieri – Ra Valles.

Rund um die Civetta: Rifugio Coldai – Rifugio Vazzoler – Van delle Sasse – Forcella d. Moiazzetta – Sentiero Tivan – Coldaihütte.

Empfehlenswerte Gipfeltouren

Monte Cristallo, Hauptgipfel, 3216 m vom Tre-Croci-Paß.

Croda Marcora 3154 m, Fopa di Mattia 3141 m, im Sorapis, vom Rifugio San Marco.

Antelao 3263 m, vom Rifugio Galassi.

Becco di Mezzodi 2603 m, vom Rifugio Croda da Lago.

Averau 2648 m, vom Rifugio Cinque Torri.

Tofana di Rozes 3225 m, vom Rifugio Giussani und siehe Klettersteige.

Tofana di Mezzo 3244 m, siehe Klettersteige.

Tofana di Dentro 3237 m, Klettersteig im Übergang von der Tofana di Mezzo, empfehlenswert auch im Aufstieg ab Ra Valles.

Monte Pelmo 3168 m, vom Rifugio Venezia.

Civetta 3220 m, aus dem Tivanweg und siehe Klettersteige.

Klettersteige

Achtung! Zum Begehen der Klettersteige ist zur normalen Bergwanderausrüstung die spezielle Klettersteigausrüstung erforderlich: Brust- und Sitzgurt, Reepschnur und Karabiner, Helm und Handschuhe.

Ferrata Bianchi, schwierig, am Cristallo-Mittelgipfel (3163 m). Ab Rifugio Lorenzi steile, drahtseilgesicherte Route über 200 Höhenmeter.

Sentiero Dibona, wenig schwierig, im Cristallo-Massiv. Ab Rifugio Lorenzi (2938 m) auf teils drahtseilgesicherter Route, meist im Bergab, durch ehemalige Kriegsstellungen.

Ferrata de Pol, mäßig schwierig, im nordseitigen Cristallo-Massiv. Von Ospitale steiler Aufstieg über 1000 Höhenmeter, teils Drahtseile, durch ehemalige Kriegsstellungen zur Punta Ovest del Forame (2385 m).

Ferrata Vandelli, Sentiero Minazio, Attrezzata Berti, schwierig, Klettersteigring rund um den Sorapis. Drahtseile und Leitern. Ab Rifugio Vandelli; sehr anspruchsvolle Route, nur für ausdauernde Geher.

Ferrata Michielli-Strobel, schwierig, am Westpfeiler des Pomagagnon. Von Fiames zum Einstieg ca. 1650 m und über 600 Höhenmeter, sehr steil, Drahtseilsicherung, Leiter, zur Punta Fiames (2240 m).

Ferrata Bovero, schwierig, am Col Rosà, nahe Fiames. Vom Camping Olimpia zum Einstieg (ca. 1900 m) und sehr steil, nur Drahtseile, über 300 Höhenmeter zum Gipfel.

Ferrata Olivieri – Punta Anna 2731 m – Ferrata Tofana di Mezzo 3244 m, sehr schwierig. Klettersteige-Kombination. Ab Pomedeshütte 900 Höhenmeter. Sehr steil und ausgesetzt, nur Drahtseile zur Punta Anna. Im Anschluß über die Pomedestürme zur Tofana di Mezzo.

Ferrata Formenton, mäßig schwierig, drahtseilgesicherter Übergang von der Tofana di Mezzo zur Tofana di Dentro (3237 m).

Ferrata Lipella, schwierig, zur Tofana di Rozes. Ab Einstieg an der Galleria Castelletto (2470 m) steile, drahtseilgesicherte Route über 600 Höhenmeter, Ausstieg nahe dem Gipfel.

Felstunnel Kleiner Lagazuoi, wenig schwierig, am Falzaregopaß. Von der Bergstation (2752 m) am Kleinen Lagazuoi durch Kriegsstollen – Achtung, Taschenlampe! – im Abstieg zum Falzaregopaß.

Ferrata Tomaselli, sehr schwierig, an der Südlichen Fanisspitze (2989 m). Von der Bergstation Kleiner Lagazuoi zum Einstieg am Bivacco Chiesa (2622 m). Sehr steil, ausgesetzt, nur Drahtseilsicherung, zum Gipfel.

Ferrata Alleghesi, schwierig, an der Civetta. Ab Rifugio Coldai zum Einstieg (ca. 2350 m) am Ostpfeiler der Punta Civetta. 500 Höhenmeter sehr steil, Drahtseilsicherung, zur Scharte unter der Punta, dort Übergang zum Hauptgipfel (3220 m).

Ferrata Tissi, sehr schwierig, an der Civetta. Vorteilhafte Überschreitung: Ferrata Alleghesi – Civetta – Rifugio Torrani (2984 m) – Ferrata Tissi (sehr steil, nur Drahtseile und Klammern) – Rifugio Vazzoler.

Ferrata Costantini, besonders schwierig, an der Moiazza. Supersteig! Sehr steil, ausgesetzt, Drahtseilsicherung. Ab Rifugio Carestiato (1834 m) 1000 Höhenmeter zur Moiazza-Sud (2878 m).

Dolomiten-Höhenwege

Im Bereich der Ampezzaner und Zoldaner Dolomiten.
Achtung! Vorherige Information über Wegeverlauf und Anforderungen ist wichtig. Bergerfahrung und gute körperliche Verfassung sind unerläßlich!

Dolomiten-Höhenweg ⚠: Falzaregopaß 2105 m – Rifugio Nuvolau 2575 m – Passo Giau 2236 m – Forc. Ambrizzola 2277 m – Rifugio Citta di Fiume 1917 m – Staulanzapaß 1773 m – Rifugio Coldai 2235 m – Rifugio Tissi 2250 m – Rifugio Vazzoler 1714 m – Rifugio Carestiato 1834 m – Duranpaß 1601 m.

Dolomiten-Höhenweg ⚠: Passo Tre Croci 1809 m – Rifugio Vandelli 1928 m – Attrezzata Berti – Forc. Grande 2255 m – Rifugio San Marco 1840 m – San Vito di Cadore 1021 m – Rifugio Venezia 1947 m – Rifugio Talamini 1559 m – Rifugio Remauro, Forc. Cibiana 1530 m.

Dolomiten-Höhenweg ⚠: Rifugio Cristallo 1383 m (Ansieital) – Rifugio Vandelli 1928 m – Ferrata Vandelli – Sentiero Minazio – Forc. Grande 2255 m – Rifugio San Marco 1840 m – Rifugio Galassi 2018 m – Rifugio Antelao 1796 m – Pieve di Cadore 878 m.

Seilbahnen und Lifte

Für den Sommertourismus wichtige Bergbahnen und Lifte.

Som Forca-Sessellift, Talstation Rio Gere 1680 m – Bergstation Som Forca 2215 m.

Forcella Staunies (Stehgondel), Talstation Som Forca 2215 m – Bergstation Forcella Staunies 2918 m (Cristallo).

Tofana-Seilbahn, Talstation Cortina 1198 m – Mittelstation Col Druscie 1779 m – Bergstation Ra Valles 2470 m – Gipfelstation Tofana di Mezzo 3195 m.

Faloria-Seilbahn, Talstation Cortina 1225 m – Bergstation Faloria 2123 m.

Canalone Tofana-Sessellift, Talstation Pie Tofana 1675 m – Mittelstation Rifugio Duca d'Aosta 2098 m – Bergstation Pomedes 2340 m.

Lagazuoi-Seilbahn, Talstation Falzaregopaß 2105 m – Bergstation Kleiner Lagazuoi 2752 m.

Campingplätze

Camping Olimpia 1283 m, bei Fiames, nördlich von Cortina.

Camping Rocchetta, Cortina, Dolomiti, 1120 m, am Campo di sotto, am südlichen Ortsende von Cortina.

Camping Palafavera 1540 m, im Hochzoldano.

Camping Civetta 1388 m, in Pecol.

Wanderkarten

Kompass Wanderkarte 1 : 50000, Blatt 55, »Cortina d'Ampezzo«. Blatt 77, »Alpi Bellunesi«.

Freytag & Berndt Wanderkarte 1 : 50000, Blatt S 5 »Cortina d'Ampezzo«. Blatt S 10, »Sextener Dolomiten – Ampezzo«.

Tabacco Wanderkarte 1 : 50000, Blatt 1, »Cortina d'Ampezzo«. Blatt 4. »Belluno – Feltre«.

Tabacco Topographische Wanderkarte 1 : 25000, Blatt 03, »Cortina d'Ampezzo«.

Geografica Wanderkarte 1 : 25000, Blatt 1, »Cortina d'Ampezzo«. Blatt 2 »Misurina/Drei Zinnen«. Blatt 3, M. Pelmo – M. Civetta«. Blatt 4, »M. Antelao – M. Rite«.

Passo Giau – Fiorentina

Der Giaupaß scheidet als weiter, 2236 Meter hoher Wiesensattel den Nuvolau-Stock von der im Süden aufragenden Cernera-Gruppe. Dieses kleine, wenig bekannte Gebirge, benannt nach dem Monte Cernera (2657 m), sinkt zum Fiorentinatal ab; auf der Westseite begleitet es die Südabfahrt vom Giaupaß nach Selva di Cadore (1335 m).

Als Karrenweg für die Bergbauern herauf vom Cadore zu den reichen, sonnseitigen Almwiesen unter Nuvolau, Averau und Monte Pore gab es die Trasse über den Paß gewiß schon sehr lange, für Kfz durchgehend befahrbar ist sie erst seit 1968. Die Ampezzaner Seite – Abzweigung von der Dolomitenstraße oberhalb von Pocol, von dort 10 Kilometer zum Paß – ist voll ausgebaut und asphaltiert. Die 11 Kilometer lange Südrampe wird die endgültige Fertigstellung wohl erst 1987 oder 1988 melden können, eine aufwendige Trassenführung mit kostspieligen Lawinengalerien verteuert und verzögert die Arbeiten. Die Auffahrt ab Pocol zeigt im Richtungswechsel der Straßenkehren überraschende Tofane- und Croda-da-Lago-Ansichten, aus dem Bergwald kurven wir in die freien Hänge der Malga Giau. Sanft geschwungen läuft die Cortineser Rampe am Rifugio Giau auf der Paßhöhe aus.

Neue Eindrücke kommen auf uns zu. Der nahe Nuvolau-Stock überrascht mit senkrechten, langgestreckten südwestseitigen Felsflanken, das weich fließende, strauch- und baumlose Gelände öffnet die Schau nach Osten und Westen. Aus dem Ampezzo verabschieden uns Cristallo, Sorapis, Antelao und die nahe Croda da Lago, von den Westlichen Dolomiten grüßen die Sella-Gruppe, die Marmolada und in der Abfahrt nach Süden die Pala zu uns herein.

95 Passo Staulanza, die Schwelle ins Hochzoldano

Herab vom Giaupaß (2236 m) münden wir in etwa 1300 Meter Meereshöhe in die Hauptstraße von Andraz in Buchenstein über Colle Santa Lucia–Selva di Cadore durch das Fiorentinatal zum Staulanzapaß.
Wer noch nie im Frühsommer, wenn die Hangwiesen erblühen, das Tal durchfahren hat, weiß nicht, wie schön Fiorentina ist. Fiori = Blumen – eine einzige Blütenpracht säumt dann den gleichnamigen Talfluß, verrät die Besonderheit der Landschaft. Die Straße schneidet in etwa 1400 Meter Höhe sonnseitige Hangwiesen, berührt die Feriensiedlung Fosca, das Kirchdorf Pescul und zieht in sanfter Steigung durch einen waldgesäumten Wiesenboden dem Talschluß entgegen. Bevor die Straße ansteigt, zweigt eine kurze Zufahrt zum Camping Cadore und zum Rifugio Aquileia ab.
Wo bleiben die Dolomiten? Das Felsgebirge von Fiorentina besteht im wesentlichen aus einem Berg, er allein beherrscht ab Selva di Cadore das Bild: der Monte Pelmo!
Zur Auffahrt zum Staulanzapaß am Fuße des Pelmo mündet von links ein Almsträßchen, herab vom Rifugio Citta di Fiume, einer Station im Dolomiten-Höhenweg ⚠, hinzu. Wenig später parken wir am Passo (1773 m), auch Forcella Staulanza genannt, an der Schwelle ins Hochzoldano.

Bild oben: *Von Colle Santa Lucia übersehen wir das Fiorentinatal bis zum Auslauf am Monte Pelmo. Der Pelmo ist der Dolomitenberg der Talschaft.*

Bild links oben: *Fiorentina – das Tal der Blumen. Im Frühsommer, bevor die Sense den Wiesen die bunte Pracht nimmt, ist das Fiorentinatal ein herrlicher Garten.*
Im Hintergrund erhebt sich die Marmolada.

Bild links unten: *Dieses Bild, fotografiert vom Averau, stimmt uns ein auf die Dolomiten, die uns erwarten, wenn wir vom Giaupaß hinabfahren in das Fiorentinatal und weiter über den Staulanzapaß ins Hochzoldano.*
Im Mittelgrund, hinter dem Passo Giau, die kleine Cernera-Gruppe, links Pelmo, rechts Civetta.

96 Von Palafavera zum Pelmo und zur Civetta

Zum Vorteil für Reisende auf Dolomitenstraßen, für Wanderer auf dem Dolomiten-Höhenweg ⚠ und überhaupt für alle Touristen erhielt der Staulanzapaß im Jahre 1982 ein neues, mit allen Annehmlichkeiten ausgestattetes Rifugio. In zwei weiten Schleifen läuft die Südrampe hinab in das Hochzoldano – 4 Kilometer nach Palafavera, der ersten und für den Tourismus wichtigen Örtlichkeit in der Commune Zoldo Alto.

Den Begriff Zoldo Alto = Hochzoldano demonstrieren nahe, hohe Dolomitenberge, der Monte Pelmo und die Civetta, dazu die heitere, sonnige und gepflegte Talschaft des oberen Zoldo. In ihr eingebettet liegen die Orte Pecol und Mareson, dörfliche Gemeinschaften, die aus ihrer in Jahrhunderten gewachsenen Urbanität schlüpften, die einstige, da und dort noch sichtbare Armut ablegten und aufstreben zu modernen Fremdenzentren. Die Voraussetzungen sind gut; Zoldo Alto, das Hochtal unter dem Zeichen der Eule (= Civetta), besitzt eine herrliche Landschaft für Sommer- und Winterurlaub, die notwendige Infrastruktur: gute Hotels und Pensionen, Skilifte, Pisten, markierte Wanderwege zu den Hütten an Civetta und Pelmo und mit diesen berühmten Bergen zudem Anreiz genug, daß neben den Wintersportlern vor allem auch Bergsteiger, Bergwanderer und Klettersteigfreunde gerne ins Hochzoldano kommen.

Palafavera, Meereshöhe 1540 Meter, ein weiter Hochkessel unter dem Staulanzapaß vor dem Gefälle nach Pecol (1388 m), liegt für die Touristik zu Pelmo und Civetta außerordentlich günstig. Der Fremdenverkehr findet zwei gute Herbergen, das Rifugio Monte Pelmo, eine Pension mit Ristorante, und einen großen Campingplatz. Die Civetta zeigt herab zum Hochzoldano die langgestreckte, mehrgipfelige Ostflanke (siehe Bild) und gibt damit Anstiegsgeheimnisse preis, die der Bergsteiger und Ferratafreund wissen will. Der Pelmo schiebt zum Hochzoldano seinen Nebengipfel, den Pelmetto (2990 m) vor, der jedoch so eng zum 3168 Meter hohen Hauptgipfel anschließt, daß beide zusammen dem »Monte« Form und Gestalt geben.

Die Wanderung entweder vom Staulanzapaß oder von Palafavera zum Rifugio Venezia (1947 m, $2^1/_2$ bis 3 Std.) umrundet in einem Halbkreis den Südfuß des Monte Pelmo. Der enge Spalt zwischen Pelmetto und Pelmo fängt ebenso unsere Aufmerksamkeit ein wie am Rifugio Venezia das hohe, offene Amphitheater übereinandergestapelter waagrechter Steinränge, die den Normalaufstieg zum Hauptgipfel tragen.

Bild oben: *Der schmale Spalt scheidet den Monte Pelmo von seinem Nebengipfel, dem Pelmetto, ein Bild am Weg vom Staulanzapaß zum Rifugio Venezia am Monte Pelmo.*

Bild links: *Vor uns, rechts vom Wiesensattel, das Rifugio Venezia. Darüber öffnet der Monte Pelmo eine weite Steinarena, die den Normalaufstieg zum Gipfel leitet.*

Bild rechts: *Die Civetta-Ostflanke herab in das Hochzoldano.*
Die Ferrata Alleghesi nützt die Felsentreppe des 500 Meter hohen Ostpfeilers (rechts) zur Punta Civetta und schwenkt dort über die kleine Gratscharte zum Hauptgipfel.

97 Trans-Civetta: Rifugio Coldai – Tissi – Vazzoler

Mehr noch als der Monte Pelmo belebt der benachbarte Monte Civetta, die »Eule«, die Alpin-Touristik im Hochzoldano. Diesen »Monte« sehen wir nicht als einzelnen Berg: Der mit Civetta (3220 m) angesprochene höchste Punkt ist der Scheitel eines gewaltigen, in Nord-Süd-Richtung gestreckten Kammes, der vom Aufschwung an der Coldaihütte bis zum Hauptgipfel und mit drei starken Seitengraten eine Dolomitenszenerie ohne Beispiel darstellt. Diese Gliederung möchten wir im Aufblick vom Hochzoldano kaum vermuten, aber die Trans-Civetta, die Wanderroute entlang der »Wand aller Wände«, der berühmten Civetta-Nordwestwand, zeigt dieses phantastische Gebirge.
Von Palafavera (1540 m), dem Sammelplatz aller Bergsteiger zwischen Pelmo und Civetta, erlaubt ein Almsträßchen die Zufahrt zum Parkplatz (1816 m) bei der Casera Pioda, einer Alm für Rind und Geiß.
45 Minuten später treten wir am stattlichen Rifugio Coldai (2135 m) in Tuchfühlung mit der Civetta. Die Hütte entsendet nach links zur Civetta-Ostseite den Zugang zur Ferrata Alleghesi und zum Normalaufstieg, nach rechts, hinauf zur nahen Forcella Coldai (2191 m), beginnt die Trans-Civetta: 4 bis 5 Stunden Gehzeit zum Rifugio Vazzoler.
Die Forcella ist die Schwelle zur Nordwestseite, das Becken wenig tiefer die Wiege für den Lago di Coldai (2143 m), einem glänzen-

Bild oben: *Tiefblick aus der Trans-Civetta am Weg von der Coldaihütte zur Tissihütte. Die Ortschaft Alleghe mit dem berühmten See, links oben die Marmolada-Südfront, rechts die Sella-Gruppe.*

Bild links: *Das Rifugio Coldai, Stützpunkt für den Civetta-Normalaufstieg, zur Ferrata Alleghesi und für die Trans-Civetta.*

Bild rechts: *Das Rifugio Tissi auf dem Col Rean im unmittelbaren Gegenüber die Civetta-Nordwestwand, die »Wand aller Wände«.*

– der Dolomiten-Höhenweg ⚠ zieht zum Rifugio Carestiato weiter. Die große Tour für den erfahrenen, ausdauernden Bergwanderer kann am nächsten Tag der Aufstieg zum Van delle Sasse und zur Forcella Moiazzetta sein, der Rückweg auf der Civetta-Ostseite mit dem Sentiero Tivan zum Rifugio Coldai vollendet im Anschluß an die Trans-Civetta die großartige Civetta-Umrundung.

Die Civetta-Klettersteige: Durch die neuen Impulse der gesicherten Eisenwege profitiert auch die Civetta; mit der *Ferrata Alleghesi* und der *Ferrata Tissi* rückte auch sie in das Blickfeld der Klettersteig-Freunde. Die Alleghesi, wie sie kurz genannt wird, wirkt als stärkster Magnet. Diese Ferrata, verankert im Civetta-Ostpfeiler – ab Einstieg 900 Höhenmeter –, ist für Normalbergsteiger der schönste »Weg« zur Civetta. Am Gipfel bleibt die Wahl, entweder auf dem Klettersteig zurück – der schnellste und kürzeste Abstieg – oder hinunter zur nahen, kleinen, bewarteten Torranihütte. Dort besteht die Möglichkeit, ostseitig auf der markierten, teilweise gesicherten Normalroute hinab zum Sentiero Tivan und mit ihm zurück zur Coldaihütte oder westseitiger Abstieg auf der Ferrata Tissi zum Van delle Sasse und auf bezeichnetem Steig zum Rifugio Vazzoler. Die Ferrata Tissi ist supersteil, schwieriger als der Alleghesi-Steig, aber wesentlich kürzer, in einer Felsstufe von nur etwa 250 Höhenmetern. Die Kombination: Ferrata Alleghesi im Aufstieg, Ferrata Tissi hinab zum Rifugio Vazzoler und Rückweg auf der Trans-Civetta zur Coldaihütte, diese Zwei-Tage-Rundtour ist der Civetta-Superhit für den tüchtigen Bergsteiger. (Sepp Schnürer, »Klettersteige Dolomiten – Mendelkamm – Gardaseeberge – Brenta«)

den Dolomitenwasser. Vom See gewinnt der Steig etwas an Höhe, in respektvoller, aber trotzdem naher Distanz zur Civetta-Nordwestwand führt er die Route im Bergauf und Bergab mit großartigen Ausblicken zu den Westlichen Dolomiten bis unter die Tissihütte (2250 m) auf der Aussichtskanzel des Col Rean. Diese ½ Stunde Aufstieg könnten wir uns sparen und unten weitergehen, aber die Position der Hütte zur Civetta und hinab zum Agordotal mit dem Lago Alleghe ist so hervorragend, daß sich die kleine Mühe lohnt. Das Rifugio Vazzoler (1714 m) mit seinem zauberhaften Standort im Lärchenwald am Torre Trieste fängt die Trans-Civetta auf

Bild rechts: *Die schmale Straße, die den dunklen Bergkamm schneidet, kommt herauf von der Forcella Cibiana und endet bei der Festung auf dem Monte Rite.*
Wollen wir die Ampezzaner Bergwelt aus der Sicht von Süden betrachten, ist der Monte Rite dazu die beste Plattform.
Im Bild von links: Monte Pelmo, von Gewitterwolken bedroht, Lastoni di Formin mit Croda da Lago, rechts Tofana di Rozes.

Bild unten: *Die Abfahrt von der Forcella Cibiana in das Boitetal quert vor der Einmündung in die Talstraße den Torrente Boite.*
Von der Brücke schauen wir hinab in die schmale, tiefe Rinne aus hartem Stein, die den Boitefluß auf wenige Meter stark verengt, bis eine Kaskade ihn daraus befreit.

Vom Agordino ins Cadore

Von Cortina d'Ampezzo hinab zum Piavetal teilt der Torrente Boite die Östlichen Dolomiten in zwei Räume. Den westlichen Raum hinüber nach Agordo füllen die Zoldaner Dolomiten. Die Straßenverbindung von Agordo über den Passo Duran und die Forcella Cibiana nach Osten zum Boitetal schneidet diese Dolomiten, sie führt uns aus dem Zoldano ins Cadore.

98 Passo Duran, Forno di Zoldo, Zoppe di Cadore

Der Passo Duran, 1601 Meter hoch, trennt den Südausläufer der Civetta, die mächtige Moiazza, vom Tamer-Gebirge, das nach Süden zur Schiara den Bergraum der Zoldaner Dolomiten abschließt. Im Dolomiten-Höhenweg ⚠ ist der Duranpaß eine wichtige Station, die Wanderer herab vom Rifugio Carestiato an der Moiazza empfangen das komfortable private Rifugio San Sebastiano und das bescheidene Rifugio Tomè der CAI-Sektion Agordina. Die Landschaft, der Wiesensattel des Passes, überragt vom Steilfels der Moiazza und der Cima di San Sebastiano, die zur Tamer-Gruppe gehört, ist so reizvoll, daß man versucht sein könnte, in einem der Häuser für einige Tage zu bleiben. Der verheißungsvollste Dolomitengruß kommt jedoch vom Monte Pelmo über die Luftlinie von 10 Kilometern herein zum Duranpaß.
Von Agordo 13 Kilometer zum Duranpaß und 9 Kilometer vom Paß hinab nach Forno di Zoldo (840 m). Forno (= Ofen), der Name erinnert an frühere Schmelzöfen, ist der Hauptort im Val di Zoldo vom Staulanzapaß bis hinab zum Piavetal.
Ein Blick auf die Landkarte zeigt die Stichstraße von Forno di Zoldo nach Zoppe di Cadore (1461 m), dem Bergnest am Fuße des Monte Pelmo. Sind wir im Zoldotal oder auch nur auf der Durchreise über die Pässe zwischen dem Agordino und dem Cadore, sollten wir dieses alte Dorf, 9 Kilometer ab Forno, besuchen (siehe Bild Seite 226)

Bild rechts: *Der Duranpaß ist der Mittler zwischen dem Agordino und dem Zoldano. Der Paß war lange Zeit verwaist, hat aber nun zum Segen für den Tourismus gleich zwei Unterkünfte erhalten: das Rifugio Tomè der CAI-Sektion Agordina und das private Rifugio San Sebastiano.*
Im Hintergrund erhebt sich der Monte Pelmo.

Bild unten: *Zoppe di Cadore am Südfuß des Monte Pelmo; vom Ort sind es 1700 Höhenmeter zum Gipfel.*
Zoppe, einst ein entlegenes Bergnest weitab vom Tal, ist durch eine neue Straße der Welt nun um vieles nähergerückt. Zum Rifugio Venezia am Monte Pelmo bietet sich Zoppe als guter Ausgangsort an.

99 Die Festung auf dem Monte Rite

Die Stipvisite in Zoppe di Cadore kann sehr gut der Anreiz sein für die Fahrt aus dem Zoldotal hinauf zur Forcella Cibiana, dem Übergang in das Boitetal. Hübsche, gepflegte Siedlungen wie Villanova, der »Neue Ort«, Fornesighe, das alte, malerische Dorf darüber, leiten die Reise ein.

Die Straße, kurvenreich und schmal mit nur kurzen Ausbaustrecken, läuft im Südhang durch Wiesenlichtungen, berührt den alten Weiler Cornigian (1236 m, Ristorante), in der folgenden Waldstrecke aber kein Haus mehr bis zum Paßscheitel; ab Forno di Zoldo 11 Kilometer. Die Forcella Cibiana ist nur 1530 Meter hoch, teilweise bewaldet, aber mit der freundlichen, lärchenbestandenen Wiesenlichtung und dem stattlichen Neubau des Rifugio Remauro ein guter Platz zum Schauen und Rasten.

Nördlich vom Paß in nur kurzer Distanz erhebt sich der felsige Bergrücken des Monte Rite. Im Aufblick von der Forcella Cibiana und ohne Kartenstudium kann niemand ahnen, daß dieser Berg eine hervorragende Aussichtskanzel – Höhe 2182 Meter – nach Norden, in das obere Boitetal nach Cortina d'Ampezzo ist. Diese Position des Monte Rite war für Italien vor dem Ersten Weltkrieg so wertvoll, daß es auf dem Gipfelrücken ein Sperrfort errichtete und mit drei schweren, weitreichenden Kanonen armierte. Die Straße, die dafür in der Südflanke angelegt werden mußte und seitdem erhalten wird (schmal, nur geschottert), verführt dazu, die – offiziell nicht erlaubte – Auffahrt über weite Diagonalen und enge Kehren zum Fort zu wagen (6 km). Diese Strapaze für Auto und Mensch, auch der Weg zu Fuß, wenn es nicht um die Wanderung als solche geht, hat nur Sinn, wenn das Wetter eine Fernsicht verspricht. Der Monte Rite überrascht mit dem Anblick der großen Ampezzaner Bergwelt aus ungewohnter südlicher Perspektive. Der nahe Antelao repräsentiert gleichermaßen das Ampezzo wie das Cadore, der Monte Pelmo die Zoldaner Dolomiten.

Bild unten: *Die Festungsruine auf dem Gipfel des Monte Rite. Drei Kanonen auf dem Betonplateau bedrohten das bis zum Ersten Weltkrieg österreichische Cortina.*
Im Hintergrund von links: Duranpaß, Moiazza und Civetta.

100 Von der Forcella Cibiana ins Boitetal

Die Rückkehr vom Monte Rite zur Forcella Cibiana gibt einen sehr guten Ausblick zur Bosconero-Gruppe (Bosconero = Schwarzwald). Dieses hohe, schroffe Gebirge staffelt vom Paß eine südwärts gerichtete Gipfelkette und kulminiert im Sasso di Bosconero (2468 m). Der Dolomiten-Höhenweg ⚠ kommt vom Rifugio Venezia am Monte Pelmo in ausgedehnter Route über das Rifugio Talamini und den Monte Rite zum Cibianapaß, in der Westflanke der Bosconero-Gruppe läuft er nach Longarone im Piavetal aus.

Am Cibianapaß (1530 m) verkündet ein Schild am Beginn der Straße abwärts nach Osten die »Comunita montana«: Cibiana, Vodo, Borca, San Vito – Gemeinden des Cadore, die Forcella Cibiana ist die Brücke vom Zoldano in das Cadore des Boitetales. Die Ostrampe hinab zum Kirchdorf Cibiana (1034 m), das der Forcella den Namen gibt, hat eine dem heutigen Verkehr angepaßte modernisierte Trasse. Aus dem Bergwald heraus liegt die in einen steilen Südhang geschmiegte Ortschaft vor uns, die Straße, vorbei an älteren, zum Teil aus Naturstein gemauerten zweistöckigen Häusern, zielt direkt auf den hohen, schlanken, dem Kirchturm von Cortina nachempfundenen Campanile zu. Der Sassolungo di Cibiana und der Monte Rite, beide aus dieser Sicht mit hohem Steilfels, grüßen den Ort und verabschieden uns hinab zum Tal des Boite; ab Cibianapaß bis zur Einmündung in die Talstraße bei Venas (860 m), der Verkehrsader zwischen Cortina und Pieve di Cadore, 10 Kilometer, den Boite aufwärts nach Cortina 22 Kilometer.

Bild links oben: *Ein Herbsttag am Cibianapaß mit milder, klarer Luft und deshalb guter Sicht zur Südflanke des Monte Rite, darin die Straßentrasse zum Gipfel.*

Bild links unten: *Aus der Straße zum Monte Rite schauen wir hinab zur Forcella Cibiana, darüber die Bosconero-Gruppe.*

Bild rechts: *Dieses Bild führt uns zurück in die Ampezzaner Dolomiten, zum Passo Tre Croci zwischen Monte Cristallo und Sorapis. Wir schauen auf zur Cima Principale, zum Hauptgipfel des Monte Cristallo, rechts der Piz Popena, dazwischen der Cristallosattel.*

Große Dolomitenstraße

Die Vorgeschichte: Die Dolomiten erheben sich zwischen zwei alten, bedeutenden Verkehrssträngen, die den Norden und Süden der Alpen miteinander verbinden. Der wesentlich ältere und bedeutendere »Weg« überquert seit fast zwei Jahrtausenden aus dem Inn- und Etschtal heraus den Brenner, der andere, als Strada d'Alemagna bekannt, ist die Verbindung der Kultur- und Handelszentren am Adriatischen Meer, aus dem Piavetal, durch das Boitetal über das Gemärk zum Pustertal mit dem Anschluß nach Westen an den Brennerweg.
Die Bergwelt dazwischen, die Dolomiten, von der Strada d'Alemagna nach Westen zur Brennerstraße und nach Osten zum Comelico unter dem Kreuzbergpaß, waren noch bis in die zweite Hälfte des 19. Jahrhunderts ein größtenteils nur von Karrenwegen und Fußsteigen wenig erschlossenes Gebirge, in dem eine Reise mit schaukelnder Kutsche oder auf dem Rücken eines Pferdes mühselig und gefährlich erschien. Die Bevölkerung, nur Bauern und Hirten, lebten in gänzlicher Zurückgezogenheit, weit entfernt vom Getriebe der beiden Handelswege; sie hielten an Sitten und Brauchtum der patriarchalischen Familie fest. Nur wenige einsame Wanderer, Pioniere, Wissenschaftler und Geologen drangen in die Hochtäler, in die unbekannte Welt der Dolomitberge vor.
Das Jahr 1867 registriert die Eröffnung der Brennerbahn Innsbruck–Bozen–Verona, die Pustertaler Linie Franzensfeste–Toblach–Lienz–Villach kam 1871 hinzu: Für die Dolomiten signalisierten diese »eisernen« Verkehrswege den Aufbruch vom Mittelalter in die Neuzeit. Zu diesem Zeitpunkt hatten das Grödner Tal und das Eggental, die wichtigsten Dolomitenpforten aus dem Bozner Raum, bereits ihre Straße; die Strada d'Alemagna schleuste die Reisenden aus dem Pustertal nach Cortina: Von Bozen und Cortina aus begann im großen Stile die Entdeckung und Erschließung der Dolomiten, die Eisenbahn war der beste Zubringer.

Die Idee: Die Grundsätze des damaligen Deutschen und Österreichischen Alpenvereins bewegten in der Zeit nach 1870 weite Kreise der am Alpinismus interessierten Bevölkerung. Der Gedanke, »die Bereisung der Alpen zu erleichtern«, mußte jedoch zuvor die völlig unzureichenden inneralpinen Verkehrswege und auch das Unverständnis der einheimischen Bevölkerung überwinden.
Das allgemeine Anliegen des Alpenvereins unterstützten zu dieser Zeit Albert Wachtler, Präsident der Sektion Bozen, und Dr. Theodor Christomannos von der Sektion Meran. Christomannos verwirklichte 1895 die Fortsetzung der Eggentalstraße zum Karerpaß und die Weiterführung in das Fassatal: Erstmals war von Bozen aus die Zufahrt in ein inneres Dolomitental möglich. Von diesen beiden Männern kam die damals revolutionäre Idee, die Straße über das Pordoijoch und den Falzaregopaß bis nach Cortina, zum Anschluß an die Strada d'Alemagna, weiterzuführen. Die Durchführung dieses schwierigen Projektes stieß auf fast unüberwindliche bürokratische, technische und finanzielle Hürden, aber 1897 setzte Österreich ein Gesetz in Kraft, der Staat unterstützte das Vorhaben.
Die Nachricht vom Bau der Dolomitenstraße erregte großes Aufsehen: Am 13. September 1909 wurde der letzte Abschnitt vom Falzaregopaß nach Cortina dem Verkehr übergeben.

101 Toblach – Cortina – Bozen

Nach den Vorstellungen der Initiatoren Wachtler und Christomannos sollte das Straßenband über Jöcher und Pässe quer durch die Dolomiten »Kaiserstraße« heißen – die Trasse liegt ausschließlich auf damals österreichischem Boden –, ein Geschenk an Kaiser Franz Joseph I. zu seinem 50jährigen Regierungsjubiläum im Jahre 1898. Als die Straße aber erst 1909 eröffnet werden konnte, wurde sie ihrer Bestimmung nach »Dolomitenstraße« getauft, der offizielle Zusatz »Große« kam erst später mit dem Ausbau der anderen Dolomitenstraße hinzu, um diese Verbindung zwischen Bozen und Cortina im besonderen hervorzuheben. Bei der Eröffnung war die Dolomitenstraße im Durchschnitt 5 Meter breit, Gefälle und Steigung lagen durchschnittlich zwischen 7% und 7,5%. Die Bewährungsprobe für die Straße begann mit dem Aufschwung des motorisierten Verkehrs nach dem Ersten Weltkrieg, aber erst die Reisewelle unserer Zeit bringt ihr den großen Zustrom.

Von Toblach nach Cortina d'Ampezzo

Es gibt kein allgemein gültiges Rezept, in welche Richtung wir die Große Dolomitenstraße – Gesamtlänge zwischen Bozen und Toblach 142 Kilometer – am besten erleben können. Dolomitenkenner aber wissen längst: Die erste Fahrt ist nur die halbe Sache, die dabei gewonnenen Eindrücke fordern die Gegenrichtung geradezu heraus. Auch die Jahreszeiten – die Pässe werden im Winter offengehalten – haben eigene spezifische Reize, im Hinblick auf die Verkehrsdichte jedoch starke Unterschiede. Vorteilhaft bieten sich Frühsommer und Herbst an, wenn keine Ferien-Reisewelle rollt.

Dieses Kapitel beschreibt die Große Dolomitenstraße von Ost nach West. Im Höhlensteintal, auf der kurzen Strecke von Toblach nach Schluderbach (13 km), bewundern wir, besonders schön im frühen Sonnenglanz des Tages, die festlichen Bilder der Drei Zinnen und des Monte Cristallo mit dem Dürrensee. Die Dolomitenstraße läuft über Cimabanche nach Cortina (ab Schluderbach 18 km); nehmen wir die Variante über Misurina (20 km), ist der Weg nur unwesentlich länger, der zeitige Vormittag aber präsentiert den Misurinasee mit Sorapis, den Monte Cristallo über dem Tre-Croci-Paß und hinab nach Cortina das Tofane-Dreigestirn und den Pomagagnon im besten Licht.

Bild oben: *Vor uns die Straße zwischen Cortina und Tre-Croci-Paß, dahinter die Wiesenfalten zum Bergwald, aus dem der Pomagagnon seinen attraktiven Gebirgszug aufbaut.*

Bild links: *Toblach im Hochpustertal ist ein zweigeteilter Ort: Um die Kirche schart sich Alt-Toblach, am Waldrand im Süden, am Eingang zum Höhlensteintal, liegt Neu-Toblach. Neu-Toblach ist aber nun auch schon wieder 100 Jahre alt; es entstand nach 1871 im Anschluß an die Eröffnung der Pustertaler Eisenbahn. Rechts oben der Dürrenstein, über dem dunklen Rücken im Hintergrund links Piz Popena, rechts Monte Cristallo.*

Bild rechts: *Die Tunnelöffnung am Pocol-Felsen wirkt in der Abfahrt vom Falzaregopaß nach Cortina wie ein Fenster: Die gewaltige, stark gegliederte Felsenmauer des Pomagagnon ist für Cortina eine prächtige dolomitische Nahkulisse – 1000 Meter Höhendifferenz vom Ort zur Gipfellinie.*

Von Cortina über den Falzaregopaß und das Pordoijoch nach Canazei

Die meisten Reisenden loben die 55 Kilometer lange Trasse zwischen Cortina und Canazei ganz besonders. Diese Teilstrecke, das Herzstück der Dolomitenstraße, war der Zankapfel zwischen Planer, öffentlicher Meinung und Behörden über Für und Wider und Sinn und Nutzen der Straße.

In der Auffahrt zum Falzaregopaß (ab Cortina 16 km) sollten wir beim Tunnel am Pocol-Felsen zurückschauen nach Cortina, zu Pomagagnon und Cristallo, zu Sorapis und Antelao. Aufwärts zum Paß zeigt die Straße sehr gut Croda da Lago, Cinque Torri, Nuvolau und Averau, aber gewiß am eindrucksvollsten die in den Vormittagsstunden im Seitenlicht unvergleichlich stark profilierten Südpfeiler der Tofana di Rozes. Am Falzaregopaß stehen der Kleine Lagazuoi, der Hexenstein, der Col di Lana und auch die entferntere Marmolada vorteilhaft in der Sonne, in Buchenstein leuchten die südseitigen Hangwiesen, das Pordoijoch empfiehlt die Auffahrt zum Sellaplateau, zur Pordoispitze, der großen Aussichtsstation zur Marmolada und zum Langkofel. Der Langkofel begleitet die Abfahrt nach Canazei (12 km), seine großartig gegliederte Südfront, die Fassaner Seite, gewinnt am Nachmittag im westlichen Licht optimale Konturen.

Bild Mitte: *An der Großen Dolomitenstraße im Abschnitt zwischen Arabba – Ort in Bildmitte – und Pordoijoch: von Arabba 33 Kehren über 10 Straßenkilometer zum Pordoijoch! Am Horizont die Östlichen Dolomiten mit La Varella und Cunturinesspitze (links), nach rechts Fanisspitzen und Tofane.*

Bild links oben: *Ausblick vom Falzaregopaß zur Marmolada und zum Col di Lana.*

Bild links unten: *Das Farbenwunder eines strahlenden Herbsttages an der Großen Dolomitenstraße, auf der Höhe von Pocol oberhalb von Cortina. Links die Südwand der Tofana di Rozes, rechts Punta Anna.*

Bilder rechts: *Die Große Dolomitenstraße wenig oberhalb von Arabba, im Schwung hinauf zum Pordoijoch. Dieser in der Hauptreisezeit sehr stark befahrener Abschnitt ist im späten Herbst und wieder zum Frühsommer wohl nicht einsam, aber doch sehr ruhig. Der Bauer fährt sein Bergheu in die Scheune, die Radfahrer strampeln zum Pordoijoch, voll konzentriert auf die große Anforderung, vielleicht ohne Sinn für die Blumenpracht am Straßenrand.*

Von Canazei über den Karerpaß nach Bozen
In Canazei zeigt das Fassatal hinaus nach Westen bis Vigo di Fassa eine lichte, sonnige Weite. Der Langkofelstock stellt zur Talstraße hohen, steilen und doch schlanken Dolomitfels, Grohmannspitze, Innerkoflerturm und Zahnkofel, zur Schau, die Auffahrt von Vigo di Fassa zum Karerpaß (10 km) streift die Südausläufer der Rosengarten-Gruppe. Der Karerpaß scheidet den Rosengarten vom Latemar, die Sicht aus seiner Umgebung würdigt deshalb auch den türmereichen Latemar. Rosengarten wie Latemar gewinnen im Nachmittagslicht bis in den Abend hinein von Stunde zu Stunde an Ausdruckskraft und Ansehen. Im Widerschein der untergehenden Sonne leuchtet der Rosengarten in einem zauberhaften Rot – das Alpenglühen! Die Dolomitenstraße taucht ein in den Karerforst, kommen wir zur Abendstunde, versinkt der Karersee nach einem vielleicht lauten Tag mit vielen Menschen an seinem Ufer in die Ruhe und Einsamkeit der Nacht. Aus der finsteren Eggentaler Schlucht mündet die Dolomitenstraße (ab Karerpaß 29 km) in das Talbecken von Bozen.

Bild links oben: *Das Pordoijoch ist vor allem deshalb ein großer Dolomiten-Treffpunkt, weil es die Seilbahn zur Pordoispitze gibt: vom Paß in 4 Minuten über die Höhendifferenz von 700 Metern zur Bergstation auf der Pordoispitze!*

Bild links unten: *Das Langkofel-Massiv mit seiner Fassaner Seite, im Blick von der Großen Dolomitenstraße, wenig unterhalb vom Pordoijoch.*
Von links: Plattkofel, Grohmannspitze, Fünffingerspitze, Langkofel.

Bild rechts: *Das Grandhotel »Karersee« wenig unterhalb vom Karerpaß.*
Aufblick zum Rosengarten: von links Tscheinerspitze, Rotwand, Teufelswandspitze.

Bild unten: *Die Rosengarten-Hauptkette, ein vielbewundertes Dolomitenbild am Karerpaß. Das Augenmerk gehört der Rotwand, rechts von ihr die Teufelswandspitze mit dem Masarèkamm, links die Kerbe des Vajolonpasses, die Tscheinerspitze, ganz außen die Rosengartenspitze.*

Bild nächste Doppelseite: Ein früher Morgen bei der Vandellihütte am Sorapis. In Bildmitte links der Monte Cristallo, rechts Piz Popena.

Zum Schluß

In den Sommermonaten der Jahre 1860 bis 1863 bereisten die Engländer Gilbert und Churchill, begleitet von ihren mutigen Ladies, das Eisacktal, kamen in das Grödner Tal, zum Fassatal und Rosengarten, zur Seiser Alm und auch nach Cortina. Diese unternehmenslustigen Briten gelten, so unglaublich es heute klingen mag, als die ersten Dolomitenreisenden aus Neigung und Passion. Sie reisten um der Reise willen, die gar beschwerlich war und hinauf in die Hochtäler über Jöcher und Pässe fast als Wagnis erschien. Vor ihnen war kaum ein Fremder gekommen, nur einige Naturforscher und Geologen aus berufsmäßiger Neugierde.
Gilbert und Churchill fühlten sich zu ihren Dolomitenreisen gewiß auch angeregt von den begeisterten Schilderungen ihres Landsmannes John Ball, Präsident des vornehmen Londoner »British Alpine Club«, in den Jahren 1857 und 1860 Erstbesteiger des Monte Pelmo und der Marmolada di Rocca. Unsere Reisegesellschaft begegnete dem Land und seinem Volk aufgeschlossen und mit Sympathie, ertrug allerlei Ungemach mit Humor, spürte mit typisch britischem Spleen ständig neue Belastungsproben auf, und so gerieten ihre insgesamt vier Reisen zu einem einzigen, ungemein reichen Dolomitenerlebnis, wert, damit ein Buch zu füllen. Gilbert und Churchill, literarisch und künstlerisch begabt, schrieben das erste Dolomitenbuch, von Gilbert mit farbigen Stichen ausgestattet. Das Werk »The Dolomiti Mountains« erschien 1864, erhielt sogleich eine deutsche Ausgabe, die großes Aufsehen erregte, und unterrichtete so erstmals alpin-interessierte Kreise des gesamten Europa genauer über die Existenz der Dolomiten, ein Gebirge, dem die Wissenschaft erst vor einigen Jahrzehnten diesen Namen gegeben hatte (siehe Seite 8).
Gilbert und Churchill stellten in ihrem Buch die ahnungsvolle Frage, ob die Abgeschiedenheit der Dolomiten erhalten bleiben könnte. Die Antwort ist bekannt! Damals aber meinten die beiden Protagonisten: »... es wäre keineswegs zu beklagen, wenn weiterhin ausgewählte und geistesverwandte Personen kämen, aber wir verwahren uns ernstlich gegen den Andrang des geräuschvollen, faulenzenden Stroms der Touristen!«

Nützliche Hinweise

Reisen in den Dolomiten

Morgens um 7 Uhr ist die Welt in den Dolomiten, auch in der Hochsaison, noch in Ordnung, die Paßstraßen sind leer, die Bergwelt ist noch still. Wer also früh aus den Tälern zu den Höhen fährt, hat nicht nur mehr vom Tag, er hat auch mehr von den Dolomiten.
Großzügige, dem heutigen Verkehr angemessene Straßen nützen die Längs- und Quertäler, legen kunstvoll geschlungene Asphaltbänder über Jöcher und Pässe, binden aber auch das entlegenste Dorf an die laute, motorisierte Welt von heute.
Immer mehr Menschen erleben große Gebirgsräume auf einer Reise; die Dolomiten gelten als ein geradezu klassisches Beispiel: Zur Hauptreisezeit von Mitte Juli bis Mitte September rollt alles, was Räder hat, fast pausenlos durch Täler, über Pässe und Höhen. Das Kfz-Kennzeichen deklariert Autos, Reisebusse, Motorräder aus allen europäischen und auch überseeischen Ländern, nur der »Pedalritter«, der Radfahrer, bleibt in seiner Nationalität anonym.
Gebirgsstraßen kommen über eine normale Straßenbreite, wie sie im Flachland fast jede Nebenstraße aufweist, kaum hinaus. Die Anforderung an den Fahrzeuglenker ist hoch, besonders die Paßfahrten erfordern präzises Lenken, Konzentration, Geduld und Rücksicht anderen Verkehrsteilnehmern gegenüber. Die Streckenkilometer von Ort zu Ort, von Paß zu Paß erscheinen eher gering, aber die kurvenreichen Straßen, die Paßkehren, der Verkehr erfordern viel Zeit.
Wann nun besuchen wir am günstigsten die Dolomiten? Möglichst nicht zur Hauptreisezeit! Wir sollten vor allem den Frühsommer, die Zeit von Pfingsten bis Mitte Juli, nützen. Zu keiner anderen Zeit blühen die Bergwiesen prächtiger, wir können langsam fahren, schauen, die Landschaft in uns aufnehmen und auch mal am Straßenrand anhalten, ohne andere zu behindern. Ab Mitte September beginnt die Reisewelle zu verebben, der Dolomitenhimmel wird aber merklich großzügiger in Verheißung längerer Schönwetterperioden: Der Herbst kann bis in den November hinein das große Los sein, wenn man nur reisen und schauen will! Die Straßen sind beinahe leergefegt, die Dörfer scheinen fast ausgestorben zu sein, die Berge glänzen vielleicht schon schnee-weiß unter strahlendem Himmel, oft über viele Tage hinweg. Die Bergwiese ist zwar schon braun und unansehnlich, ein Manko, das aber die Lärche ausgleicht, wenn das Gold ihrer Nadeln mit dem tiefen Blau des Himmels harmoniert. Von Ende Mai bis Ende Oktober ist somit Dolomiten-Reisezeit für jedermann, die Wintermonate haben ihre eigenen Gesetze.
In Auswahl der Reiseziele bedeutet die Sprachengrenze leider noch immer eine starke Barriere: Die Südtiroler Dolomitengebiete liegen beim deutschen Gast im Trend deutlich vor den traditionell »italienischen« Dolomiten. An den Brennpunkten der nördlichen Dolomiten wie Grödner Joch, Sellajoch, Pordoijoch und Karerpaß ist die Sommersaison auch im September noch voll in Schwung, während die südlichen Dolomiten meist nur noch der Bergsteiger und Wanderer gezielt anfährt – ein Ungleichgewicht also zwischen Nord und Süd.

Bergbahnen und Lifte

Der Skilauf zwang den Dolomiten eine Übererschließung auf. Die Idee des »Dolomiti-Superski« legte ein dichtes Netz von Lifttrassen und Seilbahnen über das Gebirge: ein Verbund, der seinesgleichen sucht, weite Gebiete miteinander verknüpft, für den Sommertourismus aber weit weniger nützlich ist. Viele Lifte laufen nur im Winter; die Seilbahnen müssen, um rentabel zu sein, auch einen Sommerbetrieb haben. Die Inanspruchnahme der Bahnen ist jedoch sehr unterschiedlich, sie hängt ab von der Gästefrequenz der jeweiligen Talschaften. In den deutschsprachigen Dolomitentälern beginnt die Sommersaison früher und dauert länger, die Bergbahnen richten sich danach: In den attraktiven Zentren wie in Gröden, am Pordoijoch, am Rosengarten und am Falzaregopaß dauert der Fahrbetrieb von Anfang Juli bis Mitte Oktober – je nach Witterung oft sogar bis Allerheiligen.

Hütten und Wege

Der italienische Alpenverein, der Club Alpino Italiano (CAI), unterhält in den Dolomiten eine Reihe von Schutzhütten, die nach Richtlinien, ähnlich dem Deutschen und Österreichischen Alpenverein, bewirtschaftet werden. Dazu kommen noch viele private Häuser, insgesamt ein Angebot, das dem Wandertourismus in den Dolomiten voll gerecht wird.
Die privaten Häuser richten ihre Öffnungszeiten entsprechend dem Besuch ein, sie sind an keine festen Termine gebunden. Anders die CAI-Hütten, die generell vom letzten Juni- bis zum dritten September-Wochenende bewirtschaftet sein müssen. Eine frühere Öffnung findet kaum statt, immer häufiger, besonders an stark frequentierten Orten, jedoch eine Verlängerung bis Ende September. Alpenvereinsmitglieder haben im CAI-Rifugio bei Vorlage des AV-Ausweises Anspruch auf ermäßigte Übernachtung und niedrigere Preise für bestimmte Speisen. Ein Aushang in der Hütte von der jeweiligen CAI-Sektion unterrichtet darüber.
Das Netz der Dolomiten-Wanderwege ist ungewöhnlich dicht. Alle Routen sind markiert und mit einer Nummer versehen, die in den Wanderkarten eingetragen ist. Wer sich daran hält und dem Wegweiser – ob Tafel oder Schrift am Stein – folgt, wird sich bei normalen sommerlichen Verhältnissen (schneefrei) kaum verlaufen – eine Landkarte, mindestens im Maßstab 1:50000, gehört zwingend zur Ausrüstung eines jeden Wanderers!

Dolomiten-Höhenwege und Klettersteige

Die sechziger Jahre unseres Jahrhunderts propagierten für die Dolomiten die großartige Idee der Höhenwege und Klettersteige, eine Verlockung, der seitdem Jahr für Jahr ungezählte Dolomitenfreunde folgen. Die Dolomiten-Höhenwege △1, △2, △3, △4 und △5 ziehen in jeweils separater Streckenführung von Nord nach Süd durch die Dolomiten. Diese Routen – markiert und mit jeweiliger Nummer im blauen Dreieck – stützen sich auf schon vorhandene Wege und Steige und führen in mehr oder weniger langen Etappen von Hütte zu Hütte. Dieses Angebot bedeutet eine große Versuchung, aber nur der erfahrene und ausdauernde Bergwanderer sollte ihr nachgeben!
Die zweite Verführung, die in Unterscheidung zu den Höhenwegen über normales Bergwandern weit hinausgeht, kommt von den Klettersteigen: Die »Via ferrata« ist eine künstliche, mit Drahtseilen, Leitern, Klammern und Stiften gesicherte Kletterroute in steilem Fels! Bergerfahrung, Klettergewandtheit, Schwindelfreiheit, Ausdauer und die richtige Ausrüstung gehören zu den unbedingt notwendigen Voraussetzungen. Die Gefahr lauert am Weg: Die Steighilfen sind keine Ver-sicherung, wenn sie in der Wartung vernachlässigt werden, sind sie lebensgefährlich!
In bezug auf Höhenwege und Klettersteige gilt: Information ist wohl nicht alles, aber schon sehr viel!

Natur- und Umweltschutz

Neben den überaus großen landschaftlichen Reizen locken gut ausgebaute Straßen, das dichte Netz markierter Wanderwege, die Vielzahl leicht erreichbarer Hütten, die gesicherten Klettersteige immer mehr Menschen in die Dolomiten. Als Gast in dieser herrlichen südlichen Alpenwelt sollten wir aber durch unser Verhalten zeigen, daß wir nicht nur Volk und Kultur achten, sondern auch und vor allem die Natur der Berge.
Die Dolomitengemeinden und der Club Alpino Italiano weisen durch anschauliche Tafeln auf den Schutz von Flora und Fauna hin und bitten darum, die Abfälle wieder mit ins Tal zu nehmen, an den Dolomitenstraßen sind überall Behälter dafür aufgestellt.
Darum auch hier die Bitte:

»Haltet die Berge sauber!«

Register

Westliche Dolomiten

Die Brixner Dolomitenstraße

1. Aferer Tal und Aferer Geiseln
2. Würzjoch und Peitlerkofel
3. Vom Würzjoch nach St. Peter in Villnöß

Das Villnößtal

4. Schlüterhütte und Peitlerkofel
5. Der Munkelweg

Das Grödner Tal

6. Der Langkofel, »Grödens Stolz und Zierde«
7. St. Ulrich und die Seilbahn zur Seiser Alm
8. Die Seceda
9. Col Raiser, Regensburger Hütte, Cisles Alpe
10. St. Christina, Monte Pana, Wolkenstein
11. Das Grödner Joch
12. Grödner Joch — Puezhütte
13. Das Sellajoch
14. Rund um die Sella
15. Mit dem Lift zur Langkofelscharte
16. Friedrich-August-Weg

Naturpark Schlern

17. Die Seiser Alm
18. »Eine Reise auf den Schlern«
19. Die Schlernhäuser
20. Das Tierser Alpl

Das Eggental

21. Obereggen und Reiterjoch
22. Zum Rifugio Torre di Pisa am Latemar
23. Der Latemar im Spiegel des Karersees

Das Tierser Tal

24. Die Nigerstraße: von Tiers zum Karerpaß
25. Die Sage vom Rosengarten
26. Der Hirzelweg
27. Rosengartenhütte, Santnerpaß, Tschager Joch
28. Das Gartl und die Türme von Vajolet

Das Fassatal

29. Der Fassaner Höhenweg
30. Das Vajolettal, die »Hauptstraße im Rosengarten«
31. See und Hütte von Antermoja
32. Canazei — Ciampac — Contrin
33. Fedaia: Straße und Lift zur Marmolada
34. Die Marmolada
35. Malga Ciapela: die Seilbahn zur Marmolada
36. Von Canazei zum Sellajoch
37. Das Pordoijoch und die Seilbahn zum Piz Pordoi
38. Zur Capanna Fassa auf dem Piz Boè
39. Der Bindelweg

Zwischen Marmolada und Pala

40. Pellegrinopaß und La Costabella
41. Fuchiade und Valfredda
42. Vom Pellegrinopaß zum Vallespaß
43. Val Travignolo — Val Venegiotta

Über den Rollepaß zur Pala

44. Der Rollepaß
45. Baita Segantini, Cimon della Pala, Cima della Vezzana
46. San Martino di Castrozza
47. Die Seilbahn zur Rosetta
48. Rund um die Pala di San Martino
49. Die Zwillinge Sass Maor und Cima della Madonna
50. Primiero: Valle dei Canali — Cant del Gal

Vom Primiero zum Agordino

51. Südseits der Pala: Passo Cereda — Forcella Aurine, Frassenè
52. Malga Losch, Rifugio Scarpa, Monte Agner
53. Agordo im Tal des Cordevole

Östliche Dolomiten

Buchenstein — Livinallongo del Col di Lana

54. Buchenstein — Tal zwischen Pordoi und Falzarego
55. Campolongopaß und Hochplateau von Cherz
56. Col di Lana

Das Gadertal

57. Hochabtei: Pedratsches — Stern (La Villa)
58. Der Heiligkreuzkofel
59. Corvara und Colfuschg
60. St.Kassian — Armentarola — Valparolapaß

Naturpark Fanes und Sennes

61. St. Vigil in Enneberg
62. Das Rautal und Pederù
63. Kleinfanes und Großfanes
64. Fodara Vedla, Alpe Sennes
65. Der Furkelsattel

Das Pragser Tal

66. Der Pragser Wildsee
67. Der Seekofel und seine Hütte
68. Plätzwiese und Dürrenstein

Die Sextener Dolomiten

69. Innichen und der Haunold
70. Innerfeldtal — Dreischusterhütte
71. Die Sextener Sonnenuhr
72. Die Rotwandwiese und ihr Berg
73. Fischleinboden und Talschluß
74. Zsigmondy-Comici-Hütte — Büllelejoch
75. Altensteiner Tal,Bödenseen, Drei-Zinnen-Hütte
76. Der Paternkofel und Sepp Innerkofler
77. Die Drei Zinnen
78. Zinnenstraße,Auronzohütte, Paternsattel
79. Rund um die Sextener Dolomiten

Das Höhlensteintal

80. Toblach, Dürrensee, Schluderbach
81. Der Misurinasee und die Berge darüber
82. Der Bonacossa-Weg
83. Monte Piano und Monte Piana
84. Der »Historische Rundweg«

Cortina d'Ampezzo und seine Dolomiten

85. Monte Cristallo, Rifugio Lorenzi
86. Tre-Croci-Paß, Rifugio Vandelli,Lago Sorapis
87. Rifugio San Marco
88. Der Antelao
89. Lago Federa und Croda da Lago
90. Nuvolau, Averau, Cinque Torri
91. Der Falzaregopaß
92. Die Seilbahn zum Kleinen Lagazuoi
93. Die Tofane und ihre Hütten: Rifugio Dibona, Giussani, Pomedes
94. »Himmelspfeil« zur Tofana di Mezzo

Passo Giau — Fiorentina

95. Passo Staulanza
96. Von Palafavera zum Pelmo und zur Civetta
97. Trans-Civetta: Rifugio Coldai — Tissi — Vazzoler

Vom Agordino ins Cadore

98. Passo Duran, Forno di Zoldo, Zoppe di Cadore
99. Die Festung auf dem Monte Rite
100. Von der Forcella Cibiana ins Boitetal

Große Dolomitenstraße

101. Toblach — Cortina — Bozen